나의 목표

시작한 날				년			월			일
마지막 날				년			월			일

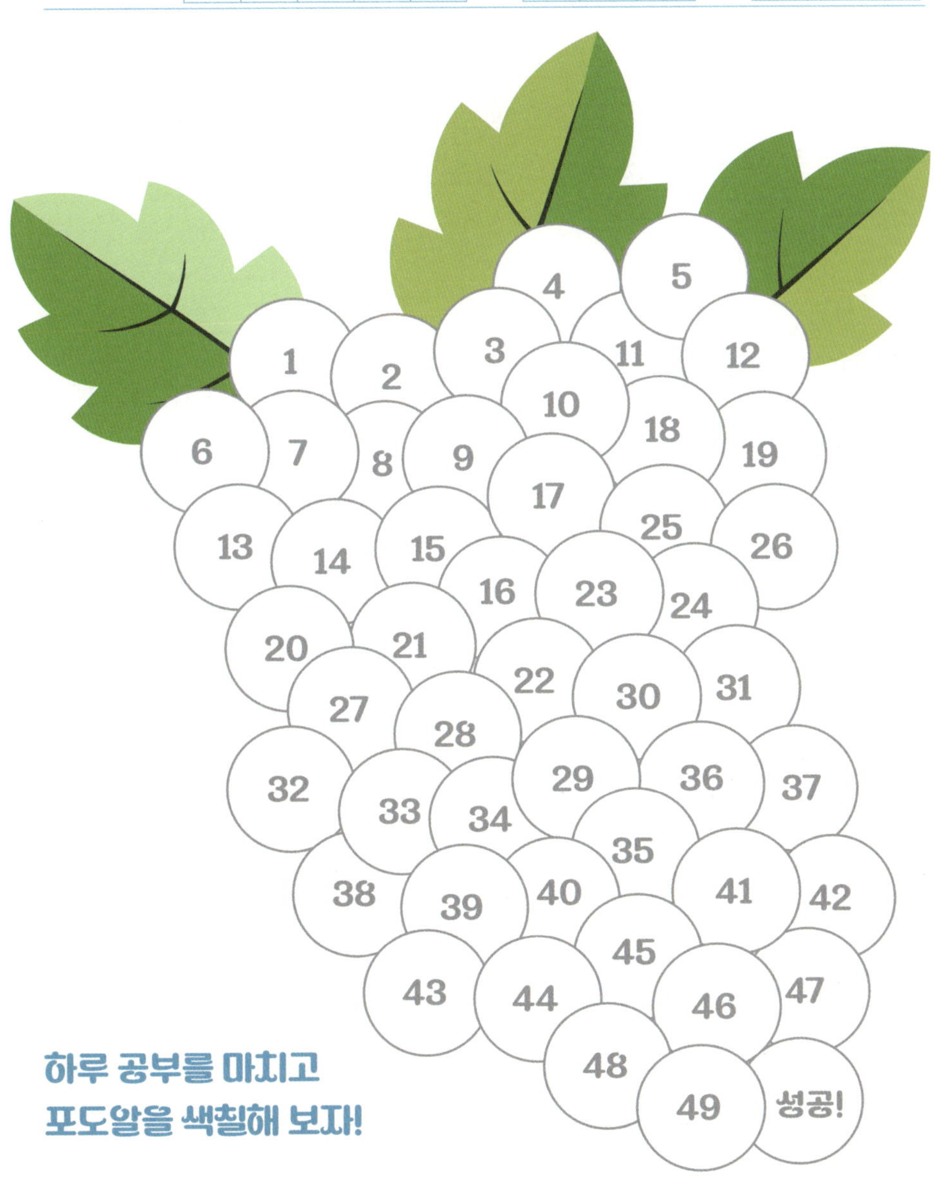

하루 공부를 마치고
포도알을 색칠해 보자!

1일 1주제 9분 만에 끝내는
119 디지털리터러시

초판 1쇄 발행 2025년 12월 30일

지은이 윤혁

펴낸이 윤주용
편집 도은주, 류정화 | 마케팅 조명구 | 홍보 박미나
외주편집 장기영, 박미선

펴낸곳 초록비책공방
출판등록 2013년 4월 25일 제2013-000130
주소 서울시 마포구 동교로27길 53 308호
전화 0505-566-5522 | 팩스 02-6008-1777

메일 greenrainbooks@naver.com
인스타 @greenrainbooks @greenrain_1318
블로그 http://blog.naver.com/greenrainbooks

ISBN 979-11-24126-16-5 (44080)
        979-11-24126-02-8 (세트)

어려운 것은 쉽게 쉬운 것은 깊게 깊은 것은 유쾌하게

초록비책공방은 여러분의 소중한 의견을 기다리고 있습니다.

원고 투고, 오탈자 제보, 제휴 제안은 greenrainbooks@naver.com으로 보내주세요.

1일 1주제 9분 만에
50일 완성
초록비책공방
끝내는
디지털 리터러시
윤혁 지음 
119
초록비책공방

119 시리즈는 하루 9분, 하나의 주제로 공부 습관을 만드는 책이야. 교실에서 아이들과 함께해 온 현장 선생님들이 직접 쓴 책이라서 너희가 꼭 알아야 할 개념과 생각하는 방법을 쉽고 정확하게 알려줄 거야. 이 책을 더 잘 활용할 수 있는 방법을 소개할게.

1. 하루 한 꼭지, 9분만 집중해 볼까?

119 시리즈는 '읽기→ 생각하기→ 정리하기' 순서로 이어져 있어. 먼저 질문으로 호기심을 열어주고 이어지는 짧은 이야기와 설명을 통해 자연스럽게 개념을 익힐 수 있지. 하루 2~4페이지 분량이라 부담 없고 꾸준히 하기에 딱 좋아.

2. 교과와 연계된 학습 키워드로 중심 잡기

각 꼭지는 학교에서 배우는 교과 단원과 연결되어 있고, 교과 개념과 연결된 학습 키워드를 중심으로 내용이 이루어져 있어. '왜 이걸 배우는지', '교과에서 어디와 연결되는지'를 자연스럽게 이해할 수 있지. 학교 수업과 함께 보면 훨씬 더 깊게 이해되고 복습 효과도 좋아.

3. 배운 내용을 '나만의 말'로 정리해 보기

이 책은 단순히 외우는 공부보다 생각 흐름을 따라 개념을 이해하도록 되어 있어. 본문 중간에 나오는 질문에 스스로 답해 보면 "아, 나는 이렇게 이해했구나!" 하고 정리가 돼. 이런 과정은 바로 논술형 평가에서 필요한 사고력으로 이어져.

4. 〈실력 쑥쑥 119〉로 바로 복습하기

각 꼭지 바로 뒤에는 〈실력 쑥쑥 119〉 문제가 있어. 오늘 배운 내용을 잘 이해했는지 스스로 확인할 수 있고 중요한 개념만 다시 한 번 떠올릴 수 있어서 공부 효과가 훨씬 커져.

5. 〈더 알아보기 119〉로 배움을 확장하기

선생님이 직접 고른 책·영상·사이트가 매 꼭지마다 소개되어 있어. 궁금한 내용을 조금 더 깊게 알고 싶거나 호기심이 생긴 부분이 있다면 여기 있는 자료들을 통해 탐구를 이어가 봐. 스스로 공부를 확장하는 힘을 자연스럽게 기를 수 있어.

6. 〈진로 119〉 코너로 배움과 미래를 연결해 보기

각 챕터 끝에는 〈진로 119〉 코너가 있어. 오늘 배운 내용이 어떤 직업과 연결되는지 알려 주고 내가 좋아할 만한 분야가 무엇인지 생각해 볼 수 있어. 공부와 진로를 따로 떼어 놓지 않고 자연스럽게 이어주는 구성이야.

7. 매일 9분, 꾸준함이 진짜 실력이야

하루 9분은 짧아 보이지만 매일 쌓이면 사고력·문해력·기초 개념·교과 이해도가 놀랍게 자라게 돼. 119 시리즈와 함께 익숙한 교과 내용을 새로운 이야기와 질문으로 만나다 보면 자기만의 공부 루틴이 단단하게 자리 잡을 거야.

아침에 눈을 뜨자마자 스마트폰으로 밤사이 올라온 소식을 확인하고, 학교 친구들과 메신저로 하루 종일 대화하고, 궁금한 것이 생기면 인터넷으로 금방 찾아보는 일상이 이제는 너무 자연스러워졌어. 우리 삶의 많은 부분이 디지털 공간과 연결되면서 편리하고 재미있는 일들이 가득해졌지만 진짜와 가짜를 구분하기는 더 어려워졌지. 무심코 댓글로 남긴 한 문장이 누군가에게 상처가 되기도 하고, 내 소중한 정보가 위험에 빠지는 일이 생기기도 해.

선생님은 학교에서 소프트웨어 교육과 인공지능 활용 수업을 진행하면서 자연스럽게 디지털 리터러시에 관심을 갖게 되었단다. 수업을 준비하고 너희와 함께 배우는 동안 새로운 시대에 정말 필요한 힘은 무엇일까 계속 고민하게 되었어. 결국 최신 앱 이름을 많이 아는 것만으로는 충분하지 않다는 사실을 금방 깨달았지. 결국 중요한 것은 어떤 정보와 기술을 만나더라도 이해하고, 근거를 따져 판단하고, 상황에 알맞게 활용하는 능력이라는 점이었어. 그 능력을 한데 묶어 주는 이름이 바로 디지털 리터러시란다. 때마침 이 주제로 책을 쓰면서 너희들과 함께 더 공부할 수 있게 되었어.

이 책에서 말하는 디지털 리터러시는 절대 어려운 말이 아니야. 읽고(정보를 분별해 이해하기), 생각하고(근거를 따져 판단하기), 표현하고(저작권을 지키며 창작하기), 연결하기(존중을 바탕으로 소통하기), 지키기(개인 정보와 안전 보호하기). 너희가 매일 스마트폰을 사용할 때 실제로 필요한 힘이거든. 추천 영상이 왜 비슷하게 뜨는지, 첫 번째 검색 결과가 늘 정답이 아닌 이유는 무엇인지, 단체 대화방에서 무심코 했던 말이 어떤 파장을 만들 수 있는지, 사진 한 장을 올릴 때 위치 정보나 타인의 얼굴이 함께 찍혔다면 어떻게 해야 하는지, 인공지능이 만들어 준 글과 이미지를 언제 어떻게 검토해야 하는지 같은 질문들 모두가 디지털 리터러시와 관련이 있단다.

이 책은 평소에 너희들이 궁금했던 질문에서 시작할 거야.

1~2주차에는 디지털 공간에서의 태도와 마음가짐을 다룬단다. 온라인에서도 서로의 다름을 인정하고 말 한마디에 책임을 지는 디지털 시민으로 성장하는 법을 배울 거야.

3~4주차에는 안전과 권리에 대해 다루지. 비밀번호 관리, 2단계 인증, 개인 정보와 위치 정보 보호, 타인의 작품을 사용할 때 지켜야 하는 저작권 등 꼭 알아야 할 것들만 담았어.

5~6주차에는 미디어를 똑똑하게 읽고 쓰는 방법이야. 뉴스와 광고를 구별하고, 가짜 뉴스의 흔적을 찾고, 근거를 갖춘 의견을 쓰는 연습을 할 거야.

7~8주차에는 건강한 소통과 참여에 대해 알아 볼 거야. 댓글과 채팅 예절, 갈등이 생겼을 때의 대화법, 함께 만든 규칙을 지키며 커뮤니티

에 참여하는 방법을 배우지.

　마지막 9~10주차에는 디지털로 꿈을 확장하는 길을 알아 볼 거야. 검색과 정리, 협업 도구 활용, 나만의 포트폴리오 만들기, 그리고 인공지능과 새로운 기술을 현명하게 받아들이는 태도를 다룰 거란다.

　이 책을 통해 선생님이 너희들에게 전하고 싶은 말은 우리의 일상 대부분, 특히 스마트폰으로 하는 거의 모든 일이 디지털 리터러시와 깊이 연결되어 있다는 거야. 화면 속에서 매일 내리는 작은 선택들이 모여 나 자신과 친구들, 그리고 우리 사회에 영향을 주고 있기 때문이지. 그래서 디지털 리터러시는 시험을 위한 지식이 아니라 오늘의 나를 지키고 내일의 나를 키우는 생활의 기술이라고 할 수 있어.

　이 책이 너희가 스스로 생각하고, 똑똑하게 선택하고, 자신 있게 표현하고, 서로를 존중하며 세상과의 연결을 돕는 든든한 안내서가 되기를 바랄게. 준비되었다면 이제 첫 장을 함께 펼쳐 볼까?

차 례

1부
디지털,
그냥 쓰는 게 아니라
이해하는 거야

디지털 리터러시,
왜 점점 중요해질까?

미래 사회의 주인공이 되는 열쇠

인터넷이 없는 우리 삶을 상상하기란 어려워. 인터넷에는 좋은 정보도 있지만 나쁜 정보도 많아. 그래서 인터넷 세상을 안전하고 즐겁게 탐험하는 데 도움을 주는 '디지털 리터러시'라는 능력을 키워야 해.

학습 키워드 #디지털리터러시 #미래능력 #정활용 #디지털참여 #안전한인터넷

교과 연계 초6 〉실과 〉디지털 기기와 소프트웨어를 활용하여 문제를 창의적으로 해결하고 결과를 표현할 수 있다.

'리터러시'라는 말 들어 봤니? 영어로 'Literacy'라고 하는 이 말은 '읽고 쓸 수 있는 능력'을 뜻해. 그런데 여기에 '디지털'이라는 말을 붙이면 무슨 뜻이 될까? 맞았어. 인터넷 같은 디지털 세상에서 정보를 이해하고 표현하는 능력을 말하지. 쉽게 말하면 디지털 기기에서 필요한 정보를 찾아내서 그 정보를 평가하고 활용할 수 있는 능력이 바로 디지털 리터러시야. 마치 책을 읽고 글을 쓰는 것처럼 디지털 세상에서 정보를 다루는 능력이라고 생각하면 돼.

디지털 리터러시는 왜 중요할까?

우리는 왜 디지털 리터러시를 키워야 할까?

첫 번째 이유는 인터넷에 정보가 너무 많기 때문이야. 이 중에서 맞

는 정보를 찾고 틀린 정보는 걸러 내야 하지. 디지털 리터러시를 갖추고 있다면 나침반으로 방향을 찾을 때처럼 정확하게 정보를 찾을 수 있을 거야.

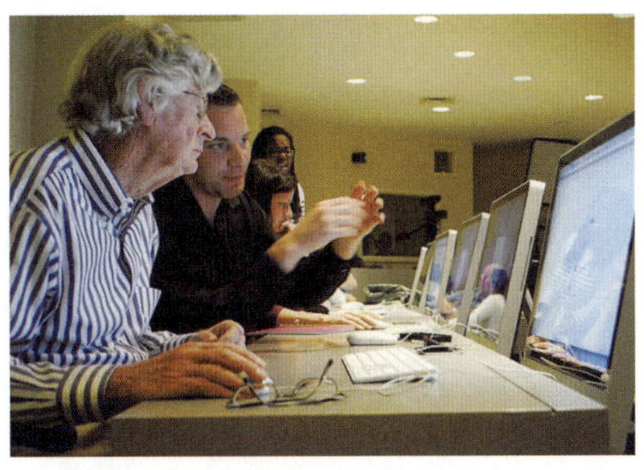

두 번째 이유는 요즘 사람들이 소통하는 방법이 많이 달라졌기 때문이야. 예전에는 얼굴을 마주 보고 이야기했지만 요즘에는 SNS나 메신저로 소통하는 경우가 더 많아졌잖아. 그래서 디지털로 소통하는 방법을 잘 알아 두는 게 필요해. 디지털 리터러시를 키우면 실생활에서도 많은 도움이 될 거야. 공부할 때 인터넷 검색에 익숙하면 다양한 정보를 많이 구해서 효율적으로 공부할 수 있어. 또 컴퓨터를 사용해서 자신만의 작품을 만들 수도 있지. SNS로 친구들과 소통하다 보면 새로운 지식을 얻을 수도 있을 거야. 만약 문제가 생기면 인터넷에서 해결 방법도 찾을 수 있겠지.

마지막으로 미래에는 더 많은 일을 디지털 도구를 활용해서 하게 될 거기 때문이야. 컴퓨터나 스마트폰으로 공부를 하거나 문제를 해결하거나 새로운 아이디어를 만들어 내는 능력이 꼭 필요해질 거야. 이처럼 디지털 리터러시를 키우면 미래에 더 많은 기회를 얻을 수 있어.

디지털 리터러시의 5가지 핵심 능력

그렇다면 디지털 리터러시는 어떤 능력들을 말하는 걸까?

첫째, 컴퓨터나 스마트폰, 인터넷 같은 디지털 도구를 자유롭게 다룰 수 있는 능력이야. 둘째, 인터넷을 하다 보면 사이버 폭력이나 악성코드, 개인 정보 유출 같은 위험에 빠질 수 있는데 이를 잘 알아 두고 미리 대비하는 능력이 필요해. 셋째, 인터넷에서 다른 사람들과 정보를 주고받을 때 원활하게 소통하는 능력도 갖춰야 하지. 넷째, 온라인에서 소통할 때 생기는 감정을 이해하고 잘 조절해서 표현할 줄도 알아야 할 거고. 마지막으로 컴퓨터로 프로그램을 만들거나 영상을 편집하는 것처럼 창의적인 일을 할 수 있는 능력도 키워야 해.

디지털 리터러시를 키우는 실천 방법

디지털 리터러시를 키우는 방법에는 여러 가지가 있어. 먼저 학교에서 배우는 소프트웨어 교육이나 컴퓨터 프로그램을 사용하는 수업에 적극적으로 참여하는 거야. 그리고 인터넷에서 정보를 찾을 때는 다양한 검색 엔진과 검색 AI를 활용하고, 그 정보가 믿을 만한지 평가하는 방법을 익히는 게 중요해. SNS나 블로그 같은 곳에서 친구들과 소통하면서 창의적인 프로젝트를 함께해 보는 것도 좋겠지. 그리고 인터넷에서 올바르게 행동하고 사이버 폭력을 피하는 방법이나 개인 정보가 유출되는 걸 막는 방법, 악성코드에서 벗어나는 방법도 꼭 배워야 해.

이제 우리는 디지털 리터러시라는 마법의 지팡이를 손에 쥐었어. 디지털 리터러시는 우리 삶을 풍요롭게 하고, 사회 발전에도 큰 도움을 줄 거야. 그러니 모두 이 능력을 잘 키워서, 안전하고 윤리적인 디지털 세상을 만들어 보자. 지금까지 살펴본 내용은 디지털 리터러시의 전체적인 모습이야. 앞으로 더 자세하고 깊이 있게 배우면서 진짜 디지털 세상의 주인공이 되는 방법을 알아 갈 거야. 흥미진진한 디지털 세상 탐험은 이제 시작이니까 계속 함께해 보자.

1. 디지털 리터러시 능력을 갖춰야 하는 가장 중요한 이유는 무엇일까?

① 인터넷 속도를 높일 수 있기 때문이다.

② 게임을 더 재밌게 즐길 수 있기 때문이다.

③ 올바른 정보를 구별하고 사실과 거짓을 판단할 수 있기 때문이다.

④ 친구들과 더 쉽게 소통할 수 있기 때문이다.

⑤ 컴퓨터를 더 빨리 사용할 수 있기 때문이다.

2. 다음 설명이 맞으면 O, 틀리면 X를 표시해 보자.

- 디지털 리터러시는 컴퓨터로 프로그램을 만들거나 영상을 편집하는 창의적인 능력도 포함한다. (   )
- 요즘에는 예전처럼 얼굴을 마주 보고 이야기하는 것이 SNS나 메신저로 소통하는 것보다 더 많아졌다. (   )
- 인터넷에서 정보를 찾을 때는 그 정보가 믿을 만한지 평가하는 방법을 익히는 게 중요하다. (   )

3. 디지털 리터러시 능력을 키우기 위해 너희가 할 수 있는 구체적인 방법에는 어떤 것들이 있을까?

힌트 본문에서는 학교 수업 참여, 검색 엔진과 AI 활용, SNS·블로그 활동, 올바른 인터넷 행동 같은 사례가 소개되어 있어.

더 알고 싶어 119　　　　　　　📖 도서　▷ 영상　🔍 사이트

📖 **『Z세대를 위한 디지털 리터러시 교육』** (이재포 외, 민들레출판사, 2020)
실제 생활 사례로 '찾기-평가-표현' 흐름을 한눈에 익혀 볼까? 오늘 배운 핵심을 정리하면서 우리 반만의 체크리스트를 만들어 보자.

▷ **디지털 리터러시란?** (국가기초학력지원센터)
핵심 개념을 짧은 영상으로 정리해 볼까? 본문에서 나온 '왜 필요한가'를 영상 속 예시와 연결해 나만의 요약 3줄을 만들어 보자.

디지털 리터러시를 익히면 무엇이 달라질까?

창의적으로 협업하며 디지털 세상을 탐험하는 방법

인터넷 검색을 넘어 정보 찾기부터 문제 해결, 창의적 활동까지!
디지털 리터러시가 열어 줄 수 있는 무한한 가능성에 대해 함께 알아볼까? 

학습 키워드 #디지털리터러시 #정보평가 #창의적콘텐츠 #문제해결 #미래진로
교과 연계 중1 › 기술과 가정 › 디지털 생활환경으로 나타난 일상생활의 혁신과 변화를 비판적으로 분석한 결과를 삶의 질 향상에 활용할 수 있는 방안을 탐색하여 제안한다.

디지털 리터러시를 익히면 어떤 것들을 할 수 있는지 궁금하지 않니? 사실 디지털 리터러시는 단순히 컴퓨터나 스마트폰을 사용하는 게 아니라, 이 도구들을 이용해서 직접 창작하고, 협업하며, 문제를 해결할 수 있는 능력을 말해.

먼저, 네가 가진 생각을 디지털 콘텐츠로 만들어서 표현해 보는 거야. 블로그나 동영상, 포스터 같은 걸 직접 만들어 본 적 있니? 좋아하는 취미나 관심 있는 주제를 블로그에 글과 사진으로 꾸미거나 짧은 동영상을 찍어서 올리다 보면 창의력과 표현력이 쑥쑥 자랄 거고, 편집 기술도 배울 수 있을 거야. 나만의 콘텐츠를 만들어 친구들과 나누는 일이니까 정말 뿌듯하지 않을까?

데이터 활용과 문제 해결 능력 키우기

디지털 리터러시는 친구들과 팀워크를 쌓는 데도 정말 큰 도움이 돼. 구글 문서나 슬랙 같은 협업 도구를 사용해서 친구들과 함께 학교 행사에 관한 발표 자료를 만든다고 생각해 봐. 한 친구는 자료를 찾고, 다른 친구는 사진이나 영상을 모으고 또 다른 친구는 발표할 글을 쓰는 거야. 이렇게 각자 역할을 나눠서 아이디어를 내고 어떤 내용을 더 추가하면 좋을지 실시간으로 확인하다 보면 의사소통 능력도 자연스럽게 키울 수 있겠지.

인터넷 데이터를 활용하면 실제 생활하면서 불편했던 문제를 파악하고 그 해결책을 찾을 수도 있어. 가령 환경 문제를 주제로 과학 프로젝트를 진행한다면 우리 지역의 공기 오염 수치나 쓰레기 배출량에 관한 데이터를 찾아 분석하면서 좋은 해결책을 떠올릴 수도 있지. 이렇게 데이터를 활용하다 보면 논리적인 사고를 키울 수 있고 문제 해결 능력도 길러질 거야.

디지털 리터러시를 잘 이해하면 '디지털 시민의식'도 실천할 수 있어. 사이버 공간에서는 개인 정보를 함부로 공유하지 않아야 하고, 사이버 폭력에 휘말리지 않도록 주의해야 하지. 그뿐만 아니라 남의 콘텐츠를 존중하고 저작권을 지키는 것도 아주 중요해. 이렇게 윤리적으로 행동해야 건강하고 안전한 디지털 생활을 할 수 있겠지?

또 하나, 디지털 리터러시는 미래의 다양한 직업에 필요한 능력도 길러 줄 수 있어. 요즘에는 코딩이나 프로그램 개발, 간단한 앱 제작 같은 기술이 중요해지고 있잖아. 너희가 생각한 아이디어를 직접 코딩해서 모두에게 유익한 프로그램을 만들어 봐도 좋겠지? 그러다 보면 앞으로 어떤 직업을 선택하더라도 그에 필요한 기초적인 기술과 사고력을 갖출

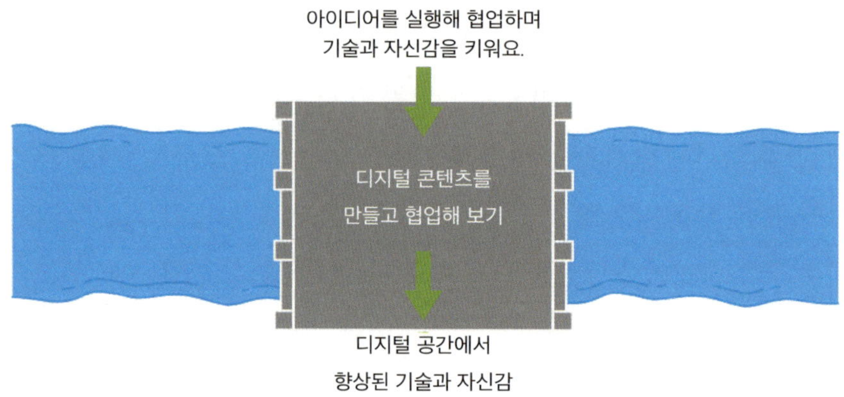

수 있을 거야. 미래에 필요한 디지털 기술들을 미리 익혀 둔다면 멋진 전문가로 성장할 기회를 더 많이 얻게 되겠지.

성취감과 진로 탐색의 기회

디지털 프로젝트를 진행하면서 성취감을 느껴 보는 것도 중요한 경험이야. 학교 행사나 축제를 기록으로 남기는 작업에 참여하거나 친구들과 함께 학교 소식을 담은 뉴스레터를 만드는 것도 좋은 경험이 될 수 있어. 또 이런 경험을 하면서 어떤 활동이 나와 잘 맞는지, 어떤 일을 할 때 가장 즐거운지 깨닫게 된다면 나중에 진로를 결정할 때도 가장 좋은 선택을 할 수 있을 거야.

이처럼 디지털 리터러시는 필요한 정보를 잘 찾는 것에 그치지 않고 다양한 활동을 통해 우리를 성장시키고, 미래를 대비할 수 있게 도와줘. 디지털 리터러시를 익혀서 스스로를 표현하고, 친구들과 협력하며, 문제 해결 능력을 키워 보길 바랄게.

1. 다음 문장의 빈칸에 알맞은 말을 넣어 보자.

> 디지털 리터러시를 활용하면 ① _________ 나 ② _________ , ③ _________ 같은 디지털 콘텐츠를 직접 만들어서 자신의 생각을 표현할 수 있다. 또한 ④ _________ 문서나 ⑤ _________ 같은 협업 도구를 사용해서 친구들과 함께 프로젝트를 진행할 수 있다.

힌트 본문에서 '디지털 콘텐츠 창작'과 '협업 도구' 부분을 찾아봐. 창작할 수 있는 세 가지 콘텐츠와 팀워크에 도움이 되는 두 가지 도구가 나와 있어.

2. 왼쪽의 디지털 리터러시 활용 방법과 오른쪽의 기대 효과를 올바르게 연결해 보자.

활용 방법

A. 블로그나 동영상 제작 •
B. 데이터를 활용한 문제 해결 •
C. 코딩이나 앱 제작 •
D. 디지털 시민의식 실천 •

기대 효과

• ㄱ. 논리적 사고력과 문제 해결 능력 향상
• ㄴ. 창의력과 표현력 성장, 편집 기술 습득
• ㄷ. 건강하고 안전한 디지털 생활
• ㄹ. 미래 직업에 필요한 기초 기술과 사고력 습득

힌트 각 활동이 어떤 능력을 기르는지 글에서 직접 설명하고 있어. "창의력", "논리적 사고", "미래 직업", "안전한 디지털 생활" 키워드를 찾아 연결해 봐.

3. 디지털 리터러시를 활용해서 자신만의 콘텐츠를 만들어 본 경험이 있다면 그 과정을 설명해 보자. 만약 경험이 없다면, 만들어 보고 싶은 콘텐츠와 그 이유를 설명해 보자.

힌트 본문에서는 블로그·동영상·포스터 제작, 친구들과 협력해 자료 준비, 학교 행사 기록이나 뉴스레터 만들기, 성취감과 진로 탐색의 기회가 예시로 제시되어 있어

더 알고 싶어 119　　📖 도서　▷ 영상　🔍 사이트

📖 **『디지털 리터러시 교실: 아이들의 미래를 바꾸는 교육의 시작』** (박일준·김묘은, 북스토리, 2020) 문서·영상 제작, 협업, 데이터 활용을 단계별 예시로 따라가 볼까? 오늘 한 프로젝트를 한 단계 업그레이드해 보자.

▷ **우리에게 디지털 리터러시 교육이 필요한 이유** (KERIS 공식 '키워드 영상백서') 왜 협업·데이터 활용이 중요한지 핵심만 빠르게 확인해 볼까? 영상의 메시지를 오늘 주제와 연결해 팀별 슬로건 한 문장을 만들어 보자.

나의 디지털 리터러시 상식 수준은?

현재 내가 갖고 있는 디지털 리터러시 수준 진단하기

현재 내가 갖고 있는 디지털 리터러시 상식은 어느 정도 수준일까?
다음의 사례들을 통해서 한번 스스로 진단해 볼까?

학습 키워드   #정보활용 #소통과참여 #창의력
교과 연계   중1 〉 정보 〉 사례를 중심으로 디지털 공간에서 함께 살아가기 위해 개인 정보 및 권리와
저작권을 보호하는 실천 방법을 탐구한다.

탐정 소연, 사실을 찾아라!

소연이는 과학 수업 시간에 '지구 온난화'에 대해 발표하기로 했어.
그래서 인터넷과 검색 AI를 활용해서 '지구 온난화의 원인', '지구 온난
화의 영향', '지구 온난화 해결 방법' 같은 다양한 키워드로 정보를 찾아
보았지. 물론 전문 기관이나 과학 논문 같은 믿을 수 있는 출처의 정보만
모았어. 찾은 정보들을 잘 정리해서 프리젠테이션으로 발표한 소연이는
과학 선생님께 칭찬을 받았단다. 친구들도 소연이의 발표를 듣고 나서
지구 온난화 문제에 관심을 가지게 되었다고 해.

자가 진단 1 소연이는 인터넷의 여러 사이트에서 정보를 찾았지만 어떤 게 신
뢰할 만한지 헷갈렸어. 이럴 땐 어떻게 해야 할까?

□ 각 웹사이트의 출처(저자, 기관, 날짜)를 확인한 다음 서로 비교해 보면서 가장 신뢰할 수 있는 출처를 고른다.

□ 가장 많은 사람이 '좋아요'를 눌렀거나 댓글이 많은 사이트의 정보를 믿는다.

□ 가장 믿고 싶은 정보를 선택한다.

힌트 온라인 정보를 무작정 믿을 수는 없어. 출처를 확인해 공신력 있는 자료와 비교하고 편견 없이 검토해야 해.

민수, 세상을 바꾸다!

민수는 환경 문제에 관심이 많아서 환경 관련 커뮤니티에 가입했어. 커뮤니티 회원들은 서로 정보를 공유하고 토론하면서 어떻게 환경 보호 활동을 할 것인지 의견을 나누곤 했지. 또 민수는 환경 관련 기사를 찾아서 다른 회원들에게 알리기 위해 게시판에 올리곤 했어. 환경 보호 온라인 서명 운동에 참여도 하고 이를 사람들에게 알리기 위한 캠페인의 홍보를 맡기도 하고 말이야.

민수가 활발하게 활동한 덕분에 사람들은 환경 문제에 대한 관심이 더 높아졌고 관련 행사에도 적극적으로 참여하게 됐단다. 동네 구석구석을 청소하면서 실제로 환경을 보호하는 데 기여할 수도 있었지.

자가 진단 2 온라인에서 다른 사람과 의견이 다를 때는 어떻게 해야 할까?

□ 상대방의 의견을 존중하고, 자신의 생각을 논리적으로 설명한다.

□ 자신의 의견을 강요하고, 상대방을 공격한다.

□ 온라인 커뮤니티를 떠난다.

힌트 온라인 커뮤니티에서는 다양한 의견을 존중하며 토론해야 해. 강요나 공격은 갈등만 키우니 피해야 해.

예린, 디지털 콘텐츠로 세상을 밝히다!

예술과 디자인에 관심이 많은 예린이는 친구들과 함께 유튜브 채널을 만들었어. 그림을 그리는 과정을 음악과 함께 소개하는 채널이야.

예린이는 다양한 그림 도구와 편집 프로그램을 활용해서 자신만의 독창적인 작품을 만들었고 이를 흥미로운 영상으로 제작해서 사람들과 공유했어. 댓글로 시청자들과 소통하고 피드백을 참고하면서 영상 제작 방식도 개선했지. 꾸준히 업로드하다 보니 예린이의 유튜브 채널 구독자가 많이 늘었어. 예린이는 자신의 작품을 통해 사람들에게 영감을 주었고 예술에 대한 관심을 높이는 데도 기여했지. 또한 다른 사람들의 작품을 존중하고 적절하게 활용하면서 온라인 플랫폼에서 종종 발생하는 문제를 일으키지 않도록 노력했어.

자가 진단 3 자신이 그린 그림을 온라인에 공유할 때는 어떤 점을 고려해야 할까?

☐ 저작권을 침해하지 않도록 주의하고, 출처를 명확하게 표기한다.

☐ 자신의 작품만 공유하고, 다른 사람들의 작품은 공유하지 않는다.

☐ 그림이 마음에 들면 그린 사람에게 양해를 구하고 사용한다.

힌트 콘텐츠를 올릴 땐 창의성과 타인의 권리를 동시에 존중해야 해. 저작권 침해를 피하려면 출처를 명확히 밝히고, 다른 사람의 작품을 사용할 때는 반드시 동의를 받아야 해.

1. 다음 중 디지털 리터러시가 포함하지 않는 능력은 무엇일까?

   ① 정보를 비판적으로 평가하는 능력
   ② 다양한 디지털 도구를 자유자재로 활용하는 능력
   ③ 온라인상에서 감정을 이해하고 조절하는 능력
   ④ 다른 사람들의 작품을 자유롭게 사용하는 능력
   ⑤ 사이버 폭력과 개인 정보 유출을 예방하는 방법을 이해하는 능력

2. 예린이의 유튜브 채널 운영 사례에서 볼 수 있는 디지털 리터러시의 핵심 실천 요소 두 가지를 쓰시오.

3. 온라인 커뮤니티에서 다른 사람과 의견이 다를 때는 어떻게 해야 할까? 너희의 생각을 적어 보자.

더 알고 싶어 119

📖 도서 ▷ 영상 🔍 사이트

📖 『**디지털 리터러시 교실-아이들의 미래를 바꾸는 교육의 시작**』(박일준·김묘은, 북스토리, 2020) 검색-평가-표현을 수업 활동 예시로 풀어낸 책이야. 오늘 정한 주제로 출처 확인 체크리스트를 만들어 본문 활동과 연결해 볼까?

▷ **미래교육 플러스-디지털 리터러시 교육 1부- 정보를 읽는 능력을 키워라!** 단순히 기술을 가르치는 게 아니라 정보를 비판적으로 받아들이고 올바르게 활용하는 방법을 배울 수 있다는 점이 정말 인상 깊었어. 우리가 디지털 시대에 꼭 갖춰야 할 능력에 대해 생각해 볼 좋은 기회일 거야.

🔍 **디지털리터러시협회** "Our Approach"에 가면 왜 온라인 정보를 신중하게 다뤄야 하는지 생각하게 해 주는 좋은 내용이 있어. '지구 온난화'처럼 어떤 키워드든 적용해서 출처를 확인하고 비교하는 연습을 해 보면 좋을 것 같아.

디지털 리터러시를 키우려면 뭐부터 해야 할까?

디지털 사회를 살아가기 위해 갖춰야 할 소양

지은이는 여름방학 과제로 디지털 리터러시 능력을 키우기 위한 도전을 해 보았어.
어떤 것들을 배웠는지 함께 살펴볼까?

학습 키워드 #정보이해력 #저작권 #삶의역량
교과 연계 중1 〉 국어 〉 복합양식성을 고려하여 영상 매체 자료를 제작하고 공유한다.

여름방학 디지털 리터러시 과제

선생님께서는 지은이와 반 친구들이 여름방학 동안 디지털 리터러시를 키울 수 있도록 특별한 과제를 내 주셨어. 유튜브 크리에이터 한 명을 소개하는 자료를 만들고, 학생 자치회 선거 독려를 위한 홍보 포스터도 제작해 보라는 과제였지.

지은이는 평소 좋아하던 유튜브 크리에이터를 소개한다는 생각에 들떴어. 곧바로 친구들과 유튜브 크리에이터에 관한 정보를 검색하기 시작했지. 선거 홍보 포스터를 어떻게 만들지도 고민하면서 말이야. 그런데 유튜브 크리에이터를 소개하는 글을 쓰려고 보니 친구들이 각자 찾아온 정보가 조금씩 달라서 어떤 게 맞는지 모르겠는 거야.

포스터를 만드는 것도 마찬가지였어. 디자인 프로그램은 어떤 걸 사

용하는 게 좋을지, 저작권이나 초상권 같은 문제는 어떻게 해결해야 할지, 과제를 준비할수록 새로운 문제가 계속 생기는 거야. 그러다 보니 친구들 사이에 의견이 다를 때도 생겨서 얼굴을 붉히기도 했고, 다들 바쁜 나머지 매일 만날 수 없어서 과제를 완성하는 게 쉬운 일이 아니라는 생각도 들었어.

온라인 협업과 정보 활용

지은이는 일단 밖에서뿐만 아니라 온라인에서도 자주 만나서 각자의 생각을 이야기하고, 역할을 명확히 나눠서 진행하자고 제안했어. 믿을 만한 정보를 선택하기 위해서는 여러 출처를 비교하는 방법을 선택했지. 다양한 출처에서 제공한 정보를 서로 비교해 보면서 어떤 정보가 더 정확한지 살펴보았어. 또 저작권이나 초상권에 문제가 없는 자료만 사용하기로 결정한 다음 합법적인 방법으로 정보를 수집하고 활용했어. 포스터는 무료 디자인 프로그램과 온라인 자료를 활용하기로 했고 말이야.

지은이는 학생 자치회 선거 독려 포스터를 만들기 위한 계획을 온라인 공유문서에 올렸어. '지금 해야 할 일', '진행 단계', '방법'을 칸으로 나누어 정리하자 친구들이 한눈에 알아볼 수 있었지. 친구들은 댓글로 아이디어를 주고받으며 함께 작업을 완성해 나갔어.

이런 과정을 거치면서 지은이와 친구들은 디지털 리터러시의 중요성을 깨달았어. 정보를 비판적으로 평가하는 방법이나 저작권과 초상권을 존중하는 태도, 팀워크와 소통의 중요성 등을 실제로 느낄 수 있었거든.

저작권·초상권 바로 알기

지은이는 친구들과 과제를 함께 준비하면서 저작권에 관심이 생겼어. 점심시간에 학교 방송에서 틀어 주는 음악은 저작권을 어떻게 해결하는지, 좋아하는 책의 표지나 구절, 노래 가사, 영화 장면, 공연 포스터를 SNS 계정에 올려도 되는지, 내가 만든 작품의 저작권은 어떻게 보호할 수 있는지 알아보기도 했단다.

예를 들어 좋아하는 크리에이터의 사진을 소개할 때는 출처와 권리자를 정확히 표시했고, 친구 얼굴이 담긴 사진을 사용할 땐 사전에 동의를 받았어. 음악이나 영상 클립을 쓸 때는 저작권이 허용된 무료 음원 사이트를 활용하거나 파일명, 제작자, 사용 목적을 기록하는 방법도 배웠지.

방학 동안 지은이와 친구들은 디지털 시대에 필요한 기본적인 소양을 키울 수 있는 방법을 경험해 보았어. 디지털 리터러시는 단순히 정보를 찾고 사용하는 방법을 익히는 게 아니야. 정보의 진실성을 판단하고 적절하게 활용하는 능력이지. 너희도 이런 능력을 키우는 것이 중요해. 지은이와 친구들은 방학 동안 정보를 이해하는 능력과 저작권의 중요성뿐만 아니라, 검색한 정보를 토대로 새로운 정보를 만들어 내는 능력까지 배울 수 있었어. 온라인상으로 소통하다 보니 팀워크도 키울 수 있었지 뭐야.

디지털 리터러시를 갖추기 위한 기초 소양

- 정보를 비판적으로 평가하기

- 저작권과 초상권 존중하기

- 팀워크와 소통의 중요성

1. 다음 중 지은이와 친구들이 방학 과제를 준비하는 과정에서 실제로 하지 않은 것은?

　① 친구들과 만날 때마다 오프라인 모임만 진행했다.

　② 온라인 회의를 통해 역할 분담과 의견 교환을 했다.

　③ 여러 출처의 정보를 비교하여 신뢰할 만한 정보를 가려냈다.

　④ 저작권이나 초상권에 문제가 없는 자료만 사용하기로 결정했다.

　⑤ 무료 디자인 프로그램을 활용하여 홍보 포스터를 제작했다.

2. 여름방학 디지털 리터러시 과제를 수행하면서 지은이가 깨달은 디지털 리터러시의 중요성에 대해 자신의 생각을 정리하여 서술해 보자.

　힌트 본문에서는 비판적 정보 평가, 저작권·초상권 존중, 팀워크와 소통의 중요성이 강조되어 있어

3. 디지털 리터러시 능력을 갖추지 못했거나 디지털 리터러시 교육을 받지 못한 사람들이 디지털 정보를 이용할 때 어떤 문제가 발생할 수 있을까?

　힌트 본문에서는 정보의 진실성 판단 실패, 저작권·초상권 침해 위험, 소통과 협업의 어려움이 문제로 연결될 수 있음을 보여 주고 있어.

더 알고 싶어 119

📖 도서　▷ 영상　🔍 사이트

📖 **『미디어, 디지털 세상을 잇다』** (주형일, 한국문학사, 2023)
"미디어 리터러시가 왜 핵심일까?" 옛 미디어부터 오늘의 디지털 환경까지 훑으며 미디어를 똑똑하게 쓰는 원리를 설명한 책이야. 오늘 만든 자료에 바로 적용해서 '출처 확인-표현-권리 점검' 순서로 체크해 보자.

▷ **잃어버린 이름** (청소년 인터넷 중독 예방 교육 영화, 맥지청소년사회교육원)
온라인 활동의 장점과 위험을 균형 있게 정리해 볼 좋은 기회가 될 거야. 자신의 사용 습관을 돌아보면서 득과 실을 점검해 볼 수 있어.

온라인 활동은 나에게 어떤 영향을 줄까?

온라인 활동을 긍정적으로 만드는 디지털 리터러시의 중요성

우리는 다양한 온라인 활동을 통해 많은 정보를 얻고, 새로운 친구도 사귀고 있어.
그렇다면 온라인 활동은 우리에게 어떤 영향을 미치고 있을까?
그리고 이를 현명하게 활용하는 방법은 무엇일까?

학습 키워드　#온라인활동　#사이버괴롭힘예방　#균형잡힌생활

교과 연계　중1 〉 도덕 〉 현대 과학기술과 관련된 윤리적 쟁점의 분석을 통해 과학기술의 유용성과 한계를 인식하고 이에 대한 도덕적 관점을 형성한다

우리는 매일 유튜브 시청, 메신저 대화, 온라인 게임, SNS 포스팅, 쇼핑, 숙제 조사 등 다양한 온라인 활동을 경험하고 있어. 예전에는 책과 교실에서만 배우던 정보가 이제는 손가락 터치 한 번이면 펼쳐지지. 게다가 스마트폰과 태블릿을 활용하면 언제 어디서든 친구, 가족, 전 세계 사람들과 연결될 수 있어. 이처럼 디지털 공간은 우리의 일상을 지배하며 시간과 장소의 경계를 허물고 있지. 그 결과 우리는 디지털 세계에서 보내는 시간이 점점 늘어나고 있어.

온라인 활동의 기회와 주의

온라인 활동은 우리의 지식을 확장시키고 새로운 표현의 기회를 제공해 줘. SNS에서 사진과 글을 공유하며 자신만의 이야기를 만들다 보면

글쓰기와 디자인 감각도 자연
스럽게 향상되지. 온라인 협업
도구를 활용해 친구들과 과제
나 프로젝트를 함께 진행하면,
서로 다른 관점을 존중하며 협
력하는 방법도 배우게 돼. 게
다가 오픈소스나 위키백과 같
은 협업 플랫폼에 기여하면서
학습의 주체가 된다는 성취감
도 느낄 수 있어.

↑ SNS에서 괴롭힘을 당할 수 있으니까 조심해서 이
용해야 해.

　하지만 온라인 세계에는
위험도 많아. 허위 정보나 가짜 뉴스를 무심코 믿으면 잘못된 판단을 내
릴 수 있고, 알고리즘이 특정 관심사만 보여줘 편향된 정보 환경에 갇
힐 위험이 있어. 익명성 뒤에서 발생하는 사이버 폭력은 정신 건강에 치
명적일 수 있고, 우리가 남긴 디지털 기록은 쉽게 삭제되지 않아 사생활
이 침해될 수도 있어. 그렇기 때문에 우리는 '디지털 발자국'을 항상 염
두에 두어야 해.

슬기로운 디지털 생활 수칙

　온라인 활동을 슬기롭게 하기 위해선 먼저 정보를 접할 때 사이트
와 작성자를 철저히 확인하고, 교차 검증을 통해 사실 여부를 판단해야
해. 예를 들어 같은 주제의 기사를 두세 개 이상 비교하며 핵심 내용을
점검하는 거야. 메시지나 댓글을 보낼 때는 상대를 존중하는 예절을 지
키고, 부적절한 게시물은 신고하거나 차단해 안전한 환경을 유지하도록

노력하는 거야. 눈 건강을 위해선 화면을 1시간 이상 바라보지 말고 매시간 5분씩 휴식을 취하며 스트레칭을 하고, 산책이나 독서 같은 오프라인 활동으로 머리를 리프레시하고 말이야. 또한 클라우드나 외장 하드에 중요한 파일을 주기적으로 백업하고, 앱 권한과 비밀번호를 정기적으로 업데이트해 개인 정보를 철저히 보호하는 게 필요해. 마지막으로 최신 보안 프로그램을 설치해 악성코드나 해킹 시도를 예방하는 것도 잊지 말자.

온라인에서 다양한 활동을 하면서 좋은 결과를 얻기 위해서는 디지털 기기와 인터넷을 잘 활용하는 '디지털 리터러시'를 키워야 해. 디지털 환경에서의 예절을 지키고, 안전하게 활동하는 방법도 포함되지.

디지털 리터러시를 키우려면 학교에서 배우는 정보 수업에 적극적으로 참여하고, 평소에 다양한 디지털 기기 사용법을 배워 두는 게 좋아. 그리고 새로운 정보를 접할 때마다 그 출처와 내용을 비판적으로 생각해 보는 습관을 들이는 것도 도움이 될 거야. 이렇게 하다 보면 온라인에서 슬기롭게 생활할 수 있는 방법을 자연스럽게 익힐 수 있거든. 온라인 활동은 우리 삶을 더 편리하고 풍요롭게 만들어 주지만, 동시에 책임과 윤리를 요구하는 '디지털 시민의식'을 필요로 해. 우리가 남긴 작은 기록 하나하나가 디지털 공간에서의 나를 대표하는 거니까 정보를 비판적으로 수용하고 예절을 지키며 보안에도 신경 써야 해.

스스로 지식을 넓히는 동시에 공동체와 함께 성장하는 경험을 통해 진정한 '디지털 시민'으로 거듭나 보자.

1. 다음 중 온라인 활동에 대한 설명으로 옳지 않은 것은 무엇일까?

① 온라인 활동은 신체 활동을 늘리고 건강을 증진시킨다.

② 온라인 활동을 통해 문화와 생각을 공유하며 배울 수 있다.

③ 온라인 활동은 지식을 넓히고 새로운 친구를 사귈 수 있는 기회를 제공한다.

④ 온라인 활동은 협동심과 문제 해결 능력을 키울 수 있다.

⑥ 온라인 활동을 통해 다양한 정보를 쉽게 얻을 수 있다.

2. 온라인 활동 중 부정적인 경험을 줄이기 위해 중요한 것은 무엇일까?

힌트 본문에서는 출처 확인, 예절 준수, 신고·차단, 보안 관리, 생활 균형이 강조되어 있어.

3. 온라인 활동이 우리의 삶에 긍정적인 영향을 미치게 하려면 어떻게 해야 할까?

4. 사이버 괴롭힘을 예방하고 대처하는 방법에 대해 이야기해 보자.

더 알고 싶어 119

📑 도서　▶ 영상　🔍 사이트

📑 『**스마트폰 잘 쓸 준비 됐니?**』 (샤리 쿰스, 명랑한 책방, 2023)
앱 권한·온라인 예절·자기 조절을 워크북처럼 따라 익혀 볼까? 오늘은 '내 폰 권한 점검표'를 만들어 필요한 권한만 허용해 보자.

▶ **EBS 드라마 〈하트가 빛나는 순간〉** (EBS)
루머 확산·악플·개인 정보 해킹 등, 우리가 겪는 문제를 드라마로 따라가며 "멈춰 보기-확인하기-신고/상담하기" 행동 문장을 만들어 볼까?

내가 남긴 데이터는 어디로 갈까?

일상적으로 이뤄지는 디지털 데이터의 수집

내비게이션은 어떻게 가장 빠른 길을 알려 주고,
음악 앱은 어떻게 우리가 좋아하는 노래를 들려주는 걸까?
또 유튜브는 어떻게 흥미 있는 영상을 계속 추천해 주는 걸까?

학습 키워드 #디지털데이터 #수집방법 #활용분야 #학생데이터 #개인 정보보호
교과 연계 중1 〉 정보 〉 문제 해결에 적합한 데이터를 수집하고, 목적에 맞게 구분하여 관리한다.

우리가 스마트폰으로 날씨를 확인하거나 커뮤니티의 게시물을 보거나 게임을 하거나 무언가를 검색할 때마다 디지털 데이터라는 정보의 작은 조각들이 만들어져. 이 디지털 데이터들은 스마트폰에 쌓여서 우리가 좋아하고 필요로 하는 것들을 이해하는 데 사용된단다.

디지털 데이터는 어떤 방법으로 수집될까?

첫째, 스마트폰이나 컴퓨터가 자동으로 웹사이트를 탐색해서 정보를 수집하는 '웹 크롤링'이란 방법이 있어. 둘째, 다양한 소스에서 수집한 데이터를 표준화한 다음 쉽게 접근하고 분석할 수 있는 데이터베이스에 저장하는 'ETL'이란 방법도 있지. 셋째, 우리가 웹사이트를 방문하거나 앱을 클릭할 때마다 어떤 행동을 하는지 기록하는 '로그 수집'

⬆ 청소년 데이터 플랫폼: 초등부터 고등까지 여러 유형의 데이터를 갖고 있는 사이트야.

도 있어. 웹페이지의 탐색 경로나 화면에 머무는 시간을 기록해서 우리의 행동과 선호도에 관한 정보를 수집하지. 넷째, 컴퓨터 보조 데이터 수집을 뜻하는 'CADAC'은 온라인 퀴즈나 전화 인터뷰와 같은 도구를 사용해서 컴퓨터가 정보를 수집하도록 돕는 방법이야. 다섯째, 'API 통합'은 우리가 이용하는 다른 앱들과 서비스가 서로 정보를 주고받을 수 있게 해 줘. SNS나 지도 서비스 같은 다양한 분야에서 활용되고 있지. 이러한 수집 방법은 데이터의 특성과 수집한 데이터를 활용하려는 목적에 따라 선택되곤 해.

실제 생활에서 디지털 데이러는 어떻게 사용될까?

먼저 교육과 관련된 디지털 플랫폼은 사용자의 데이터를 활용해서 각자의 학습 경험을 분석 정리하고, 교육 콘텐츠를 추천하는 일을 해. 은행 같은 금융기관은 사기로 의심되는 행위를 미리 탐지하거나 위험을 평가하는 일, 그리고 온라인 거래나 개인화된 금융 조언을 제공하는 등의 다양한 목적으로 디지털 데이터를 사용하고 있어. 산업 분야에서도 유지하고 보수해야 할 때를 미리 예측하거나, 공급망을 최적화하고, 품질을 향상시키기 위해 디지털 데이터가 활용되고 있단다.

초·중등 학생이 수집할 수 있는 데이터

초등학생과 중학생을 대상으로 수집할 수 있는 데이터에는 어떤 것들이 있을까? 먼저 시험 점수나 과제 수행 결과, 출석률 같은 학업 관련 정보가 있어. 이러한 데이터로 학생들의 학습 진척도와 성취 수준을 파악할 수 있거든. 수업 참여도와 과외 활동 참여, 휴식 시간 활용 같은 행동 및 활동 데이터를 통해서 학생들의 일상적인 행동 패턴을 수집한 다음 학생들의 관심사와 생활 습관을 이해하는 데 활용하는 거야. 심리 및 정서 데이터로 학생들의 스트레스 수준과 자아 존중감, 학습 동기 같은 정서적 특성을 파악해서 학생들의 전반적인 심리 상태를 이해하고 지원하는 데 이용하고 있단다.

건강 및 안전 데이터는 신체 건강 지표, 안전사고 기록 등 학생들의 신체적 안전과 건강 상태를 파악한 다음 이를 통해 학생들의 전반적인 건강 관리와 안전 대책을 수립하는 데 사용되고 있어. 학생들의 진로 관심사, 진학 계획, 진로 체험 활동 등을 수집할 수 있는 진로 및 진학 데이터는 학생들의 진로 설계와 진학 지도를 지원할 수 있단다.

이처럼 디지털 데이터는 우리가 일상적으로 하는 활동을 기록해서 여러 방면에서 우리를 도와주는 강력한 도구야. 우리의 행동이 어떻게 데이터로 변환되는지 잘 이해한다면, 기술을 활용할 때 더 나은 선택을 할 수 있을 거야. 우리가 매일 하는 행동들이 더 똑똑하고 편리한 세상을 만드는 데 도움이 된다니 놀랍지 않니?

1. 웹페이지가 자동으로 디지털 데이터를 수집하는 방법을 뭐라고 할까?

2. 디지털 데이터를 수집하는 방법 중 ETL에 대한 설명으로 옳은 것은?

① 다양한 소스에서 데이터를 수집하고 표준화한 후 쉽게 액세스하고 분석할 수 있는 데이터베이스에 저장하는 방법이다.

② 웹사이트를 자동으로 탐색하여 정보를 수집하는 방법이다.

③ 사용자의 행동과 선호도에 정보를 수집하는 방법이다.

④ 컴퓨터 보조 데이터 수집으로 설문 조사와 같이 온라인 퀴즈를 사용하는 방법이다.

⑤ API 통합을 통해 다른 앱들과 서비스가 서로 정보를 주고받을 수 있게 하는 방법이다.

3. 문득 앱이나 웹사이트에서 디지털 데이터를 수집하고 있다는 생각이 들 때가 있지 않니? 언제 그런 생각이 드는지 각자의 경험을 말해 보고, 디지털 데이터 수집에 대한 너희의 생각도 이야기해 보자.

힌트 언제 데이터 수집을 실감했는지 구체적인 경험을 적어 봐. 데이터 수집의 장점이나 단점 혹은 앱·웹사이트에 바라는 점에 대해 적어 보는 것도 좋겠지.

더 알고 싶어 119

📖 도서   ▷ 영상   🔍 사이트

📖 『**최소한의 데이터 리터러시**』 (송석리 외, 길벗, 2024)
일상 속 추천 시스템·평점·간단한 통계/머신러닝을 쉬운 사례로 풀어 주니 오늘 배운 쿠키·로그 수집과 연결해 내 앱 권한과 기록 노출을 직접 점검해 볼까?

▷ **[NYPI 짤막통계] 10대 청소년 미디어 이용 실태** (한국청소년정책연구원)
또래의 이용 시간·플랫폼 패턴을 짧게 보여 주니 우리 반 실태와 견줘 보며 나의 사용 로그를 돌아보고 바꿀 점을 정해 보자.

🔍 **청소년 데이터 플랫폼** 청소년 연관어 시각화·데이터 실습실을 둘러보며 관심 분야 데이터를 하나 골라 '어떤 데이터(출처/수집 시점)→무엇을 말하나→내 결론' 순서로 정리해 봐.

믿을 수 있는 정보는 어떻게 구별할까?

정보를 신뢰하기 위해 알아야 할 다섯 가지 요소

온라인에서 찾은 정보가 사실인지 아닌지 구별하는 방법 알고 있니?
정보의 출처와 객관성, 일관성, 신선도를 확인하는 방법을 아는 것은
정보가 진짜인지 판단하는 데 도움이 될 수 있어.

학습 키워드 #소스확인 #객관성 #일관성 #정보의신선도
교과 연계 중1 〉 기술과 가정 〉 디지털 생활환경으로 나타난 일상생활의 혁신과 변화를 비판적으로
분석한 결과를 삶의 질 향상에 활용할 수 있는 방안을 탐색하여 제안한다

우리는 매일 인터넷에서 수많은 정보를 접하고 있어. 그런데 그 정보들이 사실인지 아닌지 궁금할 때가 있지 않니? 정보가 진짜인지 아닌지 알 수 있는 방법에 대해 알아보자.

진짜 정보를 알아보는 법

첫째, 정보가 어디서 나왔는지 그 출처를 파악해야 해. 일례로 뉴스 기사를 읽을 때 그 기사가 어떤 신문사나 방송사에서 나온 것인지 확인하는 거지. 만약 그 기사의 출처가 신뢰할 수 있는 곳이라면 그 정보도 믿을 수 있는 정보일 가능성이 높아져. 반대로 누가 쓴 건지 어디서 들은 건지 알 수 없는 정보는 믿기 어렵겠지.

둘째, 정보가 객관적인지 파악해야 해. 객관적인 정보는 감정이나 개

인적인 의견이 들어가 있지 않은 사실만을 담고 있어. 예를 들어 "이번 여름은 너무 더워."라는 말은 객관적인 사실이지. 하지만 "이번 여름은 너무 더워서 힘들었어." 같은 말은 주관적인 의견이 들어간 정보야. 정보를 평가할 때는 그 정보가 객관적인지 주관적인지를 판단하는 것이 중요해.

셋째, 정보가 일관적인지 파악해야 해. 같은 주제에 대해 여러 출처에서 나온 정보가 비슷하다면 그 정보는 믿을 수 있는 정보일 가능성이 높기 때문이야. 예를 들어 여러 신문사에서 "오늘 서울 날씨는 맑음"이라고 보도했다면, 그 정보는 믿을 만한 거지. 하지만 한 신문에서는 맑다고 하고, 다른 신문에서는 비가 온다고 했다면 어떤 정보를 믿어야 할까? 이런 경우에는 더 확인이 필요해.

넷째, 정보가 가장 새로운 것인지 확인해야 해. 최신 정보는 현재 상황을 가장 잘 반영하고 있어. 예를 들어 코로나19 백신에 대한 정보를 찾을 때 1년 전의 정보보다는 최근의 정보를 확인하는 것이 더 중요해. 왜냐하면 바이러스는 계속 변하고, 이에 따른 새로운 연구 결과가 계속 나오기 때문이지.

다섯째, 검증된 정보인지 확인하는 것도 중요해. 전문가들이 검토하고 승인한 정보는 신뢰할 수 있어. 가령 의학 정보는 의사나 의료기관에서 제공하는 정보를 참고하는 것이 좋지. 또 학술 논문이나 공신력 있는 기관에서 발표한 자료들도 믿을 만하단다.

여섯째, 정보를 제공하는 사람이나 기관의 전문성을 확인해야 해. 의학 정보라면 의사나 의료진이 작성했는지, 교육 정보라면 교육 전문가가 검토했는지 살펴보는 거지. 전문가가 작성하거나 검토한 정보는 그렇지 않은 정보보다 훨씬 믿을 만해. 또한 그 전문가가 해당 분야에서 얼마나 오래 활동했는지, 어떤 자격을 가지고 있는지도 함께 확인해 보면 좋아.

↑ 인터넷에서 믿을 수 있는 정보를 구별하는 방법

일곱째, 정보에 편견이나 특정한 목적이 숨어 있지 않은지 살펴봐야 해. 때로는 정보 제공자가 자신의 이익을 위해 일부러 정보를 왜곡하거나 과장할 수 있거든. 가령 특정 제품을 판매하려는 목적으로 그 제품의 장점만 강조하고 단점은 숨기는 경우가 있어. 이런 정보는 객관적이지 않기 때문에 주의해서 받아들여야 해.

올바른 정보 확인 습관 기르기

이렇게 출처, 객관성, 일관성, 최신성, 검증된 정보라는 다섯 가지 기준으로 확인해 보면 잘못된 정보에 속지 않고 올바른 정보를 찾을 수 있을 거야. 정보의 신뢰성을 판단하는 능력은 디지털 리터러시에서 아주 중요한 부분이야. 우리가 매일 접하는 수많은 정보 중에서 진짜와 가짜를 구별할 수 있다면, 더 나은 판단을 내릴 수 있고 잘못된 정보로 인한 피해도 피할 수 있어. 특히 SNS나 메신저를 통해 빠르게 퍼지는 정보들은 더욱 신중하게 확인해야 해. 친한 친구가 보내 준 정보라고 해서 무조건 믿기보다는, 앞서 배운 일곱 가지 방법으로 한 번씩 검증해 보는 습관을 들이는 것이 중요해. 이런 습관이 쌓이면 자연스럽게 정보를 비판적으로 바라보는 능력이 생길 거야. 정보를 올바르게 판단하는 능력을 키우는 것은 하루아침에 되는 일이 아니야. 꾸준히 연습하고 경험을 쌓아가면서 점점 더 정확한 판단을 내릴 수 있게 될 거야. 지금부터라도 인터넷에서 정보를 찾을 때 이런 방법들을 하나씩 적용해 보자.

1. 다음 중 정보를 신뢰할 수 있게 만드는 중요한 요소가 아닌 것은 무엇일까?

   ① 출처   ② 객관성   ③ 일관성   ④ 정보의 최신성   ⑤ 정보의 가격

2. 신뢰할 수 있는 정보인지 확인하기 위해 가장 먼저 파악해야 할 것은 무엇이고 왜 그런지 적어 보자.

3. 한 인터넷 블로그에서 "이 음식을 먹으면 키가 10cm 자란다."라는 글을 봤어. 이 정보가 믿을 만한지 확인하려면 어떤 것들을 확인해야 할까? 차근차근 설명해 보자.

   힌트 블로그 글을 볼 땐 '누가 쓴 글이지?' 하고 작성자를 먼저 살펴봐. 또 '이건 사실일까, 그냥 의견일까?' 하고 구별해 보는 게 좋아. 같은 내용을 다른 사이트에서도 말하는지 비교하면 더 확실해지고, 오래된 정보보다는 최근 글을 참고하는 게 안전해. 가능하면 전문가나 기관이 확인한 자료를 찾아보고, 광고처럼 한쪽만 좋게 말하는 글은 조심해야 해.

👍 더 알고 싶어 119

📖 도서   ▷ 영상   🔍 사이트

📖 **『뉴스, 믿어도 될까?』** (구본권, 풀빛, 2018)
우리가 일상에서 남기는 데이터가 어떻게 수집·분석되어 쓰이는지 청소년 눈높이로 설명하는 입문서야. 책의 사례를 오늘 배운 '출처·일관성' 기준에 대입해 실습해 보자.

▷ **영화 〈신문기자〉**
취재와 보도 과정에서의 갈등과 검증 장면을 중심으로 사실 확인의 어려움을 보여 주는 영화야. 영화 속 취재 사례를 보며 '누가·어디서·어떻게 확인했나'를 찾아보자.

🔍 **통그라미**
교실에서 바로 쓸 수 있는 설문 생성·참여·결과 시각화 기능과 초등·중고용 통계 실습 도구 및 수업자료를 제공하는 사이트야. 수업에서 설문을 만들어 결과를 그래프로 시각화해 통계 개념을 직접 체험해 보자.

온라인에서도 안전하게 생활할 수 있을까?

인터넷을 안전하게 사용하는 방법

인터넷을 안전하게 사용하는 방법 알고 있니?
어떻게 하면 인터넷을 안전하게 사용할 수 있는지,
왜 안전하게 사용하는 것이 중요한지에 대해 알아보자.

학습 키워드　#개인 정보보호　#강력한비밀번호　#피싱메시지

교과 연계　중1 〉 정보 〉 디지털 사회의 구성원으로서 편리하고 안전한 생활을 위한 규칙에 대해 민주적으로 논의하고 실천한다.

인터넷을 안전하게 사용하려면 개인 정보를 잘 보호해야 해. 인터넷에는 개인 정보를 훔쳐서 나쁜 일에 사용하는 사람들이 아주 많기 때문이야. 그래서 소셜 미디어에 집 주소나 전화번호 같은 개인 정보는 절대 함부로 공유하면 안 돼.

인터넷의 어떤 정보는 진짜처럼 보이지만 사실은 거짓 정보일 수 있어. 예를 들어 "이 링크를 클릭하면 무료로 게임 아이템을 받을 수 있어요!"라고 해도 그 링크를 클릭하지 않는 게 좋아. 그 링크는 개인 정보를 훔치기 위한 함정일 수 있거든.

인터넷에서 만난 사람의 실제 성격이 어떤지도 만나기 전에는 알 수 없어. 그 사람이 너희에게 친절하게 대한다고 해서, 좋은 사람이라는 보장이 없거든. 어떤 사람들은 우리를 속여서 나쁜 일을 하게 만들 수도 있

어. 만약 이상한 행동을 하려는 사람을 만나면, 부모님이나 선생님께 바로 알려야 해.

인터넷을 사용하면서 우리를 위험에 빠뜨릴 수 있는 것 중에는 악성 코드와 바이러스도 있어. 악성코드와 바이러스에 감염되면 개인 정보가 유출되거나 기기가 망가질 수 있지. 그래서 항상 믿을 수 있는 사이트에서만 파일을 다운로드하고 이상한 링크를 클릭하지 않도록 주의해야 해. 또 백신 프로그램을 설치해서 정기적으로 검사하는 게 좋아.

안전한 인터넷 사용을 위한 여섯 가지 방법

첫째, 강력한 비밀번호를 사용하는 거야. 비밀번호는 다른 사람이 우리 정보에 접근하지 못하게 하는 첫 번째 방어선이야. 비밀번호는 문자, 숫자, 특수 문자를 섞어서 만들고, 자주 변경하는 것이 좋아. 절대 같은 비밀번호를 여러 사이트에서 사용하면 안 돼. 한 사이트가 해킹당하면 모든 계정이 위험해질 수 있기 때문이야.

둘째, 두 단계의 인증을 사용하는 거야. 두 단계 인증은 비밀번호 말고도 추가로 인증을 받는 방법이야. 예를 들어 비밀번호를 입력한 후에 스마트폰으로 전송된 코드를 입력하는 것을 말해. 이렇게 해 두면 비밀번호가 유출되더라도 추가 인증을 하지 않으면 계정에 접근할 수 없어.

셋째, 개인 정보를 공유할 때는 항상 신중해야 해. 특히 소셜 미디어에 올리는 사진이나 글은 친구들만 볼 수 있도록 설정하는 것이 좋아. 낯선 사람에게는 절대 개인 정보를 알려 주지 말아야 해.

넷째, 인터넷에서 만나는 사람들을 항상 조심해야 해. 그 사람이 좋은 사람인지, 아니면 나쁜 의도를 가진 사람인지 알 수 없기 때문이야. 만약 이상한 말을 하거나, 이상한 행동을 하는 사람이 있다면 바로 부모

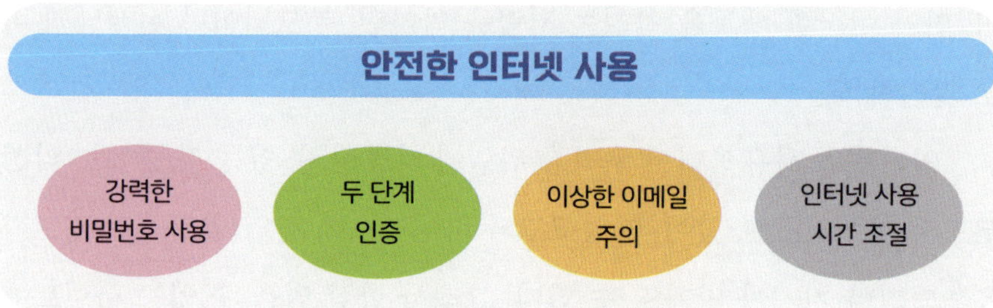

님이나 선생님께 알려야 해. 주위에 도와 줄 사람이 없다면 즉시 그 사람을 차단하고, 해당 사이트에 신고하는 것이 좋아.

다섯째, 이상한 이메일이나 메시지를 받았을 때는 바로 삭제해야 해. 우리가 잘 아는 회사나 친구인 척하면서 비밀번호나 신용카드 번호를 물어볼 때는 절대 답하지 말고 즉시 삭제하는 것이 좋아. 특히 메일에 포함된 링크나 첨부 파일을 클릭하는 것은 매우 위험한 일이야. 그 안에 바이러스나 악성코드가 들어 있을 수 있기 때문이야.

마지막으로, 인터넷 사용 시간을 조절하는 것이 중요해. 인터넷을 너무 오래 사용하면 건강에 해로울 수 있어. 그러니까 인터넷을 사용할 때는 시간을 정해 놓고 그 시간 동안만 하는 게 좋아. 예를 들어 하루에 2시간씩만 사용하기로 정하고, 그 시간을 지키면 좋겠지.

인터넷은 우리에게 많은 혜택을 주지만 잘못 사용하면 위험한 일이 생길 수도 있어. 오늘 배운 내용을 잘 기억하고 실천한다면 인터넷을 더 안전하게 사용할 수 있을 거야.

1. 다음 중 인터넷을 안전하게 사용하는 방법으로 옳지 않은 것은 무엇일까?

   ① 강력한 비밀번호를 사용하고 자주 변경한다.

   ② 두 단계 인증을 사용하여 계정 보안을 강화한다.

   ③ 낯선 사람이라도 신뢰가 가면 개인 정보를 공유한다.

   ④ 이상한 링크나 파일을 클릭하지 않는다.

   ⑤ 인터넷 사용 시간을 조절하여 건강을 지킨다.

2. 악성코드나 바이러스에 감염되지 않기 위해 필요한 두 가지 방법을 적어 보자.

3. 인터넷에서 만나는 사람이 진짜로 신뢰할 수 있는 사람인지 확인하려면 어떤 방법을 써야 할까?

4. 인터넷에서 개인 정보를 안전하게 보호하기 위해 할 수 있는 방법들을 설명해 보자.

👍 더 알고 싶어 119

📖 도서　▶ 영상　🔍 사이트

📖 『**지켜보고 있다! 너의 디지털 발자국**』 (장예진, 썬더키즈, 2024)
어린이 대상의 사례 중심 디지털 안전 안내서야. 디지털 발자국이 남기는 여러 위험 상황을 스토리로 보여 주며 대처법과 신고 정보를 제시하니 책의 사례를 오늘 배운 내용과 함께 알아 보자.

▶ **영화 〈서치 아웃〉** (15세 이상 관람가) 실화성 사건(온라인 게임·SNS 관련 위험 사례)을 바탕으로 SNS 계정 추적을 통해 사건의 진상을 좇는 청년들의 이야기야. 영화의 사건 전개를 보며 온라인 행동이 현실 피해로 이어지는 지점을 찾아보자.

개인 정보,
왜 지켜야 할까?

온라인 개인 정보 보호의 중요성과 보호 방법

온라인 개인 정보는 왜 중요할까?
해킹과 맞춤형 광고의 위협 속에서 온라인 개인 정보 보호의 중요성을 이해하고,
안전하게 지키는 방법에 대해 알아보자.

학습 키워드 #온라인개인 정보 #맞춤형광고 #사생활보호 #해킹

교과 연계 중1 〉 정보 〉 사례를 중심으로 디지털 공간에서 함께 살아가기 위해 개인 정보 및 권리와 저작권을 보호하는 실천 방법을 탐구한다.

우리는 매일 온라인에서 검색을 하거나, 친구와 대화를 나누거나, 좋아하는 영상을 시청하고 있어. 그럴 때마다 우리의 많은 정보가 온라인에 남게 되지. 그 정보를 통해 우리가 어떤 웹사이트를 방문했는지, 어떤 물건을 구매했는지, 심지어 지금 어디에 있는지도 알 수 있어. 이런 정보들이 모이면 우리가 어떤 사람인지, 어떤 취미를 가지고 있는지도 쉽게 알 수 있다고 해.

개인 정보가 중요한 이유

온라인 개인 정보가 중요한 이유는 무얼까? 첫 번째 이유는 사생활 보호 때문이야. 아무리 가까운 친구라도 우리가 어디에 있는지, 무엇을 하는지 모두 알고 있다면 불편할 수 있잖아. 특히 인터넷에서는 우리가

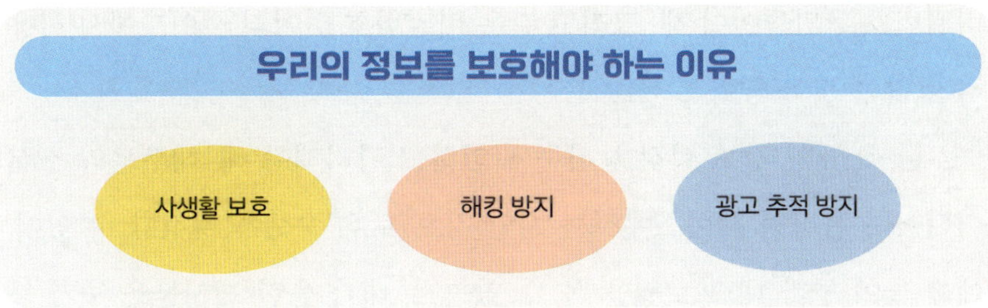

모르는 사람도 우리의 정보를 볼 수 있거든. 그렇기 때문에 우리의 정보가 어떻게 사용되는지 아는 것이 매우 중요해.

두 번째 이유는 안전을 지켜야 하기 때문이야. 너희도 '해킹'이라는 말 들어 본 적 있을 거야. 해킹은 컴퓨터나 네트워크에 함부로 접근해서 정보를 훔치는 나쁜 행동이야. 만약 누군가가 너희의 개인 정보를 해킹해서 가져간다면, 그 정보로 너희의 은행 계좌에 접근할 수도 있고, 심지어 너희가 나쁜 일을 한 것처럼 만들 수도 있어.

세 번째 이유는 온라인 광고와 관련이 있어. 인터넷을 하다가 최근에 관심을 가졌던 상품의 광고가 계속 나오는 걸 본 적이 있을 거야. 이는 우리가 온라인에서 검색한 정보와 방문한 웹사이트 기록을 확인한 광고업체에서 맞춤형 광고를 보여 주기 때문이야. 물론 이런 광고는 우리가 편하게 필요한 물건을 구입할 수 있게 도와주지만, 반대로 생각해 보면 우리의 개인 정보가 기업들에게 이용되고 있다는 뜻이기도 해.

온라인에서 개인 정보를 보호하는 방법

그렇다면 우리의 온라인 개인 정보를 어떻게 보호할 수 있을까? 먼저 강력한 비밀번호를 사용하는 것이 중요해. 이름이나 생일 같은 쉬운 비밀번호는 피하고, 영문 대소문자, 숫자, 특수 문자를 조합해서 복잡한 비밀번호를 만들어야 해. 그리고 같은 비밀번호를 여러 사이트에서 사용하지 않는 것이 좋아.

둘째, 개인 정보 설정을 자주 확인하고 관리해야 해. 대부분의 소셜 미디어나 온라인 서비스에서는 개인 정보 보호 수준을 설정할 수 있어. 예를 들어 누가 내 프로필을 볼 수 있는지, 내가 올린 게시물을 누가 볼 수 있는지 등의 권한을 설정하는 거야. 이러한 설정을 꼼꼼히 확인하고 필요한 경우 변경해서 개인 정보를 최대한 보호해야 해.

셋째, 의심스러운 링크나 이메일은 피하는 것이 좋아. 스팸 메일이나 피싱 사이트는 너희의 개인 정보를 훔치기 위해 고안된 것들이야. 스팸 메일에 첨부된 파일을 클릭하거나 개인 정보를 입력하면 해커에게 정보를 넘겨줄 수 있어. 따라서 모르는 사람에게서 온 이메일이나 의심스러운 링크는 절대 클릭하지 않는 것이 좋겠지.

마지막으로, 온라인 활동을 주기적으로 점검하는 습관을 들여야 해. 가입한 사이트와 공유한 정보들을 정기적으로 점검해서 필요 없는 정보는 삭제하고, 사용하지 않는 사이트의 계정은 탈퇴하는 것이 좋아. 이렇게 하면 불필요한 정보 유출을 방지할 수 있기 때문이야.

온라인 개인 정보 보호는 우리가 디지털 세상에서 안전하고 편리하게 살아가기 위해 꼭 기억해야 해. 정보의 홍수 속에서 올바른 정보를 구별하고 우리의 소중한 개인 정보를 안전하게 지키는 것이 바로 디지털 리터러시를 키우는 중요한 방법이기 때문이지. 디지털 세상의 주인공이 되려면 자신의 정보쯤은 스스로 보호할 수 있어야 해. 그럼 안전한 디지털 세상에서 즐겁게 여행하길 응원할게.

1. 다음 중 온라인 개인 정보 보호를 위해 피해야 할 행동은 무엇일까?

   ① 강력한 비밀번호를 사용한다.
   ② 개인 정보 보호 설정을 확인하고 관리한다.
   ③ 의심스러운 링크나 이메일을 피한다.
   ④ 모든 사이트에 같은 비밀번호를 사용한다.
   ⑤ 주기적으로 자신의 온라인 활동을 점검한다.

2. 개인 정보를 안전하게 보호하기 위해 자주 확인하고 관리해야 할 것은 무엇일까?

3. 인터넷을 사용하면서 개인 정보 보호를 위해 어떤 습관을 기르는 게 좋을지 적어 보자.

4. 온라인 광고가 우리의 개인 정보와 어떤 관련이 있는지 적어 보자.

   힌트 혹시 전에 신발을 검색했더니, 며칠 뒤부터 계속 신발 광고가 떴던 적 있지? 그게 바로 네 검색 기록과 방문 기록이 광고에 쓰인 거야. 그래서 편할 수도 있지만, 내 정보가 기업에 이용되고 있다는 것도 꼭 기억해야 해.

더 알고 싶어 119　　　　　　　　　　　📖 도서　▷ 영상　🔍 사이트

📖 『**최소한의 데이터 리터러시**』(송석리 외, 길벗, 2024)
인공지능 시대의 교양서로 데이터 읽기·추천·간단 통계를 사례로 풀어 줘. 오늘 배운 '개인 정보 보호'와 연결해 내 계정·추적 흔적을 점검해 볼 수 있을 거야.

▷ **디지털 시민교육 5분 실천-디지털 안전**(백진우AI안전교육연구소)
의심 링크·피싱·기본 보안 습관을 5분 안에 요점만 짚어 주니 본문 내용에 맞춰 나만의 '클릭 전 점검 3단계'를 정해 보자.

🔍 **개인 정보 포털** 중앙행정기관이 법령·가이드·신고(포털)를 제공하는 사이트야. 오늘 주제에 맞춰 내가 쓰는 서비스의 개인 정보 설정과 권리 안내를 확인해 보자.

디지털 세상, 어떻게 탐험하면 좋을까?

디지털 세상을 안전하고 재미있게 탐험하는 법

디지털 세상은 마치 끝없는 모험이 펼쳐지는 거대한 도시와도 같아.
길을 잃지 않고 멋진 곳을 찾아가기 위해서는 몇 가지 중요한 법칙을 알아야 해.

학습 키워드　#인터넷검색　#온라인소통　#개인 정보보호　#윤리
교과 연계　중1 〉 도덕 〉 디지털 공간에서의 윤리적 문제를 이해하고, 바람직한 행동을 실천할 수 있다.

모두가 연결되어 배우고 놀며 소통하는 공간

　디지털 세상은 오늘날 우리가 사는 세상과 많이 닮았어. 중요한 차이점은 디지털 세상은 인터넷과 컴퓨터, 스마트폰을 통해 연결된다는 점이야. 디지털 세상은 인터넷, 소셜 미디어, 온라인 게임, 유튜브 등 우리가 자주 사용하는 다양한 디지털 플랫폼과 기기들을 통해 이어진 공간이지. 디지털 세상은 이제 공부하고 놀고 소통할 수 있는 아주 중요한 장소가 되었단다.

　디지털 세상을 안전하고 재미있게 탐험하기 위해서는 먼저 디지털 기기와 플랫폼을 슬기롭게 사용하는 법을 익혀야 해. 스마트폰에 새로운 앱을 설치하고, 컴퓨터에서 원하는 정보를 검색하는 방법을 알아야 하는 것처럼 말이야. 새로운 도시를 여행할 때 지도를 보고 길을 찾는 것처

럼 디지털 기기와 플랫폼을 잘 다루는 법을 먼저 배우는 것이 중요해.

그다음 중요한 것은 인터넷 검색이야. 인터넷에서 정보를 얻을 때는 믿을 만한 사이트를 통하는 것이 중요해. 예를 들어 학교 숙제를 할 때는 공신력 있는 교육 사이트나 도서관 자료를 참조하는 것이 좋아. 만약 새로운 게임이나 영화를 찾고 싶다면 리뷰 사이트에서 여러 사람의 의견을 확인해 보는 게 도움이 될 거야.

⬆ 디지털 세상은 인터넷과 다양한 플랫폼으로 연결되어 현실처럼 공부·놀이·소통이 가능한 중요한 공간이야.

디지털 세상에서는 SNS에서 친구들과 대화를 나누거나, 온라인 게임에서 새로운 친구를 사귀며 다양한 사람들과 소통할 수 있어. 하지만 디지털 세상에서 소통할 때는 주의해야 할 점이 아주 많아. 나쁜 말을 하지 않아야 하고, 서로의 의견을 존중하려는 태도가 필요해. 온라인에서 너무 많은 시간을 보내지 않도록 조절하는 것도 중요하지. 마치 우리가 현실 세계에서도 적당히 휴식을 취하는 것처럼 말이야.

나만의 비밀 열쇠, 개인 정보

디지털 세상에서는 개인 정보를 보호하는 것도 정말 중요해. 만약 누군가가 너희의 개인 정보를 알게 된다면, 나쁜 목적으로 사용할 수도 있기 때문에 개인 정보를 안전하게 지키는 습관을 들여야 해.

디지털 세상에서는 다양한 콘텐츠를 즐길 수 있어. 유튜브에서 재미있는 영상을 보거나, 블로그에서 흥미로운 글을 읽을 수도 있지. 하지만 너무 오래 보다 보면 눈이 피로해져서 건강에도 좋지 않아. 그래서 적당한 시간을 정해 놓고 사용하는 것이 좋겠지. 우리가 책을 읽을 때 적당히 쉬는 시간이 필요한 것처럼 말이야. 디지털 세상에서 직접 콘텐츠를 만들어 보는 것도 좋은 경험이 될 거야. 블로그에 글을 쓰거나 유튜브 영상을 만들어 보는 거지. 이런 활동을 통해 자신이 가진 아이디어와 창의력을 다른 사람들과 나눌 수 있을 거야. 하지만 이럴 때도 다른 사람의 저작권을 존중하고, 올바른 정보를 제공하도록 주의해야 해. 잘못된 정보를 올리면 다른 사람에게 피해를 줄 수 있기 때문이야.

마지막으로, 디지털 세상에서도 예절을 지키기 위해 노력해야 해. 예를 들어 다른 사람의 사진이나 글을 허락 없이 사용하면 안 돼. 사이버 폭력을 저지르거나 남을 괴롭혀서도 절대 안 되고 말이야. 다른 사람에게 큰 상처를 줄 수 있는 행동은 자제하고, 항상 올바르게 행동하면서 다른 사람을 존중하는 태도를 가지는 것이 중요해.

디지털 세상을 탐험하는 것은 마치 새로운 모험을 떠나는 것과 같아. 디지털 예절을 조금만 익히면 안전하고 재미있게 디지털 세상을 탐험할 수 있어. 항상 배우고, 주의하고, 올바르게 행동하다 보면 디지털 세상은 너희에게 멋진 경험을 선물해 줄 거야.

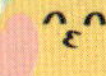

1. 다음 중 디지털 세상을 안전하고 즐겁게 탐험하기 위해 지켜야 할 사항으로 옳지 않은 것은 무엇일까?

① 다른 사람의 개인 정보를 허락 없이 사용하지 않는다.

② 공신력 있는 사이트에서 정보를 찾는다.

③ 소셜 미디어에 개인 정보를 자유롭게 공유한다.

④ 비밀번호를 복잡하게 설정하고 자주 변경한다.

⑤ 디지털 기기 사용 시간을 적절히 조절한다.

2. 디지털 세상을 탐험할 때 가장 주의해야 할 점은 무엇일까?

힌트 "개인 정보를 안전하게 지키는 습관을 들여야 해"라는 문장과, 소셜 미디어에 집 주소나 전화번호를 올리면 나쁜 사람들이 이용할 수 있다는 예시, 해킹으로 은행 계좌 정보가 유출되면 경제적 피해가 생길 수도 있다고 설명한 부분을 참고하자. 이를 바탕으로 복잡한 비밀번호 만들기, 불필요한 정보 공유 자제, 의심스러운 링크 클릭 금지 등 주의사항을 구체적으로 제시하면 돼.

3. 디지털 세상에서 윤리적으로 행동해야 하는 이유에 대해 적어 보자.

힌트 "다른 사람의 사진이나 글을 허락 없이 사용하면 안 돼"와 "사이버 폭력을 저지르거나 남을 괴롭혀서는 절대 안 되고"라는 부분, "다른 사람을 존중하는 태도를 가지는 것이 중요해"라는 문장, 그리고 "디지털 예절을 조금만 익히면 안전하고 재미있게 탐험할 수 있어"라는 마지막 문장을 활용해 봐. 이를 바탕으로 저작권 존중, 언어 예절 준수, 의견 존중, 괴롭힘 예방 방법 등을 중심으로 작성하면 될 거야..

 **더 알고 싶어 119**

📖 도서　▶ 영상　🔍 사이트

📖 『**Z세대를 위한 디지털 리터러시 교육**』(이재포 외, 민들레출판사, 2023)
　Z세대가 정보 읽기·평가·표현을 배우는 길을 제시한 책이야. 오늘 본문의 '탐험 법칙'과 이어지는 '검색→출처 확인→표현' 흐름을 맞춰 볼까?

🔍 **한국인터넷진흥원** 보안·개인 정보·사이버 위협 동향·가이드를 한곳에서 제공하는 사이트야. 믿을 만한 공식 자료로 나의 안전 체크리스트를 만들어 보자.

디지털 발자국 제거 전문가

우리가 매일 스마트폰과 컴퓨터로 인터넷에 남기는 흔적이 나중에 문제가 될 수도 있다는 사실, 알고 있었니? 디지털 세상에 우리가 남기는 발자국을 어떻게 관리해야 하고, 이를 지우는 전문가가 왜 필요한지에 대해 알아볼까?

매일 스마트폰과 컴퓨터를 사용하면서 디지털 세상에 남기는 흔적을 '디지털 발자국'이라고 해. 친구와 찍은 사진을 SNS에 올리거나, 유튜브에 댓글을 남기는 것 모두가 디지털 발자국이지. 그런데 이 흔적이 나중에 큰 문제가 될 수도 있어. 그래서 요즘에는 디지털 발자국을 관리하는 것이 아주 중요해졌다고 해.

디지털 발자국을 지워야 하는 이유

디지털 발자국을 지워야 하는 이유는 여러 가지가 있어. 첫째, 개인 정보를 보호하기 위해서야. 인터넷에 올린 사진이나 글을 통해 이름, 나이, 학교 같은 개인 정보를 알 수 있는 경우가 많아. 이런 정보들은 나쁜 사람에게 쉽게 이용될 수 있어. 둘째, 이미지를 관리하기 위해서야. 어릴 때 올린 장난스러운 사진이나 글이 미래에 학교나 직장에서 너희를 평가할 때 영향을 미칠 수 있어. 사람들이 너희에 대해 오해할 수도 있기 때문이지.

그렇다면 디지털 발자국을 어떻게 지울 수 있을까? SNS나 블로그에 올린 글과 사진을 삭제하는 게 가장 쉬운 방법이야. 하지만 인터넷에는 한 번 올라가면 완전히 지우기 어려운 정보들도 많아. 그래서 처음부터 신중하게 생각하고 흔적을 남기는 습관을 길러야 해. 이 정보가 나중에 너희에게 문제를 일으킬 수 있는지 올리기 전에 미리 생각하고 올리는 거지.

검색 기록을 삭제하거나 SNS 설정을 변경해서 정보를 볼 수 있는 사람을 제한하는 방법
도 있어. 예를 들어 게시물을 친구들만 볼 수 있게 설정하면 낯선 사람에게는 노출되지 않
아. 이런 방법들을 통해 스스로 자신의 디지털 발자국을 관리할 수 있어.

디지털 발자국 제거 전문가가 필요한 이유

요즘에는 많은 사람들이 인터넷에서 활동하다 보니 자연스럽게 디지털 발자국이 많이 남
게 되었지. 특히 유명인이나 큰 회사는 이미지 관리가 매우 중요하기 때문에 자신들의 이
미지에 도움이 되지 않는 정보나 게시물을 삭제하고 싶어 하는 경우가 많아졌어. 이럴 때
도움을 주는 사람이 바로 디지털 발자국 제거 전문가야. 이들은 인터넷에 퍼져 있는 정
보를 빠르게 찾아내서, 이를 삭제하거나 관리하는 일을 전문적으로 하고 있어. 예를 들어
한 연예인이 몇 년 전에 친구와 장난삼아 올린 사진이 갑자기 온라인에 퍼지면서 문제가
된 적이 있어. 이런 경우 디지털 발자국 제거 전문가가 나서서 그 사진을 삭제하거나 퍼
지는 것을 막는 일을 하는 거야. 큰 회사가 과거에 올린 게시물 때문에 문제가 생겼을 때
이를 관리하는 일도 하지.

디지털 세상에서 살아가는 우리는 알게 모르게 많은 흔적을 온라인에 남기고 있어. 이런
디지털 발자국이 미래의 자신에게 어떤 영향을 미칠지 한 번쯤 생각해 보는 것이 필요해.
디지털 발자국 제거 전문가처럼 스스로 자신의 발자국을 관리할 수 있다면, 더 안전하고
똑똑하게 디지털 세상을 살아갈 수 있을 거야. 이제부터 인터넷에 글을 쓰기 전에 한 번
더 생각해 보고 행동하는 습관을 길러 보는 건 어떨까?

2부
디지털 시민으로
살아가기
119

디지털 시민이란 어떤 사람일까?

디지털 시민이 가져야 할 자질

온라인에서의 책임감과 타인에 대한 존중,
그리고 끊임없는 학습이 바로 디지털 시민이 되는 길이야.
디지털 시민의 진정한 의미에 대해 함께 알아보자.

학습 키워드　#디지털시민 #온라인책임감 #개인 정보보호 #평생학습

교과 연계　중1 〉 정보 〉 디지털 사회의 구성원으로서 편리하고 안전한 생활을 위한 규칙에 대해 민주적으로 논의하고 실천한다.

디지털 시민의 기본 자질과 책임

디지털 시민은 온라인에서의 행동과 책임에 대해 깊이 이해하고 실천하는 사람을 뜻해. 예를 들어 SNS에서 다른 사람들에게 예의 바르게 행동하고, 가짜 뉴스나 허위 정보를 퍼뜨리지 않는 사람을 말하지. 인터넷에서는 많은 정보를 쉽게 얻을 수 있지만, 그 정보가 사실인지 아닌지를 구분하는 것은 각자의 몫이야. 따라서 디지털 시민이 되려면 정보를 비판적으로 분석하고, 믿을 만한 출처에서만 정보를 얻으려는 노력을 열심히 해야 한단다.

정보를 판단할 때는 여러 단계를 거쳐야 해. 먼저 정보의 출처가 신뢰할 만한 곳인지 확인하고 작성자의 전문성과 객관성을 살펴보는 게 좋아. 또한 같은 내용을 다른 매체에서도 다루고 있는지 교차 검증하는 것

도 중요하지. 특히 감정적이거나 자극적인 제목의 기사일수록 더욱 신중하게 접근해야 해. 이런 습관을 기르면 허위 정보에 속지 않고 올바른 판단을 내릴 수 있을 거야.

디지털 시민은 온라인에서 자신의 개인 정보를 보호할 줄도 알아야 해. 개인 정보가 유출되어 큰 문제가 일어나는 경우가 많아졌어. 그러니까 가입된 사이트에서는 강력한 비밀번호를 사용하고, 의심스러운 링크나 이메일은 피하면서 온라인 보안에 주의를 기울이는 습관을 들이는 거야. 이런 습관은 단순히 자신의 안전을 위해서가 아니라, 다른 사람의 안전을 위해서도 중요해. 왜냐하면 해커가 한 사람의 정보를 얻으면 다른 사람에게도 피해를 줄 수 있거든.

개인 정보를 보호하기 위해서는 구체적인 실천 방법들을 알아 두는 것이 좋아. 비밀번호는 최소 8자 이상으로 만들고, 영문 대소문자와 숫자, 특수문자를 조합해서 사용해야 해. 또한 같은 비밀번호를 여러 사이트에서 재사용하지 말고 정기적으로 변경하는 습관을 들이는 게 좋아. SNS에서는 개인 정보 공개 범위를 적절히 설정하고, 위치 정보나 개인적인 일정은 함부로 공유하지 않는 것이 안전해.

온라인 소통과 디지털 에티켓

디지털 시민이 되려면 다른 사람들과 상호작용을 할 때도 지켜야 할 것들이 많아. 예를 들어 온라인 게임을 할 때는 다른 플레이어들과 협력하면서 상대방을 존중하는 태도를 가져야 해. SNS에서 활동할 때도 다른 사람의 의견을 존중하고 불필요한 논쟁을 피해야 하고 말이야. 이러한 행동은 우리가 디지털 세상에 더 나은 커뮤니티를 만드는 데 큰 도움이 될 거야.

온라인 소통에서는 얼굴을 마주보고 대화할 때보다 오해가 생기기 쉬워. 글로만 소통하다 보면 상대방의 감정이나 의도를 정확히 파악하기 어렵기 때문이야. 그래서 댓글이나 메시지를 작성할 때는 상대방이 어떻게 받아들일지 한 번 더 생각해 보고, 예의 바른 표현을 사용해야 해. 또한 의견이 다르더라도 상대방을 인격적으로 공격하지 말고, 논리적이고 건설적인 토론이 되도록 노력해야 해.

우리는 디지털 시민이 가져야 할 권리와 책임에 대해 이해할 필요가 있어. 인터넷에서는 자유롭게 표현할 권리가 있지만, 이는 다른 사람의 권리를 해치지 않는 선에서 이루어져야 해. 또 우리는 다른 사람의 권리를 존중해야 하고, 불법적인 콘텐츠를 공유하거나 소비하지 않아야 해. 이 모든 게 우리 모두가 안전하고 건전한 디지털 환경을 지키고 유지하는 데 중요한 역할을 하기 때문이야.

표현의 자유와 책임 사이의 균형을 맞추는 것은 쉽지 않아. 자신의 생각을 자유롭게 표현하는 것은 소중한 권리지만, 그 표현이 다른 사람에게 상처를 주거나 해를 끼쳐서는 안 돼. 특히 차별적이거나 혐오적인 표현, 거짓 정보의 유포, 다른 사람의 사생활 침해 등은 절대 해서는 안 될 행동이지. 또한 저작권을 침해하는 콘텐츠의 무단 복제나 배포도 피해야 해.

마지막으로, 디지털 시민이 된다는 것은 평생 학습의 자세를 가지는 것을 의미해. 디지털 기술은 하루가 다르게 빠르게 변화 발전하고 있어. 그래서 우리는 새로운 기술과 트렌드를 끊임없이 익히고 적응해야 해. 새로운 SNS 플랫폼이 등장하면, 그 플랫폼의 사용법과 규칙을 이해하고 이를 책임감 있게 사용하는 방법을 배워야 하지.

평생 학습은 단순히 새로운 기술을 배우는 것만을 의미하지 않아.

디지털 환경에서 발생하는 새로운 문제들과 해결 방법, 변화하는 법률과 규정, 윤리적 기준 등도 지속적으로 학습해야 하기 때문이야. 예를 들어 인공지능이나 메타버스 같은 새로운 기술이 등장할 때마다 이것이 우리 생활에 미치는 영향과 올바른 사용법을 배워야 하지. 또한 다른 사람들과 지식을 공유하고, 서로에게서 배우는 자세도 중요해.

디지털 시민이 된다는 것은 인터넷을 잘 사용하는 것 이상의 의미가 있어. 즉 디지털 세상에서 책임감 있게 행동하고, 다른 사람을 존중하며, 끊임없이 배우는 자세를 가지는 것을 의미하지. 이러한 태도는 우리가 디지털 세상에서 더 나은 시민으로 성장하는 데 큰 도움이 될 거야. 우리는 디지털 시민으로서 각자의 행동이 디지털 세상에 큰 영향을 미칠 수 있다는 것을 기억하면서 항상 책임감 있고, 존중하는 태도로 살아가야 해.

디지털 시민으로서의 여정은 하루아침에 완성되는 것이 아니야. 매일매일의 작은 실천과 노력이 모여야 진정한 디지털 시민이 될 수 있는 거지. 온라인에서 만나는 모든 상황에서 "이것이 옳은 일인가?", "다른 사람에게 도움이 되는 일인가?"를 스스로에게 물어보는 습관을 기르자. 그럴 때 우리는 디지털 세상을 더욱 따뜻하고 안전한 공간으로 만들어 갈 수 있을 거야.

1. 다음 중 디지털 시민의 행동으로 올바른 것을 골라 보자.

① 소셜 미디어에서 다른 사람들에게 예의 바르게 행동한다.

② 가짜 뉴스를 퍼뜨린다.

③ 의심스러운 링크를 클릭한다.

④ 불법적인 콘텐츠라도 필요한 경우 공유한다.

⑤ 개인 정보를 보호하지 않는다.

2. 강력한 비밀번호를 만들 때 반드시 포함해야 할 네 가지 요소를 빈칸에 써 보자.

> 강력한 비밀번호는 ______________, ______________, ______________,
> ______________ (을)를 조합해서 만들어야 해.

힌트 "개인 정보 보호를 위해서는 구체적인 실천 방법들을 알아 두는 것이 좋아"라는 부분 바로 다음 문장에서 비밀번호 만들기 방법을 찾아봐. 문자, 숫자, 기호가 모두 필요하다는 거 꼭 기억해.

3. 디지털 시민으로서 온라인에서 책임감을 갖고 행동하는 것이 왜 중요한지 적어 보자.

힌트 본문의 마지막 부분에서 "우리는 디지털 시민으로서 각자의 행동이 디지털 세상에 큰 ○○○ ○○○ 수 있다는 것을 기억하면서"라는 문장을 찾아봐. 그리고 "해커가 한 사람의 정보를 얻으면 다른 사람에게도 피해를 줄 수 있다."는 부분도 참고하면 개인 행동이 다른 사람에게 미치는 영향에 대해 이해할 수 있을 거야.

더 알고 싶어 119   📖 도서   ▷ 영상   🔍 사이트

📖 『**스마트폰에서 찾은 디지털 시민 이야기**』 (황다솜, 팜파스, 2022)
　　다양한 스마트폰 속 이야기를 통해 디지털 시민의 책임감과 윤리에 대해 생각해 볼 수 있도록 돕는 책이야. 본문의 내용처럼 개인 정보 보호 습관을 기르는 방법을 찾아볼까?

디지털 세상에서도 시민의 역할이 필요할까?

디지털 시민으로서 우리가 사회에 기여할 수 있는 다양한 역할들

디지털 시민으로서 정보를 나누고 소통하며,
창의력을 발휘해 좋은 영향을 끼치고, 비판적으로 사고하며 협력하는
다양한 역할을 통해 사회에 기여하는 방법을 알아보자.

학습 키워드　#디지털시민 #정보공유 #소통 #창의력 #비판적사고

교과 연계　중1 〉국어 〉매체 소통에서의 권리와 책임을 이해하고 수용자의 반응을 고려하며 매체 자료의 제작 및 공유 과정을 성찰한다.

정보를 나누고 대화해요

디지털 시민은 정보를 퍼트리고 나누는 데 중요한 역할을 하고 있어. 새로운 뉴스나 유용한 정보를 친구들과 공유하는 것처럼 말이야. 우리는 인터넷 덕분에 전 세계 어디에 있든 정보를 쉽게 얻고, 공유할 수 있게 됐어. 그 덕분에 세상은 훨씬 더 가까워졌지. 정보를 나누는 건 다른 사람들에게 큰 도움을 주는 행동이야. 학교에서 배운 새로운 지식을 친구들과 나누거나, 재밌는 사실을 가족들에게 알려 주는 것도 모두 디지털 시민으로서의 역할이지.

디지털 시민은 다른 사람들과 소통할 때도 큰 역할을 해. 인터넷 덕분에 우리는 가족이나 친구뿐만 아니라 같은 관심사를 가진 사람들과도 쉽게 연결될 수 있어. SNS나 온라인 커뮤니티에서 서로의 생각을 나누

고 협력하면서 더 나은 아이디어를 떠올릴 수도 있지. 예를 들어 온라인에서 환경 보호를 위한 캠페인을 시작하면 전 세계 사람들과 함께 도와가며 할 수도 있어. 이렇게 소통하고 협력하는 과정에서 우리는 더 나은 사회를 만드는 데 기여할 수 있을 거야.

재미있는 콘텐츠를 만들고 응원해요

디지털 시민은 창의력을 발휘할 수 있는 기회도 많이 갖고 있어. 유튜브에 동영상을 올리거나, 블로그에 글을 쓰거나 인스타그램에 사진을 올리는 것 모두가 우리의 창의력을 표현하는 방법이야. 이런 창작 활동은 재미있을 뿐만 아니라, 다른 사람들에게 영감을 줄 수도 있어. 자신의 그림을 온라인에 올려서 다른 사람들이 보고 배우게 하거나, 요리 레시피를 공유해서 많은 사람들이 새로운 음식을 만들어 먹게 할 수 있잖아. 이런 창의적인 활동들은 우리 사회를 더욱 다채롭고 흥미롭게 만드는 일이야.

디지털 시민은 다른 사람들에게 좋은 영향을 줄 수도 있어. 인터넷에서 우리가 한 작은 행동이 다른 사람들에게 큰 영향을 미칠 수 있기 때문이지. 예를 들어 긍정적인 댓글을 남기거나, 다른 사람들을 격려하는 메시지를 보내는 것은 작은 행동 같지만, 받는 사람에게는 큰 힘이 될 수 있거든. 반대로 부정적인 행동은 다른 사람들에게 상처를 줄 수 있지. 그래서 우리는 항상 다른 사람을 배려하는 마음으로 대해야 해. 이렇게 서로 좋은 영향을 주고받는 것이 바로 디지털 시민의 중요한 역할이야.

올바르게 생각하고 함께 협력해요

디지털 시민은 비판적으로 사고해야 해. 인터넷에는 잘못된 정보나 거짓 뉴스가 많기 때문에, 정보를 비판적으로 분석하고 판단할 수 있어야 하지. 예를 들어 어떤 뉴스를 읽을 때 그 출처가 믿을 만한지, 다른 의견은 어떤지 등을 생각하고 판단하는 것이 중요해. 비판적으로 사고하다 보면 더 정확한 정보를 찾을 수 있고 잘못된 정보에 휘둘리지 않을 수 있거든.

디지털 시민은 다른 사람들과 협력하며 공동체 의식을 키울 수 있어. 예를 들어 온라인 게임을 할 때 팀원들과 협력해 목표를 달성하거나 학교 프로젝트를 온라인으로 함께 진행하는 것처럼 말이야. 이렇게 협력하는 경험은 우리의 공동체 의식을 키우고 더 나은 사회를 만드는 데 기여할 수 있어.

우리는 디지털 시민으로서 정보를 나누며 다른 사람들과 소통하거나 창의력을 발휘하면서 좋은 영향을 주고받고, 비판적으로 사고하며 협력하는 다양한 역할을 할 수 있어. 우리에게 많은 기회를 주는 디지털 세상에서 그 기회를 잘 활용한다면 더 나은 사회를 만들어 갈 수 있을 거야.

1. 다음 디지털 시민의 역할과 그 예시를 올바르게 연결해 보자.

A. 정보 공유 •　　　　　• ㄱ. 학교에서 배운 지식을 친구들과 나누기

B. 창의적 활동 •　　　　　• ㄴ. 격려하는 메시지 보내기

C. 긍정적 영향 •　　　　　• ㄷ. 유튜브에 동영상 올리기

2. 디지털 시민이 되기 위해 인터넷에서 정보를 얻을 때 중요한 것은 무엇일까?

3. 디지털 시민으로서 너희는 어떤 창의적인 활동을 할 수 있을까? 그 활동은 다른 사람들에게 어떤 영향을 미칠 수 있을까?

더 알고 싶어 119　　　　　📖 도서　▷ 영상　🔍 사이트

📖 『**Z세대를 위한 디지털 리터러시 교육**』 (이재포 외, 민들레출판사, 2023)
Z세대가 디지털 세상에서 필요한 능력과 윤리적 태도를 길러 주는 교육법을 다루는 책이야. 우리가 왜 디지털 시민으로서 책임감 있는 행동을 해야 하는지 본문의 내용과 연결해서 생각해 보자.

🔍 **미리내 미디어교육포털** 다양한 미디어 교육 자료를 제공하는 사이트야. 디지털 시민으로서 갖춰야 할 능력에 대해 더 탐색해 보자

디지털 윤리를
꼭 지켜야 하는 이유는?

디지털 기술의 윤리적 문제

디지털 윤리는 우리 모두가 안전하고 즐겁게 활동할 수 있도록 돕는 약속이야.
저작권을 지키고, 가짜 뉴스를 퍼뜨리지 않고, 혐오 표현을 하지 않는 것 모두 다 중요해.
서로 존중하고 배려하며, 책임감 있게 행동하기 위해 노력하자.

학습 키워드　#디지털윤리　#가짜뉴스　#혐오표현
교과 연계　중1 〉 국어 〉 매체 소통에서의 권리와 책임을 이해하고 수용자의 반응을 고려하며
매체 자료의 제작 및 공유 과정을 성찰한다.

아래 내용은 방송통신위원회와 한국지능정보사회진흥원이 발간한 '크리에이터를 위한 디지털 윤리 역량' 가이드북에서 제시한 10가지 자가 체크리스트를 소개한 기사야. 먼저 읽고 이야기 나누어 보자.

디지털 기술과 문명이 발달할수록 새삼 '디지털 윤리' 문제가 부각되며 중요해지고 있다. 특히 혐오 표현, 허위 정보, 사이버 폭력, 개인 정보 침해, 저작권 침해 등이 심각한 사회 문제가 되면서 디지털 윤리가 강조되고 있다.

최근 '크리에이터를 위한 디지털 윤리 역량' 가이드북을 펴낸 방송통신위원회와 한국지능정보사회진흥원은 "디지털 윤리는 디지털 사회에서 지켜야 할 인간의 도리"라며 "디지털 윤리 역량에는 개인의 권리, 상대에 대한 배려, 소통 역량, 신기술에 대한 이해 능력, 온라인상 문제 등에 따른 법률적 이해 등이 포함된다"고 정의했다.

그런 의미에서 '디지털 윤리'는 비단 유튜버나 '크리에이터'뿐 아니라, 모든 개

발자와 프로세서를 비롯한 IT와 ICT 관련 종사자, 그리고 이를 이용하는 모든 소비자들에게도 권장할 만한 내용이다. 이에 방통위와 진흥원은 특히 10가지 가량의 자가 체크리스트를 디지털 산업 종사자들에게 권하고 있다.

이에 따르면 우선 '저작권 침해' 여부다. 즉 "콘텐츠에 포함된 이미지, 글꼴, 음원, 안무, 캐릭터, 언론 기사 등은 원저작자의 사용 동의를 받았는지, 그리고 출처를 표시했는지"가 점검 대상이다. 또 '혐오 표현' 즉 "특정인이나 단체 등에 대한 모욕이나 혐오 발언, 정치·사회·문화적으로 논란이나 편향을 유발하는 내용을 포함하고 있는지"도 살펴야 한다.

'개인 정보 침해'도 문제가 된다. 즉 "특정인의 주민등록번호·전화번호·주소 등의 전체 또는 일부, 나이·재산·학력·직업·취미·성향 등 프라이버시를 침해하는 내용을 포함"해선 안 된다. '폭력적·선정적·위험한 콘텐츠'도 금물이다. "위험을 초래할 수 있거나 폭력적·선정적인 내용, 욕설, 비속어 등을 포함하거나 어린이나 동물을 자극적으로 이용하거나 학대"하는 내용이 있어선 안 된다.

또 "소정의 대가를 받은 제품을 홍보하는 경우 광고임을 명확히 표시했는지.", 또는 "홍보하는 내용이 실제 경험에 근거하고 있는지" 등을 명확히 해야 한다. '명예훼손'도 주의해야 한다. 즉 "사실이든 아니든, 특정인이나 단체 등을 비방하거나 명예를 훼손할 만한 내용을 포함"해선 안 된다. '가짜 뉴스'도 금물이다. 즉 "어떤 정치적·경제적 목적을 가지고 사실이 아닌 내용을 뉴스처럼 꾸며서 발표"하거나 "그런 가짜 뉴스를 인용"해서도 안 된다.

'초상권 침해'도 해선 안 된다. "특정인의 얼굴 등을 알아볼 수 있는 사진이나 영상을 포함"하고 있거나, "그럴 경우 동의를 받았는지" 등을 점검해야 한다. '콘텐츠 조작'도 해선 안 된다. "흥미를 유발하기 위해 콘텐츠를 조작하거나 허위로 가공한 내용을 포함"시켜선 안 된다는 뜻이다. "마지막으로 이 콘텐츠가 개인, 공익, 사회적 정의에 위배되지 않게 책임을 다해 제작되었는가"를 점검할 필요가 있다는 주문이다.

진흥원은 "이 가이드북은 크리에이터가 콘텐츠를 생산 및 제공하는 과정에서 지켜야 할 도덕적 행동을 안내하고, 기본적인 디지털 윤리를 지킬 수 있는 일련의 가치와 원칙을 소개하기 위한 것"이라고 밝혔다. (…)

방통위 등에 따르면 실제로 한국언론진흥재단 미디어연구센터가 실시한 온라인 설문조사(2021년 2월, N=1,000)에 따르면 전체 응답자의 55.4%가 ''유튜버(크리에이터)' 대상 윤리 교육의 필요성'에 대해 "매우 필요하다"고 대답했다. "약

우리 모두가 함께 만드는 안전한 디지털 세상

누군가가 너희의 개인 메시지나 사진을 허락 없이 온라인에 공유했
다면 기분이 어떨까? 당연히 너무 무섭고 안전하지 않다고 느낄 거야.
이것이 바로 인터넷에서 서로의 개인 정보를 이해하고 존중하는 것이
필요한 이유야.

디지털 기술의 윤리적인 문제를 해결하기 위해 왜 우리 모두 함께
노력해야 하는 걸까? 그건 디지털 기술이 우리 삶 구석구석에 깊이 관
여하고 있기 때문이야. 스마트폰이나 인터넷, 인공지능 같은 디지털 기
술은 우리의 일상생활과 교육, 일 등 모든 부분에 영향을 미치고 있어.

우리 모두는 정보를 사용하는 사람으로서 디지털 세상을 더 안전하
고 윤리적인 공간으로 만들기 위해 노력해야 해. 온라인에서 타인을 존중
하고 부모님의 지도하에 개인 정보를 공유하는 것, 그리고 자신이 공유하
거나 소비하는 정보의 출처를 알아보는 건 우리가 반드시 지켜야 할 행
동이야. 디지털 윤리를 지키는 것은 우리 모두의 책임이니까. 우리 모두
가 윤리적으로 행동하고 디지털 기술의 윤리적 문제에 관심을 가지려고
함께 노력한다면 더 안전하고 공정한 디지털 사회를 만들 수 있을 거야.

1. 다음 중 본문의 내용과 일치하지 않는 것을 고르시오.

① 디지털 윤리 역량에는 개인의 권리, 상대에 대한 배려, 소통 역량 등이 포함된다.

② 디지털 윤리는 유튜버나 크리에이터에게만 요구되는 것이다.

③ 콘텐츠에 포함된 이미지, 글꼴, 음원 등은 원저작자의 사용 동의를 받아야 한다.

④ 특정인의 주민등록번호, 전화번호, 주소 등은 개인 정보에 해당한다.

⑤ 가짜 뉴스는 어떤 정치적, 경제적 목적을 가지고 사실이 아닌 내용을 뉴스처럼 꾸며 발표하는 것이다.

2. 본문의 기사에서 언급된 디지털 윤리 위반 사례 중 하나를 써 보자.

힌트 본문에서 방송통신위원회와 한국지능정보사회진흥원이 제시한 10가지 자가 체크리스트를 찾아봐. 혐오나 폭력, 개인 정보와 관련된 키워드들을 살펴보면 답을 찾을 수 있어.

3. 우리 모두가 반드시 지켜야 할 행동으로 제시된 세 가지를 순서대로 써 보자..

힌트 '우리 모두가 함께 만드는 안전한 디지털 세상' 부분에서 "우리가 반드시 지켜야 할 행동이야."라는 문장 앞 부분을 자세히 읽어 봐. 타인 존중, 개인 정보, 정보 출처와 관련된 내용이 순서대로 나와 있어.

더 알고 싶어 119

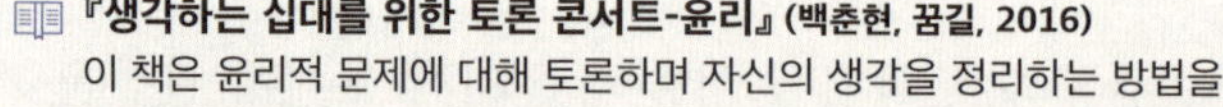

『**생각하는 십대를 위한 토론 콘서트-윤리**』 (백춘현, 꿈길, 2016)
이 책은 윤리적 문제에 대해 토론하며 자신의 생각을 정리하는 방법을 알려 주는데, 디지털 세상에서 발생하는 여러 윤리 문제에 대해 친구들과 함께 토론해 보면 어떨까?

▷ **이런 상상-얼굴 없는 미래** (EBS 지식채널e) '얼굴 없는 미래'는 익명성이 보장되는 온라인 공간에서 일어나는 문제를 다루는 영상인데, 디지털 윤리를 지키지 않았을 때 어떤 일이 일어날 수 있는지 함께 알아보자

🔍 **디지털 문명 발달할수록 '디지털 윤리' 절실** (애플경제, 김향자)
디지털 기술이 발전할수록 디지털 윤리의 중요성이 커진다는 내용을 다루는 기사야. 본문의 내용과 비교하며 읽어 보자.

온라인에서 다른 사람을 배려하는 법은?

온라인에서 다른 사람을 존중하는 방법

인터넷은 전 세계 사람들이 소통하는 공간이야.
이곳에서 우리는 다양한 사람들을 만나 이야기 나눌 수 있지.
하지만 온라인에서는 더 조심스럽고 신중하게 행동해야 해.

학습 키워드 #타인존중 #개인 정보보호 #사이버폭력예방

교과 연계 중1 〉 도덕 〉 디지털 공간에서의 윤리적 문제를 이해하고 바람직한 행동을 실천할 수 있다.

인터넷은 전 세계 사람들이 소통하는 공간이야. 우리는 이곳에서 다양한 사람들을 만나고 이야기를 나눌 수 있어. 하지만 글로만 소통하다 보면 상대방의 표정이나 목소리를 알 수 없어서 오해가 생기기 쉬워. 그래서 온라인에서는 더 조심스럽고 신중하게 행동해야 해.

다양한 의견을 인정하고 존중하기

먼저, 타인의 의견을 존중하는 태도가 필요해. 온라인에서는 서로 다른 다양한 의견이 존재할 수 있어. 동의하지 않는 의견도 있고, 때로는 이해하기 어려운 의견도 있을 수 있지. 그렇다고 해서 상대방의 의견을 무시하거나 비난해서는 안 돼. 자기 의견을 표현할 때는 상대방의 의견을 존중하면서 논리적이고 예의 있게 말해야 하지. 다른 생각을 가지고

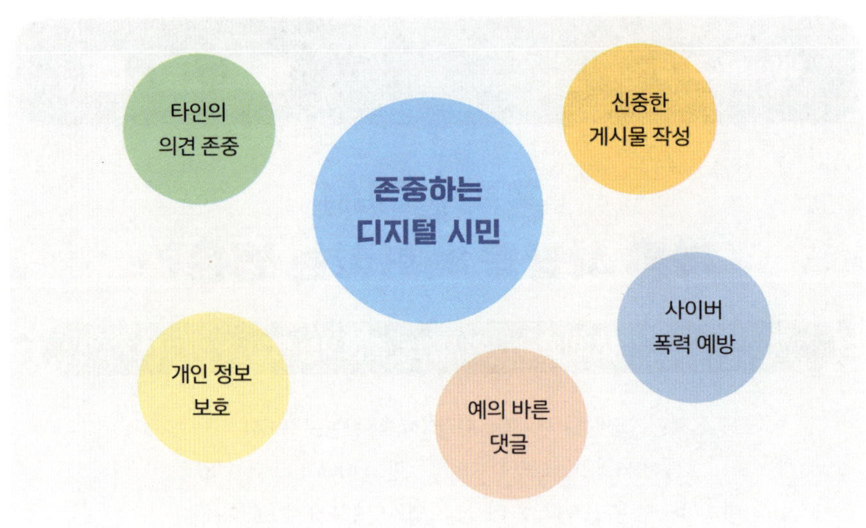

있더라도 서로 존중하고 대화할 수 있는 태도가 중요해.

개인 정보와 사생활, 안전하게 지키기

온라인에서는 개인 정보를 보호하는 것이 매우 중요해. 다른 사람의 개인 정보를 함부로 공유하거나 노출하는 것은 절대 해서는 안 될 행동이지. 친구의 사진을 허락 없이 올리거나, 친구의 비밀을 공개하는 것처럼 다른 사람의 사생활을 침해하는 행동은 큰 문제가 될 수 있어. 너희가 싫어하는 일은 다른 사람에게도 하지 않는 것이 기본적인 예의야. 온라인에서의 예의는 오프라인에서의 예의와 다르지 않아. 오히려 더 신경 써야 할 부분이 많지. 상대방을 비난하거나 험담하는 댓글을 다는 것은 실생활에서도 나쁜 행동이잖아. 그러니 온라인에서도 이런 행동은 삼가는 것이 좋아. 되도록 험담이나 비난이 아닌, 격려와 지지를 보내는 말을 해야 해. 무심코 내뱉은 말 한마디가 상대방에게 큰 힘이 되거나 반대로 큰 부담이 될 수 있다는 것을 잊지 말자.

그리고 온라인에서 너희가 하는 말이 영원히 남을 수 있다는 것을 항상 기억해야 해. 직접 쓴 글이나 댓글은 쉽게 지울 수 있지만, 이미 다른 사람들에게 공유되었거나 누군가가 캡처한 내용은 지우기가 어려워. 그래서 글을 쓸 때는 한 번 더 생각하고, 신중하게 작성해야 해. 그래서 지금 당장 생각나는 대로 쓰는 것이 아니라, 상대방의 기분을 고려하면서 쓰는 습관을 가지는 것이 중요하단다.

사이버 폭력을 예방하고 대처하기

마지막으로 사이버 폭력에 대해 경각심을 가져야 해. 사이버 폭력은 인터넷을 통해 다른 사람을 괴롭히거나, 모욕하는 행위를 말해. 사이버 폭력의 피해자는 큰 정신적 고통을 겪게 돼. 우리 모두 사이버 폭력의 가해자가 되지 않도록 항상 주의해야 해. 만약 사이버 폭력의 피해자가 된 친구가 있다면, 그 친구를 돕고 지지해 줘야 해. 피해자에게는 위로가 큰 도움이 될 수 있거든.

이제 타인의 의견을 존중하고, 개인 정보를 보호하며, 예의 바르게 행동하는 것이 얼마나 중요한지 알겠니? 사이버 폭력에 대해 경각심을 가지고, 너희가 하는 말과 행동이 다른 사람에게 어떤 영향을 미칠지 항상 생각하고 행동에 옮기는 습관을 들이는 거야.

이제부터 우리 모두 함께 즐겁고 안전하게 인터넷을 사용할 수 있도록 노력해 보자. 디지털 세상에서도 서로를 존중하고, 이해하며 살아가는 것이 중요하니까. 그럼 너희 모두 인터넷에서 서로를 존중하는 멋진 시민이 되기를 바랄게.

1. 다음 중 온라인에서의 의사소통에 대한 설명으로 옳지 않은 것은 무엇일까?

① 온라인에서는 상대방의 표정이나 목소리를 알 수 없기 때문에 오해가 생길 수 있다.

② 다른 사람의 의견에 동의하지 않을 때는 무시하거나 비난하는 것이 좋다.

③ 온라인에서 예의를 지키는 것이 오프라인에서 예의를 지키는 것만큼 중요하다.

④ 다른 사람의 개인 정보를 함부로 공유해서는 안 된다.

2. 다른 사람의 사진을 허락 없이 온라인에 올리는 것은 상대방의 어떤 권리를 침해하는 것일까?

힌트 본문에 '친구의 사진을 허락 없이 올리거나 친구의 비밀을 공개하는 것처럼 다른 사람의 ○○○을 침해하는 행동'이라고 나와 있어. 빈 칸에 들어갈 말을 찾아봐.

- -

3. 왜 온라인에서의 예의가 오프라인에서의 예의만큼 중요할까?

힌트 본문에서 언급된 다섯 가지 영역을 떠올려 봐. ①타인의 의견 존중, ②개인 정보 보호, ③예의 바른 댓글, ④ 신중한 게시물 작성, ⑤사이버 폭력 예방. 각 영역에서 구체적으로 어떤 행동을 해야 하는지 본문 내용을 바탕으로 설명하면 돼.

- -

- -

- -

4. 다음 빈칸에 알맞은 말을 적어 보자.

> 온라인에서 너희가 하는 말이 _______히 남을 수 있다는 것을 항상 기억해야 해.

힌트 본문 중간 부분에서 온라인 게시물의 특성에 대해 설명하는 문장을 찾아봐. 한번 올린 내용이 쉽게 사라지지 않는다는 의미의 단어야.

더 알고 싶어 119　　　　　📖 도서　▷ 영상　🔍 사이트

📖 **『청소년의 사이버 윤리』** (박근일, 에디아, 2022)
　 디지털 세상의 윤리적 고민과 해답을 이 책에서 찾아보는 건 어떨까?

▷ **AI 윤리교육 및 디지털 시민교육** (미과원TV 경기도교육청미래과학교육원)
　 디지털 시민성(예: 개인 정보 보호, 타인 존중, 온라인 예절)을 사례로 제시하는 영상이
　 야. 본문과 짝지어 수업용 5~10분 클립을 함께 보고 실습해 보자.

권리만큼 책임도 있다는 걸 알고 있니?

디지털 세상에서의 권리와 책임

디지털 세상에서 행동할 때도 현실 세계와 마찬가지로
규칙과 책임이 따른다는 거 알고 있었니?
인터넷에서 우리가 지켜야 할 권리와 책임이 무엇인지 한번 알아볼까?

학습 키워드 #디지털시민권 #온라인권리 #책임 #개인 정보보호 #예절

교과 연계 중1 〉 도덕 〉 타인의 권리를 존중하고 디지털 공간에서 책임 있는 시민으로서의 행동을 실천한다.

우리가 누릴 수 있는 디지털 권리들

우리는 인터넷을 하면서 다양한 정보를 얻을 수 있고, 자신의 생각을 표현할 권리도 있어. 예를 들어 학교 프로젝트를 위해 필요한 정보를 찾거나, 친구들과 다양한 의견을 나눌 수 있지. SNS에서 우리가 중요하다고 생각하는 문제에 대해 목소리를 낼 수도 있어. 이렇게 표현의 자유를 이야기할 권리는 매우 소중하지만, 동시에 큰 책임도 따른다는 걸 알고 있어야 해.

개인 정보 보호와 타인 존중의 의무

디지털 세상에서는 개인 정보를 보호해야 한다는 건 잘 알고 있지?
온라인에서는 자신의 개인 정보를 안전하게 지킬 책임이 있어. 그래서

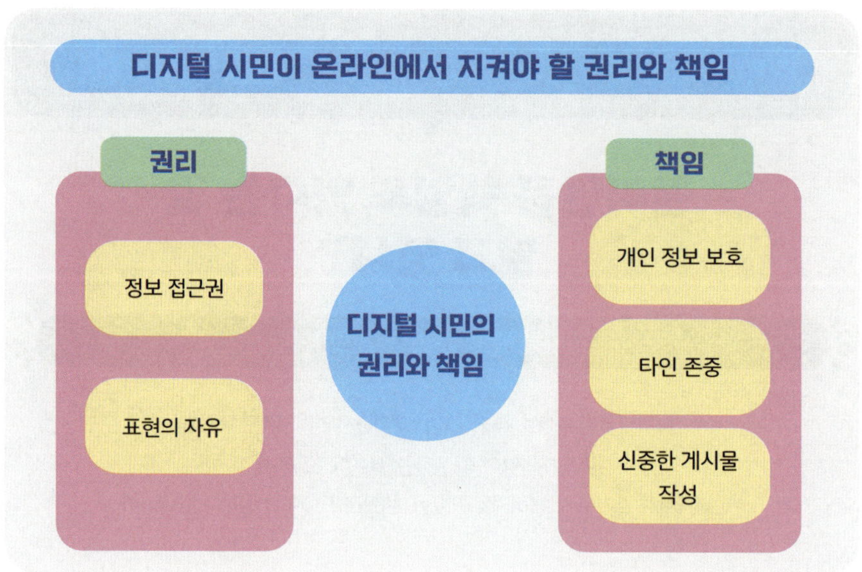

비밀번호를 강력하게 설정하고, 개인 정보는 함부로 공유하지 않는 것이 좋아. 의심스러운 링크나 메시지는 열지 않도록 주의하는 것도 잊지 마! 개인 정보가 유출되면 그 정보를 이용해 나쁜 짓을 벌이는 사람들도 있거든.

온라인에서는 다른 사람을 존중할 책임도 있어. 현실 세계에서 우리가 친구들을 대하는 것처럼 디지털 세상에서도 서로를 존중해야 해. 댓글을 달 때도 예의를 잘 지키고, 다른 사람의 의견에 귀 기울이며, 상대의 기분을 해칠 수 있는 말은 하지 않는 게 좋아. 사이버 괴롭힘처럼 다른 사람에게 상처를 주는 행동은 절대 하면 안 돼.

디지털 세상에서는 우리가 올린 정보가 오랫동안 남을 수 있어. 그러니 온라인에 무언가를 올려야 할 때는 신중하게 생각하고 올리는 것이 좋아. 한번 올린 사진이나 글은 완전히 삭제하는 게 어려워. 나중에 후회

할 만한 내용은 올리지 않는 게 좋겠지? 특히 친구의 사진을 허락 없이 올리거나, 남을 비난하는 글을 올리는 것은 피해야 해.

온라인 학습을 할 때도 책임이 따른단다. 인터넷은 많은 유용한 정보를 제공하지만 모든 정보를 다 믿을 수 있는 것은 아니야. 그러니 정보를 비판적으로 바라보고, 정보의 출처를 꼭 확인하는 습관을 들여야 해. 잘못된 정보에 현혹되지 않으려면 가급적 신뢰할 수 있는 웹사이트를 이용하는 게 좋아. 여러 자료를 비교해 보고 가장 올바른 정보를 찾을 줄도 알아야 해.

협력의 기회와 책임 있는 행동

마지막으로, 디지털 세상에서는 창의성과 협력이 중요하다는 걸 꼭 기억하자. 우리는 인터넷을 통해 다양한 프로젝트를 수행하면서 전 세계 사람들과 협력할 수 있는 기회를 가질 수 있어. 이런 활동을 통해 새로운 아이디어를 공유하다 보면 더 나은 세상을 만드는 데 기여할 수 있단다.

이처럼 우리는 디지털 시민으로서 다양한 권리를 누릴 수 있지만, 그에 따른 책임도 따른다는 것을 항상 기억해야 해. 안전하고 편리한 디지털 환경을 만들기 위해 우리가 할 수 있는 일은 정말 많아. 서로를 존중하고, 정보를 신중하게 다루면서 책임감 있게 행동하는 것이 바로 그 첫걸음이란다.

1. 다음 중 온라인에서 개인 정보를 보호하는 방법으로 틀린 것은 무엇일까?

① 강력한 비밀번호를 설정한다.

② 의심스러운 링크나 메시지를 열지 않는다.

③ 개인 정보를 다른 사람에게 쉽게 공유한다.

④ 소셜 미디어에서 개인 정보 보호 설정을 사용한다.

2. 인터넷에서 다른 사람을 존중하는 방법은 무엇인지 이야기해 보자.

힌트 본문에서 "댓글을 달 때도 ○○를 잘 지키고"라는 표현을 찾아봐. 온라인에서도 오프라인에서처럼 지켜야 할 기본적인 태도를 뜻하는 말이야.

3. 인터넷에서 정보를 공유하기 전에 생각해야 할 것에는 무엇이 있을까?

힌트 본문에서 "온라인에 무언가를 올려야 할 때는 ○○하게 생각하고 올리는 것이 좋아."라는 부분을 찾아봐. "한 번 올린 사진이나 글은 완전히 ○○하는 게 어려워."라는 문장에서 이유를 찾을 수 있어. 정보의 ○○를 확인하는 것의 중요성에 대한 설명도 참고하자.

4. 빈칸에 들어갈 알맞은 말을 써 보자.

> 온라인에서는 자신의 ___________(을)를 안전하게 지킬 책임이 있어.

힌트 본문에서 비밀번호를 강력하게 설정하고 함부로 공유하지 않아야 할 것이 무엇인지 찾아봐.

더 알고 싶어 119

📖 도서　▷ 영상　🔍 사이트

📖 『**디지털 권리장전**』 (**최재윤, 어바웃어북, 2022**) 디지털 권리와 플랫폼·데이터 시대의 책임을 살펴볼 수 있는 참고자료로 활용해 볼래?

▷ **디지털 도시에서 살아가기-혐오 표현과 디지털시민성** (서울시립대학교도시인문학연구소) 혐오 표현과 디지털 시민성 이슈를 사례 중심 영상으로 확인해 볼래?

🔍 **한국저작권위원회**
저작권 관련 공식 가이드와 교육 콘텐츠(저작권 e-배움터 등)를 확인해 보자.

지식재산권, 내 것이 아니면 어떻게 해야 할까?

건강한 디지털 문화를 만들기 위한 방법

우리는 디지털 시민으로서 온라인 지식재산권을 존중해야 해.
인터넷에서 자료를 사용할 때는 출처를 밝히고, 불법 다운로드를 하지 않는
작은 습관들이 모이면 건강한 디지털 문화를 만들어 갈 수 있어.

학습 키워드　#디지털시민의식　#지적재산권　#온라인출처　#불법다운로드　#창작물

교과 연계　중2 > 국어 > 매체 자료를 활용할 때 저작권과 출처 표기의 중요성을 이해하고
이를 준수하여 자료를 제작하거나 공유한다.

지식재산권이 뭔지 아니? 글이나 그림, 음악, 영상 같은 창작물의 주인에게 주어지는 권리를 말해. 이 권리는 창작자가 자신의 작품을 보호하고 다른 사람이 함부로 사용하지 못하게 막을 수 있어. 우리가 온라인에서 보고 있는 작품은 대개 누군가의 소중한 지적 재산이야.

창작자의 노력을 인정하는 출처 표시의 중요성

그래서 인터넷에서 자료를 찾아서 사용할 때는 출처를 명확히 밝혀야 해. 학교 과제에 쓸 적당한 사진을 인터넷에서 찾았을 때도 그 사진을 찍은 사람이나 사이트 이름을 사진 아래에 밝혀야 하지. 이렇게 해 두면 그 사진을 찍은 사람이 누구인지 알 수 있으니 그 사람의 노력을 인정하고 존중하는 셈이거든. 출처를 밝히지 않으면 너희가 그 사진을 찍

온라인 지식재산권을 존중하는 5가지 핵심 방법과 실천 방안

은 것처럼 보일 수 있어. 이는 창작자의 권리를 침해하는 행동이니까 다른 사람의 정보를 옮길 때는 항상 출처를 밝히는 습관을 들이는 게 좋아.

불법 다운로드를 하지 않는 것도 중요해. 영화, 음악, 게임 등을 무료로 다운로드할 수 있는 사이트가 많지만, 불법으로 다운로드받는 건 창작자의 권리를 침해하는 행동일 수도 있어. 창작자는 자신의 작품을 통해 수익을 얻고, 더 나은 작품을 만드는 힘을 얻기 때문이야. 우리가 정당한 방법으로 콘텐츠를 소비한다면, 창작자에게도 도움이 되고 결국 좋은 작품을 더 많이 만날 수 있게 될 거야. 영화를 보고 싶다면 합법적인 스트리밍 서비스를 이용하고 음악을 듣고 싶다면 정식 음원 사이트를 이용하는 것이 바람직한 행동이야.

친구들과 자료를 공유할 때도 주의해야 해. 친구가 자료를 찾고 있다면, 그 자료가 어디 있는지 그 출처를 알려 주고 직접 찾아보도록 도와주는 것이 좋아. 귀찮다고 자료를 함부로 공유하다 보면 출처를 밝히지 않아서 창작자의 권리를 무시할 수 있어. 친구에게 유익한 글을 공유할 때는 그 글이 실린 페이지의 링크를 보내고 그 링크를 통해 직접 확인하도록 하는 것이 좋아. 이렇게 하면 친구도 자료의 출처를 확인할 수 있고, 창작자의 권리도 지킬 수 있어.

우리가 소셜 미디어에서 무언가를 공유할 때도 창작자의 권리를 존중해야 해. 인스타그램이나 페이스북에 재미있는 사진이나 동영상을 올릴 때도 그 자료의 원작자를 태그하거나 출처를 밝히는 것이 좋아. 이렇게 하면 그 작품을 만든 사람이 누구인지도 알릴 수 있고 우리가 그 작품을 무단으로 사용하는 것이 아니라는 것도 보여 줄 수 있어.

나만의 창의적 작품 만들기와 권리 보호

창작물을 직접 만들 때도 지식재산권을 생각해야 해. 그림을 그리거나 글을 쓸 때는 다른 사람의 작품을 그대로 베끼지 않고 나만의 창의적인 아이디어를 반영해서 창작하는 것이 중요하지. 내 작품을 인터넷에 올릴 때도 다른 사람들이 내 작품을 무단으로 사용하지 않도록 지식재산권이 있는 작품이라는 걸 분명히 알리는 게 필요해. 내가 만든 작품이 다른 사람에게 영감을 줄 수 있지만 그대로 복사해서 사용하는 것은 바람직한 행동이 아니야. 그래서 우리가 직접 무언가를 만들어 낼 때는 항상 지식재산권을 염두에 두고 존중하는 태도를 가져야 해.

디지털 시대에 우리에게 필요한 것은 지식재산권을 존중하는 습관을 들이는 거야. 그런 작은 습관들이 모여서 큰 변화를 만들 수 있어. 인터넷에 있는 수많은 정보는 누구나 쉽게 얻을 수 있지만 그 모든 게 누군가의 노력이 담긴 창작물이라는 걸 항상 기억해야 해. 한 사람 한 사람이 올바르게 행동하다 보면 더 많은 사람들이 지식재산권을 존중하는 건강한 디지털 문화를 만들 수 있을 거야.

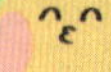

1. 다음 빈칸에 알맞은 말을 넣어 보자.

> 지식재산권이란 글이나 그림, 음악, 영상 같은 _________의 주인에게 주어지는
> 권리를 말합니다.

2. 창작자의 권리를 존중하기 위해 실천할 수 있는 방법에는 어떤 것들이 있을까?

힌트 본문에서 제시한 5가지 지식재산권 존중 방법(출처 밝히기, 불법 다운로드 금지, 자유 공유 시 주의, 소셜 미디어에서 존중, 창작 시 원칙 준수)을 참고해서 구체적인 실천 방안을 생각해 봐. "그래서 인터넷에서 자료를 찾아서…" 부분부터 읽어 보면 답을 찾을 수 있을 거야.

3. 지식재산권을 존중하는 작은 습관들이 왜 중요한지 적어 보자.

힌트 본문의 마지막 부분에서 "디지털 시대에 우리에게 필요한 것은…" 문단과 "지식재산권을 존중하고 보호하는 것은…" 문단을 읽어 봐. 창작자에게 미치는 영향과 디지털 문화 전체에 미치는 영향을 함께 생각해 보면 답을 찾을 수 있을 거야.

더 알고 싶어 119

📖 도서 ▶ 영상 🔍 사이트

📖 『**창작자를 위한 챗GPT 저작권 가이드**』 (정경민, 포르체, 2023)
챗GPT를 포함한 AI 도구를 창작에 활용할 때 저작권 쟁점(원저작권자·학습 데이터·표절·책임 소재 등)을 실무 관점에서 정리한 입문·실무서야. 읽어 볼래?

▶ **초보 유튜버(질문/답변) 저작권, 초상권, 공정 이용 (유튜브 가이드 쿠다TV)**
유튜브 콘텐츠 제작 시 저작권·초상권·공정 이용 관련 현실적 질문과 답변을 모아 놓은 자료(동영상/플레이리스트)야. 실무적 사례(음원·클립 사용, 초상권 동의 등)를 확인해 보자.

사이버 괴롭힘, 그냥 넘기면 안 되는 이유

사이버 괴롭힘을 예방하는 방법

인터넷에서 나쁜 사람들을 만났을 때 어떻게 대처해야 할까?
사이버 괴롭힘을 예방하고, 법적으로 대응하는 방법을 함께 알아보자.

학습 키워드 #사이버괴롭힘 #인터넷안전 #예방방법

교과 연계 중1 〉 정보 〉 디지털 공간에서 발생할 수 있는 문제 상황을 이해하고, 사이버 폭력 예방과 대처 방법을 탐구한다.

사이버 괴롭힘, 어떻게 슬기롭게 대처할까?

인터넷과 소셜 미디어를 통해 사람들과 쉽게 소통할 수 있는 세상이 되면서 '사이버 괴롭힘'이라는 새로운 문제가 생겨났어. 사이버 괴롭힘은 인터넷이나 휴대폰 등을 이용해 다른 사람을 괴롭히는 행동을 말해. 이런 행동은 피해자에게 심각한 정신적, 감정적 고통을 줄 수 있어. 만약 사이버 괴롭힘을 당하고 있다면 어떻게 대처해야 할까?

사이버 괴롭힘에 대처하는 첫 번째 방법은 일단 무시하는 거야. 사이버 괴롭힘을 저지르는 사람은 피해자의 반응을 보고 즐거움을 느끼는 경우가 많아. 그렇기 때문에 이상한 메시지를 받거나 나쁜 댓글을 보더라도, 곧바로 대응하지 말고 무시하는 게 좋아. 제때 반응하지 않으면 점차 흥미를 잃고 그만둘 가능성이 커지거든.

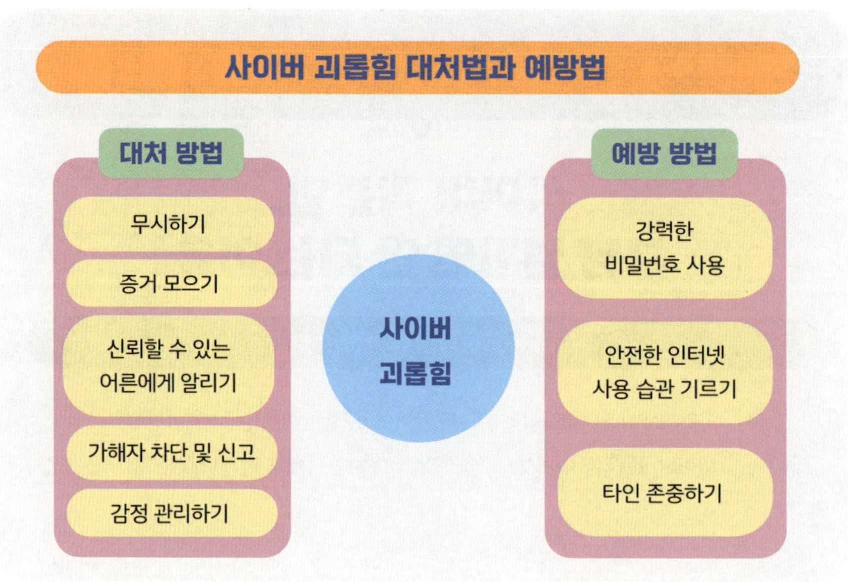

두 번째 방법은 증거를 모아 두는 거야. 사이버 괴롭힘을 당할 때 받은 나쁜 메시지나 이메일, 소셜 미디어 게시물 등을 스크린샷으로 캡처해서 저장해 두면 돼. 이런 증거를 많이 모아 두었다면 사이버 괴롭힘이 벌어졌다는 걸 증명하는 데 큰 도움이 될 수 있어.

세 번째 방법은 부모님이나 선생님에게 빨리 알리는 거야. 혼자서 해결하려고 하지 말고, 어른에게 도움을 청해야 해. 부모님이나 선생님은 너희를 도와 줄 방법을 더 잘 알고 있기 때문에, 나쁜 상황을 해결하는 데 큰 도움을 줄 거야.

네 번째 방법은 사이버 괴롭힘 가해자를 차단하고, 관리자에게 신고하는 거야. 소셜 미디어 플랫폼이나 메신저 앱에는 차단 기능이 있어서 특정인의 메시지는 받지 않도록 설정할 수 있어. 플랫폼의 신고 기능을 이용하면 가해자가 괴롭히는 행동을 하지 못하게 제재할 수도 있어.

예방이 최고! 안전한 디지털 세상 만들기

최근에는 사이버 괴롭힘이 법적으로도 심각한 문제로 다뤄지고 있단다. 사이버 괴롭힘은 정보통신망 이용촉진 및 정보보호 등에 관한 법률에 따라 명예훼손, 모욕, 협박 등의 죄목으로 처벌될 수 있어. 사이버 괴롭힘으로 피해를 입었을 때는 경찰에 신고하면 법적인 절차에 따라 처리할 수 있지. 피해자는 민사 소송을 통해 손해배상을 청구할 수도 있어.

사이버 괴롭힘을 예방하는 것도 매우 중요해. 인터넷을 사용할 때는 자신이 한 말이나 행동이 다른 사람에게 상처를 줄 수 있다는 것을 항상 기억하고 사이버 공간일지라도 서로를 존중하려고 노력해야 해.

인터넷을 안전하게 사용하는 습관을 기르는 것도 중요해. 강력한 비밀번호를 설정하고, 개인 정보를 함부로 공유하지 않으며, 낯선 사람과는 친구가 되지 않는 것이 좋아.

사이버 괴롭힘을 당하는 친구가 있다면 그 친구를 돕기 위해 나서는 것도 중요해. 만약 친구가 사이버 괴롭힘을 당한다는 걸 알게 됐다면, 그 친구를 위로해 주고 어른들에게 빨리 알리는 게 좋아. 친구도 너희 도움을 받으면 사이버 괴롭힘을 이겨 내는 데 큰 힘이 될 거야.

마지막으로, 사이버 괴롭힘을 당했을 때는 자신의 감정을 잘 다스리는 것이 중요해. 스트레스나 불안감을 느낄 때는 친구나 가족과 즐거운 대화를 나누고, 필요한 경우 전문 상담사의 도움을 받는 것도 좋아. 자신의 감정을 억누르지 말고, 주변 사람들과 소통하면서 해결하도록 노력하자.

사이버 괴롭힘이 발생했을 때 가장 중요한 것은 혼자서 해결하려 하지 말고, 주변의 믿을 만한 어른들에게 도움을 요청하는 거야. 우리 모두 사이버 괴롭힘 없는 안전한 디지털 세상을 만들기 위해 함께 노력해 보자.

1. 다음 중 사이버 괴롭힘의 대처 방법으로 틀린 것은?

　① 사이버 괴롭힘을 무시한다.　　② 증거를 모은다.

　③ 부모님이나 선생님께 알린다.　　④ 사이버 괴롭힘 가해자와 대화하여 해결한다.

　⑤ 가해자를 차단하고 신고한다.

2. 사이버 괴롭힘을 증명하기 위해 모아야 하는 것은 무엇일까?

3. 사이버 괴롭힘을 예방하기 위해 우리가 할 수 있는 일은 무엇일까?

　힌트 본문에서 사이버 괴롭힘에 대처하는 첫 번째, 두 번째, 세 번째, 네 번째 방법이 순서대로 설명되어 있어. 마지막 부분의 감정 관리 방법에 대해서도 함께 찾아봐.

4. 사이버 괴롭힘이 법적으로 처벌받을 수 있는 죄목을 본문에서 찾아 3가지 쓰시오.

　힌트 본문에서 '정보통신망 이용촉진 및 정보보호 등에 관한 법률'이 언급된 부분을 찾아봐.

더 알고 싶어 119

📖 도서　▷ 영상　🔍 사이트

📖 **『사이버 괴롭힘의 이해와 대처』** (Elizabeth Kandel Englander, 피와이메이트, 2020)
사이버 괴롭힘의 정의·유형·피해 영향과 실무적 대응(증거수집·신고·법적조치 등)을 상세히 다루는 책인데 한번 읽어 볼래?

▷ **우리 사이 공감 반올림**(공통_정리)-**사이버 폭력, 어떻게 대처해야 할까요?** (서울특별시교육청교육연구정보원) 지역 교육연구원·교육청에서 제작한 사이버폭력 대처 정리 자료를 참고해 볼 수 있어.

🔍 **학교폭력예방교육지원센터** 학교폭력·사이버폭력 신고·예방 자료(매뉴얼·상담 창구·교육 자료)를 제공하는 공식 창구로 활용되는 곳이야.

디지털 커뮤니티에는
어떻게 참여할 수 있을까?

디지털 커뮤니티에서 안전하고 즐겁게 활동하는 방법

디지털 커뮤니티는 다양한 사람들과 소통하고, 정보를 교환하며,
새로운 것을 창조할 수 있는 기회를 제공해. 디지털 커뮤니티란 무엇이고,
어떻게 참여할 수 있는지, 안전하게 활동할 수 있는 방법은 무엇인지에 대해 알아보자.

학습 키워드   #커뮤니티 #참여 #개인 정보보호 #매너

교과 연계   중1 〉 국어 〉 매체를 통해 다양한 사람들과 소통할 때 의견을 존중하고 건전한 의사소통
태도를 기른다.

커뮤니티 규칙 이해하고 적응하기

디지털 커뮤니티는 인터넷상에 만들어진 사람들의 모임이야. 우리가 늘 사용하는 소셜 미디어나 온라인 게임, 유튜브, 포럼 등이 모두 디지털 커뮤니티야. 오프라인 세계와 마찬가지로 디지털 커뮤니티에서도 규칙과 예의가 필요해. 인터넷 매너인 '네티켓'을 지키도록 노력해야 해.

새로운 커뮤니티에 가입할 때는 먼저 그 커뮤니티만의 특별한 규칙을 꼼꼼히 읽어 봐야 해. 예를 들어 어떤 커뮤니티는 특정 요일에만 질문을 받거나 사진을 올릴 때 특별한 태그를 사용해야 하는 경우가 있어. 또 어떤 커뮤니티는 새로 가입한 사람들을 위한 '신규 회원 가이드'나 '자주 묻는 질문' 게시글을 따로 만들어 두기도 하지. 이런 정보들을 먼

저 확인하면 실수를 줄이고 다른 회원들과 더 원활하게 소통할 수 있어.

처음에는 댓글이나 '좋아요'를 누르는 것부터 시작하면서 커뮤니티 분위기에 천천히 익숙해지는 게 좋아. 갑자기 많은 글을 올리거나 지나치게 적극적으로 행동하면 다른 회원들이 부담스러워할 수 있거든.

내 관심사에 맞는 커뮤니티 찾는 방법

디지털 커뮤니티에 참여하려면 먼저 자신이 좋아하는 주제나 활동을 찾아야 해. 만약 좋아하는 게임이 있다면 그 게임과 관련된 커뮤니티를 검색해서 가입하는 거지. 그곳에서 게임에 대한 정보나 팁을 공유하면서 다른 게임 사용자들과 더 흥미롭게 게임을 즐길 수 있어. 또 특정한 주제에 대해 토론하거나 유익한 공부법을 알려 주는 모임도 많아. 그러니까 만약 너희가 환경보호에 관심이 있다면 이와 관련한 커뮤니티에 참여해서 다양한 정보를 얻고 캠페인에도 동참할 수 있어.

관심사를 더 구체적으로 나누어 찾는 것도 좋은 방법이야. 가령 독서에 관심이 있다면 '추리소설 독서 모임', '청소년 도서 리뷰', '웹툰 토론방' 등으로 세분화해서 찾을 수 있어.

커뮤니티를 선택할 때는 활동 정도도 확인해 봐야 해. 너무 조용한 커뮤니티는 질문을 해도 답변을 받기 어렵고 반대로 너무 활발한 커뮤니티는 내 글이 금세 묻혀 버릴 수 있거든. 하루에 몇 개의 글이 올라오는지 댓글은 얼마나 활발하게 달리는지 살펴보고 나에게 맞는 크기의 커뮤니티를 선택하는 게 중요해.

디지털 커뮤니티에서 활동할 때 반드시 지켜야 할 점은 개인 정보 보호야. 아무리 자주 만나서 친해졌다고 해도 이름이나 주소, 전화번호와 같은 개인 정보는 함부로 알려 주지 않는 게 좋아. 만약 다른 사람의 개인 정보를 알게 되더라도 소중하게 다뤄야 해. 그 사람이 허락하지 않은 사진이나 정보는 절대 공유하면 안 돼.

온라인 활동과 실생활의 연결 고리 만들기

온라인에서의 활동은 실제 세상에도 영향을 미칠 수 있어. 소셜 미디어에서 시작된 환경보호 운동이 많은 사람들에게 알려지면서 실제 행동으로 이어지는 경우도 많거든. 이런 활동에 적극적으로 참여하면 실생활에서도 긍정적인 변화를 일으킬 수 있어.

온라인 커뮤니티에서 배운 기술이나 지식을 실제로 적용해 보는 것도 의미 있는 경험이야. 예를 들어 요리 커뮤니티에서 새로운 레시피를 배웠다면 집에서 직접 만들어 보고 그 결과를 다시 커뮤니티에 공유하는 거지. 만약 DIY(직접 만들기) 커뮤니티에 참여하고 있다면, 온라인에서 본 아이디어를 실제로 만들어 보고 과정을 사진으로 기록해서 다른 사람들과 나눌 수 있어.

지역 기반 커뮤니티에 참여하는 것도 좋은 방법이야. '우리 동네 맛집', '지역 축제 정보', '동네 산책로' 같은 주제로 모인 사람들과 소통하다 보면 실제로 오프라인에서 만날 기회도 만들 수 있거든. 물론 안전을 위해 어른들과 상의한 후에 참여해야 해.

디지털 커뮤니티 활동을 하다 보면 악성 댓글을 보거나 사이버 괴롭힘을 당하는 경우도 생길 수 있어. 이럴 때는 무시하거나 차단하는 것이 중요해. 이런 일이 심각하게 느껴질 때는 주위 어른이나 관련 기관에 도움을 요청하는 게 좋아. 그래야 모두 안전하게 인터넷을 사용할 수 있어.

디지털 커뮤니티에서는 창의성을 발휘할 수 있는 기회도 정말 많이 생길 거야. 직접 창작한 그림이나 음악을 공유하고, 다른 사람들의 피드백을 받을 수도 있어. 또 온라인에서 다른 사람들과 함께 프로젝트를 진행하면서 더 나은 작품을 만들 수도 있지. 디지털 커뮤니티는 너희가 가진 재능을 펼치고 다른 사람들과 함께 성장할 수 있는 좋은 장소란다.

소통 기술 향상시키기

온라인에서 소통할 때는 글로만 대화하는 경우가 많아서 오해가 생기기 쉬워. 이럴 때 도움이 되는 몇 가지 방법이 있어. 먼저 이모티콘이나 이모지를 적절히 사용해서 내 감정을 표현하는 거야. 예를 들어 장난스럽게 한 말이 진짜로 받아들여질까 봐 걱정된다면 ^^ 같은 웃는 이모지를 함께 사용하면 돼.

또 상대방의 글을 잘못 이해했을 때는 바로 "제가 잘못 이해한 것 같은데, 다시 설명해 주실 수 있나요?"라고 물어보는 게 좋아. 괜히 추측해서 오해를 키우는 것보다는 솔직하게 묻는 게 훨씬 나아.

다른 사람의 의견에 반대할 때도 예의를 지켜야 해. "그건 틀렸어"라고 말하는 대신 "저는 이렇게 생각하는데, 어떠세요?"라고 표현하면 서로 기분 나빠하지 않고 건전한 토론을 할 수 있어.

우리는 디지털 커뮤니티에 참여해서 안전하고 즐겁게 활동할 수 있는 방법을 익혀야 해. 그러면 디지털 세상에서 더 많은 기회를 찾고 유익한 경험을 쌓을 수 있을 거야.

1. 다음 중 디지털 커뮤니티에서 개인 정보를 보호하는 방법으로 적절하지 않은 것은 무엇일까?

① 다른 사람의 허락 없이 사진을 공유하지 않는다.
② 자신의 이름, 주소, 전화번호를 함부로 공유하지 않는다.
③ 항상 인터넷에서 찾은 정보의 진실성을 확인한다.
④ 관심 있는 주제의 커뮤니티에 참여한다.
⑤ 다른 사람의 의견을 존중한다.

2. 디지털 커뮤니티에서 안전하게 활동하려면 반드시 보호해야 하는 것은 무엇일까?

3. 디지털 커뮤니티에서 창의적으로 활동할 수 있는 방법에는 어떤 것이 있을까?

힌트 본문의 마지막 부분에서 '창의성을 발휘할 수 있는 기회'에 대한 설명을 참고해 봐. 그림, 음악, 프로젝트 등의 키워드가 들어가도록 적으면 돼.

4. 새로운 디지털 커뮤니티에 가입했을 때 가장 먼저 해야 할 일은 무엇일까?

힌트 '커뮤니티 규칙 이해하고 적응하기' 부분에서 새로 가입할 때 가장 먼저 확인해야 할 것에 대한 설명을 찾아보면 돼.

더 알고 싶어 119

📖 도서　▷ 영상　🔍 사이트

📖 『SNS와 스마트폰 중독, 어떻게 해결할까?』 (김대경, 동아엠앤비, 2023)
스마트폰/소셜 미디어 과몰입과 중독 양상을 진단하고 디지털 리터러시 기반의 해결 실천을 제시하는 입문서야.

▷ 영화 〈소셜 딜레마〉
알고리즘 기반 플랫폼이 사용자 행동을 어떻게 조작·증폭시키는지 기술자 증언과 재연을 섞어 보여 주는 다큐·드라마 혼합형 영화인데 볼래?

정보를 꼼꼼히 확인하는 습관은 왜 필요할까?

인터넷에서 잘못된 정보를 보고 믿었다가 나중에 큰 문제가 생길 수도 있어.
인터넷 정보가 올바른지 확인하는 방법에 대해 알아볼까?

학습 키워드 #정보확인 #신뢰성 #비판적사고 #광고 #기사형광고

교과 연계 중1 〉 정보 〉 디지털 공간에서 제공되는 다양한 정보의 신뢰성과 정확성을 판단하고 비판적으로 수용하는 방법을 탐구한다.

다양한 온라인 정보의 세계

뉴스, 블로그, 유튜브, 소셜 미디어, 온라인 백과사전 등 인터넷에서 우리가 찾을 수 있는 정보는 정말 다양해. 뉴스는 세상에서 일어나고 있는 사건을 알려 주고 블로그에서는 다른 사람의 생각이나 경험을 엿볼 수 있어. 유튜브에는 재미있는 영상이나 교육적인 콘텐츠가 정말 많아. 소셜 미디어는 친구들이 어떻게 지내는지 확인할 수 있고, 온라인 백과사전은 여러 주제에 대한 자세한 정보를 얻을 수 있지.

하지만 이 모든 정보가 항상 정확한 건 아니야. 정보가 왜곡된 경우도 있고, 거짓 정보도 있을 수 있어. 그래서 우리는 정보를 접했을 때 항상 비판적으로 바라보는 습관을 들여야 해. 정보를 곧이곧대로 믿기보다 그것이 진짜인지 아닌지 한 번 더 확인해 보는 게 필요해.

정보는 사실이나 데이터, 지식, 소식 등 여러 가지를 포함하는 넓은 개념이야. 쉽게 말하면, 우리가 무언가를 이해하고 판단하는 데 필요한 모든 것이 정보라고 생각하면 돼. 날씨 예보나 역사적 사건, 과학 지식, 친구의 생일 등이 모두 정보에 속하는 거야. 정보는 우리의 생활을 편리하게 하고, 더 나은 결정을 내릴 수 있게 도와주지.

정보 확인이 꼭 필요한 세 가지 이유

우리가 정보를 꼼꼼히 확인해야 하는 첫 번째 이유는 잘못된 정보가 있을 수 있기 때문이야. 인터넷에는 누구나 쉽게 글을 쓸 수 있기 때문에 잘못된 정보가 함께 올라오기도 해. 누군가가 의도적으로 거짓 정보를 퍼뜨리거나, 단순한 실수로 잘못된 내용이 올라갈 수도 있어. 이런 정보를 믿고 따랐다가 잘못된 결정을 내리면 피해를 입을 수 있으니까 조심해야겠지.

두 번째 이유는 정보의 출처가 중요하기 때문이야. 정보의 출처가 신뢰할 수 있는 곳인지 아닌지 판단하는 것은 정말 중요해. 누구나 알고 있는 뉴스 사이트나 잘 알려진 학술지는 믿을 수 있지만, 아무나 글을 쓸 수 있는 블로그나 소셜 미디어에 올라와 있는 검증되지 않은 게시물은 신뢰하기가 어려워. 정보의 출처를 확실히 알고 있다면 그 정보가 믿을 만한지 아닌지 판단하는 데 큰 도움이 될 거야.

세 번째 이유는 그 정보가 최신인지 아닌지 확인해야 하기 때문이야. 오래된 정보는 현재 상황과 맞지 않을 수 있어. 예를 들어 몇 년 전의 건강 정보나 기술 정보는 지금과는 달라졌을 수 있잖아. 따라서 정보를 확인할 때는 그 정보가 언제 작성되었는지도 함께 살펴봐야 해.

정보가 맞는지 확인하는 방법

그렇다면 정보가 맞는지 아닌지 어떻게 확인할 수 있을까?

첫 번째 방법은 여러 출처의 정보를 비교해 보는 거야. 같은 정보라도 여러 출처에서 확인해 보면 어떤 정보가 더 신뢰할 수 있는지 알 수 있어. 예를 들어 한 뉴스 기사가 다른 뉴스 사이트에서도 비슷하게 보도되었다면 그 기사는 비교적 신뢰할 수 있다고 보면 돼.

두 번째 방법은 출처의 신뢰성을 확인하는 거야. 앞서 말했듯이 공인된 뉴스 사이트나 학술지는 대체로 믿을 만하다고 할 수 있어. 하지만 개인 블로그나 소셜 미디어 게시물은 신뢰하기 어려울 수 있어. 따라서 정보를 확인할 때는 출처가 얼마나 신뢰할 수 있는 곳인지 판단하는 것이 중요해.

세 번째 방법은 정보의 작성 날짜를 확인하는 거야. 최신 정보인지 아닌지 확인하면 현재 상황과 맞는 정보를 얻을 수 있기 때문이지. 오래된 정보는 현재와 다를 수 있기 때문에 최신 정보를 찾는 것이 중요해.

마지막으로, 정보를 비판적으로 받아들이려는 습관을 들여야 해. 정보를 그대로 받아들이지 말고, 그것이 진짜인지, 출처가 신뢰할 수 있는지, 최신 정보인지 항상 의심하고 확인하는 습관을 들이면 더 나은 결정을 내릴 수 있단다.

이제부터 인터넷에서 정보를 찾을 때는 한 번 더 확인하는 습관을 들이도록 하자. 그렇게 하면 잘못된 정보에 속지 않고, 더 정확하고 유용한 정보를 얻을 수 있을 거야. 디지털 시대를 살아가는 우리에게는 이런 습관이 꼭 필요해. 정보를 비판적으로 확인하는 능력을 키운다면 디지털 세상에서 더 똑똑하고 안전하게 생활할 수 있을 거야.

1. 인터넷에서 정보를 얻을 때는 항상 어떤 관점을 가져야 할까?

2. 인터넷에서 정보를 찾을 때 어떤 점들을 확인해야 정확한 정보를 얻을 수 있을까?

3. 인터넷에서 찾은 정보가 정확한지 확인하는 방법에는 어떤 것들이 있을까?

힌트 답변을 두 부분으로 나누어 생각해 봐. 첫 번째는 "확인 방법" – 본문에서 제시한 세 가지 방법(여러 출처 비교, 출처 신뢰성, 최신성)을 찾아봐. 두 번째는 "중요한 이유" – 본문에서 언급한 잘못된 정보의 위험성과 정보를 꼼꼼히 확인해야 하는 세 가지 이유를 참고해서 작성하면 돼. 특히 "디지털 시대를 살아가는 우리에게는 이런 습관이 꼭 필요해" 부분이 도움이 될 거야.

더 알고 싶어 119

📖 도서   ▶ 영상   🔍 사이트

📖 『청소년을 위한 미디어 리터러시 이야기』 (강정훈, 맘에드림, 2023)
이 책은 뉴스랑 미디어를 '어떻게 믿을지' 쉽게 알려줘. 출처 보는 법·편향 구분 법 같은 걸 알려줘.

▶ **SNS 허위정보 어떻게 판별할 수 있을까요? "체크톡!"에서 가능합니다!** (한국방송통신위원회) 체크톡은 짧은 연습 문제나 예시로 '이건 진짜일까?'를 직접 확인해 볼 수 있게 도와주는 팩트체크 도구야.

내 흔적,
디지털 발자국이 남는다고?

신중한 관리가 필요한 디지털 발자국 

우리가 인터넷을 사용하면서 남기는 흔적을 '디지털 발자국'이라고 해.
디지털 발자국에 조금 더 신경 쓰면서 더 나은 디지털 세상을 만들어 보자!

학습 키워드 #디지털발자국 #개인 정보보호 #온라인이미지 #디지털리터러시
교과 연계 중1 〉정보 〉사례를 중심으로 디지털 공간에서 함께 살아가기 위해 개인 정보 및 권리와
저작권을 보호하는 실천 방법을 탐구한다.

우리가 인터넷에서 방문한 사이트, 검색한 내용, 작성한 글, 올린 사진 등 온라인에서 활동할 때마다 남기는 흔적을 '디지털 발자국'이라고 해. 왜 우리는 디지털 발자국에 신경을 써야 하는 걸까?

디지털 발자국이 가져오는 다섯 가지 위험

먼저, 디지털 발자국은 인터넷에서 너희의 이미지를 만들어 주기 때문이야. 친구들과 함께 찍은 사진을 소셜 미디어에 올리거나, 어떤 주제에 대해 의견을 표현한 글을 올릴 때, 이 모든 것들이 다 모여서 온라인상에서 '너희'의 이미지를 만들게 돼. 좋은 이미지라면 문제없지만, 생각 없이 올린 글이나 사진이 나중에 문제를 일으킬 수도 있어. 한 번 올린 글이나 사진은 완전히 지우기 어렵기 때문에, 신중하게 생각하고 행

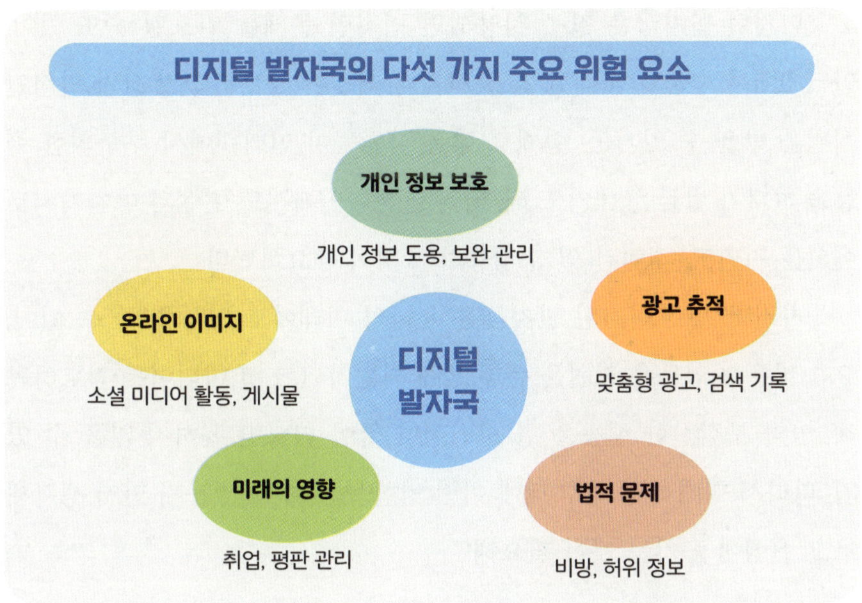

동하는 것이 중요해.

또 디지털 발자국은 개인 정보를 포함할 수 있어. 인터넷에서 회원에 가입할 때 이름과 이메일 주소, 전화번호 등을 입력하잖아. 이러한 정보들이 여러 사이트에 흩어져 있다면, 해커들이 이를 노리고 너희의 개인 정보를 훔쳐 갈 수 있어. 더 무서운 것은 이렇게 수집된 개인 정보가 도용되어 사기나 범죄에 이용될 수도 있다는 거야. 그러니까 개인 정보를 안전하게 관리하도록 하고, 필요하지 않은 정보는 되도록 적게 제공해야 해.

디지털 발자국은 우리의 온라인 활동을 추적할 수 있어. 어떤 웹사이트를 방문했는지, 무엇을 검색했는지 등이 모두 온라인에 기록되기 때문이야. 너희가 최근에 축구화를 검색했다면 다양한 웹사이트에서 축구화 광고가 자주 뜨는 것을 본 적이 있을 거야. 이는 광고 회사가 너희의 디지털 발자국을 추적해서 관심 가질 만한 광고를 보여 주기 때문이지.

디지털 발자국은 잘못 사용되면 법적인 문제를 일으킬 수도 있어. 인터넷에서 누군가에 대한 욕을 하거나 거짓된 정보를 퍼뜨리면 법적인 처벌을 받을 수 있거든. 실제로 많은 사람들이 인터넷에서 부주의한 행동을 하다가 벌금을 내기도 해. 따라서 온라인에서도 현실과 마찬가지로 예의를 지키고, 책임감 있게 행동하는 것이 중요하단다.

마지막으로, 디지털 발자국은 우리의 미래에도 영향을 줄 수 있어. 요즘 많은 기업들은 직원을 뽑기 전에 지원자의 소셜 미디어를 검토하곤 해. 만약 부적절한 행동을 한 사진이나 글이 있다면 뽑히지 않을 수 있지. 따라서 현재 행동이 미래에 어떤 영향을 미칠 수 있는지 먼저 생각해 보고 실행에 옮기는 것이 필요해.

똑똑한 디지털 발자국 관리법

그렇다면 어떻게 해야 디지털 발자국을 잘 관리할 수 있을까? 먼저, 개인 정보를 공유할 때는 꼭 필요한 정보만 제공하고, 불필요한 정보는 공유하지 않도록 해야 해. 소셜 미디어에 글이나 사진을 올릴 때도 신중히 생각해 보고 미래에 문제가 될 수 있는 내용은 피하는 것이 좋아. 인터넷에서는 정기적으로 자신의 활동을 점검하고 불필요한 계정이나 게시물은 삭제하는 것이 좋아. 강력한 비밀번호를 사용하고, 주기적으로 변경하는 것도 중요해. 이렇게 하면 해킹의 위험을 줄일 수 있기 때문이야. 공공장소에서 와이파이를 사용할 때도 조심해야 해. 공공 와이파이는 아무래도 보안에 취약하기 때문에 중요한 정보를 입력할 때는 주의가 필요해.

이제 왜 디지털 발자국에 신경 써야 하는지 알겠지? 디지털 발자국을 신경 쓰는 것은 모두를 위해 꼭 필요한 일이야. 우리 모두 디지털 발자국을 잘 관리해서 더 나은 디지털 세상을 만들어 보자.

1. 다음 중 디지털 발자국 관리에 대한 설명으로 틀린 것은 무엇일까?

   ① 디지털 발자국은 인터넷 활동 기록을 의미한다.
   ② 개인 정보를 안전하게 관리해야 한다.
   ③ 공공장소에서 와이파이 사용 시 주의해야 한다.
   ④ 디지털 발자국은 완전히 삭제할 수 있다.
   ⑤ 강력한 비밀번호를 사용하고 정기적으로 변경해야 한다.

2. 디지털 발자국이 무엇인지 짧게 적어 보자.

3. 왜 우리는 디지털 발자국을 관리해야 할까?

   힌트 본문에서 디지털 발자국이 가져오는 다섯 가지 위험 요소를 찾아봐. 온라인 이미지, 개인 정보 보호, 광고 추적, 법적 문제, 미래의 영향 중에서 자신이 가장 중요하다고 생각하는 이유를 선택해서 설명하면 돼.

4. 디지털 발자국을 효과적으로 관리하는 방법은 무엇일까?

   힌트 본문의 후반부 "그렇다면 어떻게 해야 디지털 발자국을 잘 관리할 수 있을까?" 부분을 읽어 봐. 개인 정보 공유 방법, 소셜 미디어 사용법, 비밀번호 관리, 공공 와이파이 사용 주의사항 등이 언급되어 있으니까 각각의 관리 방법과 함께 그로 인한 긍정적 효과도 함께 설명하면 될 거야.

더 알고 싶어 119

📖 도서   ▷ 영상   🔍 사이트

📖 **『스마트폰에서 찾은 디지털 시민 이야기』** (황다솜, 팜파스, 2022)
스마트폰 쓸 때 내가 남기는 흔적이 왜 문제인지, 어떻게 지키면 좋은지 쉽게 알려 주는 책이야.

▷ **디지털 발자국(공익광고)** (한국교육학술정보원)
짧은 공익광고 영상으로 '한 번 올리면 지워지지 않을 수 있다'는 느낌을 직관적으로 보여 줘.

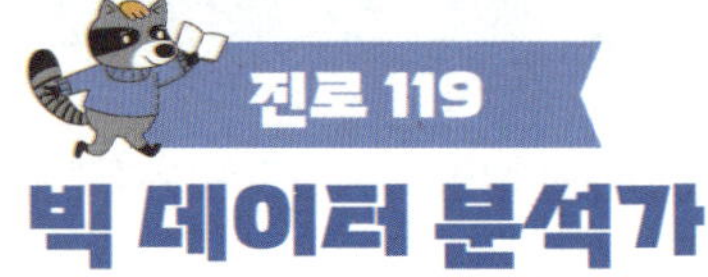

빅 데이터 분석가

빅 데이터 분석가는 엄청난 양의 데이터를 통해 세상의 비밀을 풀어 가는 현대판 마법사야. 데이터에 어떤 비밀이 숨어 있는지 궁금하지 않니? 빅 데이터 분석가가 하는 일을 알아보고, 미래의 직업을 준비해 보자!

우리가 매일 사용하는 스마트폰과 인터넷에서 발생하는 데이터는 어마어마하게 많아. 우리가 검색하는 단어나 '좋아요'를 누르는 사진, 심지어 친구와 주고받는 메시지까지 모두 데이터로 기록되기 때문이야. 이렇게 많은 데이터를 효과적으로 활용하기 위한 일을 하는 직업이 '빅 데이터 분석가'야. 빅 데이터 분석가는 이러한 방대한 데이터를 수집하고 분석해서 의미 있는 정보를 찾아내는 일을 하고 있지. 이 정보들은 기업이 고객의 취향을 파악하거나 병원에서 환자의 건강 상태를 모니터링하거나 환경 문제를 해결하는 데도 쓰일 수 있어.

빅 데이터 분석가가 하는 일

첫째, 데이터를 수집하는 일이야. 인터넷 사이트, SNS, 각종 기기에서 수집된 데이터는 그 양이 무척 많고 다양한 형태로 존재하고 있어. 빅 데이터 분석가는 이 데이터를 한곳에 모아 분석하기 쉽도록 정리하는 일을 한단다.

둘째, 데이터를 분석하는 일이야. 빅 데이터 분석가는 수집된 수많은 데이터를 분석해서 의미 있는 패턴이나 트렌드를 찾아내지. 데이터를 꼼꼼히 분석하면 어떤 제품이 언제 잘 팔리는지, 어떤 영화가 사람들에게 인기를 끌고 있는지 등을 알아낼 수 있어.

셋째, 분석한 결과를 바탕으로 문제를 해결하거나 새로운 기회를 찾는 일이야. 빅 데이터 분석 결과를 토대로 새로운 마케팅 전략을 세우거나 질병 확산을 예측하거나 대비하는 등의 작업을 실행에 옮길 수 있어.

빅 데이터 분석가가 되기 위해 필요한 능력

빅 데이터 분석가가 되려면 데이터 분석에 대한 전문적인 지식을 갖춰야 해. 수학과 통계학은 기본이고 컴퓨터 프로그래밍 언어를 다루는 능력도 중요하지. 파이썬Python이나 R 같은 프로그래밍 언어를 배워야 하고 데이터베이스 관리 시스템을 사용할 수 있는 능력도 키우는 게 좋아. 이 모든 능력은 데이터를 효율적으로 저장하고 검색할 수 있는 방법을 알아야 하기 때문에 필요한 거야. 가장 중요한 건 문제 해결 능력이야. 수많은 데이터를 어떻게 처리하고 그 데이터를 통해 어떤 가치를 만들어 낼지 고민하고 분석할 수 있어야 해. 하지만 이러한 기술적 능력만으로는 충분하지 않아. 데이터를 해석하는 통찰력과 분석 결과를 쉽게 설명하는 커뮤니케이션 능력도 매우 중요해. 분석가가 찾아낸 결과를 이해하기 쉽게 설명하지 못한다면 그 결과가 아무리 정확해도 쓸모가 없을 수 있기 때문이야.

빅 데이터 분석가의 전망

기술이 발전하면서 점점 더 많은 데이터가 생성됨에 따라 이를 효과적으로 분석하고 활용하는 능력이 점점 더 중요해지고 있어. 자율주행 자동차는 운전자의 조작 없이 도로를 달리기 위해 실시간으로 도로 상황이나 교통량, 날씨 등의 데이터를 분석해야 해. 빅 데이터 분석가는 이러한 데이터를 분석해서 자동차가 안전하게 목적지까지 이동할 수 있도록 도와줄 수 있어. 기후 변화나 전염병 확산 같은 글로벌 문제 해결에도 빅 데이터 분석이 중요한 역할을 하고 있어. 데이터 분석을 통해 환경 문제를 예측하고 대응할 수 있는 방안을 찾거나 전염병 확산 경로를 예측하면 필요한 방역 전략을 빠르게 세울 수 있기 때문이야.

빅 데이터 분석가가 되려면 어떻게 준비해야 할까?

빅 데이터 분석가가 되고 싶다면 지금부터 데이터 분석 작업과 관련한 다양한 시도를 해 보는 게 좋아. 간단한 데이터 분석 도구 사용법을 익히는 것도 좋고 인터넷에서 무료로 제공되는 데이터 분석 강의를 찾아보는 것도 좋은 방법이지. 이 직업은 힘들지만, 그만큼 보람이 있을 거야. 우리 사회의 다양한 문제들을 해결하는 데 큰 도움을 줄 수 있는 일이니까.

3부
미디어는 읽고,
따져 보고,
표현하는 거야

뉴스를 제대로 읽으려면 뭘 알아야 할까?

현명한 뉴스 소비자 되기

우리가 매일 접하는 뉴스는 정보 전달이 목적일까?
홍보가 목적일까? 뉴스에 숨겨진 비밀에 대해 알아보자.

학습 키워드　#애드버토리얼, #광고형기사, #기사형광고
교과 연계　중1 〉 국어 〉 매체 자료의 재현 방식을 이해하고 광고나 홍보물을 분석한다.

우리가 매일 접하는 뉴스는 정보 전달이 목적일까? 홍보가 목적일까? 뉴스에 숨겨진 비밀에 대해 알아보자.

우리는 매일 엄청난 양의 뉴스와 광고에 노출되어 있어. 쏟아지는 정보의 홍수 속에서 현명한 뉴스 소비자가 되기 위해서는 어떻게 해야 할까?

기사형 광고를 어떻게 알아볼 수 있을까?

기사 아래에 'AD'라는 표시가 있다면 이는 애드버토리얼advertise-ment, 즉 기사형 광고라는 걸 알려 주는 표시야. 다음 네 가지 기사 중 가장 왼쪽 기사 아래에 'AD'라는 표시가 있잖아. 이는 이 기사가 애드버토리얼(줄여서 AD), 즉 기사형 광고라는 걸 알려 주는 표시야. 광고를 뉴

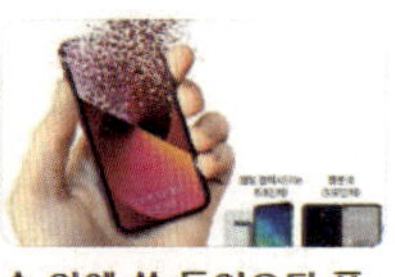

⬆ 왼쪽 첫 번째: 'AD' 표시가 있는 기사형 광고"

스 기사 형식으로 작성해서 전달한다는 의미지. 얼핏 보면 뉴스 기사처럼 보이지만 상품이나 서비스를 홍보하는 것을 목적으로 하는 광고라는 거야.

기사형 광고와 일반 뉴스 기사의 가장 큰 차이점은 누가 돈을 주고 작성했는가야. 일반 뉴스 기사는 기자들이 독자들에게 중요한 정보를 전달하기 위해 직접 취재하고 작성하지만, 기사형 광고는 기업이나 단체가 홍보를 위해 광고비를 신문사에 지불하면서 전달한 보도자료를 기반으로 작성하고 있어.

기사형 광고는 법적으로 '광고'나 '기획 광고', 'AD' 등 광고라는 사실을 해당 기사 주변에 꼭 표시해야 해. 반면 일반 뉴스 기사를 쓸 때 참고하는 보도자료에는 작성자의 소속과 이름, 연락처가 적혀 있어 작성자가 누구인지 명확히 밝히고 있지.

새로운 형태의 기사형 광고

기사형 광고 중에는 광고라는 사실을 표시하지 않는 '광고성 기사'도 있어. "○○회사, 혁신적인 신제품 출시!"라는 식으로 객관적인 근거 제시 없이 주관적인 칭찬을 제목에 작성하는 것이 특징이야.

최근에는 '검색 최적화SEO'를 이용하는 경우가 많아졌어. 네이버나

↑ 신문 지면에 일반 기사와 광고성 기사가 섞여 있는 실제 사례

구글 같은 검색 엔진에 맞게 내용을 최적화해서 검색 결과의 맨 위에 노출하는 전략을 쓰는 거지.

현명한 뉴스 소비자가 되기 위해서는 기사에 '광고', '협찬' 등의 표시가 있는지 확인하고, 기사 내용이 지나치게 긍정적이거나 객관성이 부족한지 꼼꼼히 살피며, 다른 언론 매체의 기사와 비교하면서 읽어야 해.

정보의 홍수 속에서 현명한 뉴스 소비자가 되기 위해서는 뉴스와 광고, 그리고 기사형 광고의 차이점을 정확하게 이해하는 능력이 필요하단다. 정보의 출처를 확인해서 비판적인 관점에서 정보를 검토하는 거지. 다양한 정보를 비교해서 상호 검증한 다음 객관적인 판단을 내리는 게 가장 정확한 방법이야.

1. 기업이나 단체가 기사처럼 보이는 광고를 작성해서 게재한 것을 뭐라고 부를까?

2. 다음 중 애드버토리얼(AD)의 특징이 아닌 것은 무엇일까?

   ① 광고와 편집 기사의 합성어

   ② 뉴스처럼 보이면서 상품, 서비스, 또는 브랜드를 홍보

   ③ 객관적인 사실만을 전달

   ④ 뉴스와 광고의 혼합, 객관성과 주관성의 혼재

   ⑤ 기획 광고, 전면 광고, 특집 기사 등으로 주로 접할 수 있음

3. 기업이나 단체가 광고 대행사에 의뢰해 작성한 기사처럼 보이는 광고를 무엇이라고 부를까?

4. 정보의 홍수 시대에 현명한 뉴스 소비자가 되기 위해서는 어떤 노력을 해야 할까?

힌트 본문의 마지막 문단에서 현명한 뉴스 소비자가 되기 위한 구체적인 방법들을 찾아봐. 정보의 출처 확인과 비교 검토가 핵심이야.

5. 기사형 광고를 일반 뉴스 기사와 구분할 수 있는 법적 표시에는 어떤 것들이 있을까?

더 알고 싶어 119

📖 도서　▶ 영상　🔍 사이트

📖 『광고의 모든 것: 광고의 역사부터 애드테크까지』 (김재인, 그림씨, 2024)

광고의 역사부터 디지털 애드테크까지 사례와 원리를 청소년 눈높이에 맞춰 차근차근 설명하는 입문서로 광고의 구조와 권유 기법을 함께 살펴 볼 수 있어.

▶ [뉴스G] 진짜와 가짜를 구분하는 능력 (EBS뉴스)

EBS의 뉴스 교육 영상으로 가짜 뉴스 사례와 판별 기준을 쉬운 언어로 제시하고 있어. 비판적 시각을 기르는 방법을 알아볼까?

신뢰할 수 있는 정보는 어떻게 만들까?

우리가 매일 접하는 뉴스는 정보 전달이 목적일까?
홍보가 목적일까? 뉴스에 숨겨진 비밀에 대해 알아보자.

학습 키워드 #신뢰 #정보제작 #정확성 #진정성

교과 연계 중1 > 국어 > 복합양식으로 구성된 글이나 자료의 내용 타당성과 신뢰성, 표현 방법의 적절성을 평가하며 읽는다.

인터넷에는 수없이 많은 정보가 있어. 그런데 혹시 이런 생각해 본 적 있어? "내가 본 이 정보는 진짜 믿을 수 있는 걸까?" 신뢰할 수 있는 정보를 만드는 데 어떤 것들이 중요한지 알아보려고 해. 혹시 나중에 우리가 멋진 정보를 만드는 사람이 될 수도 있으니까!

누구를 위한 정보일까? - 대상을 생각하며 만들어요

우선 신뢰할 수 있는 정보를 만드는 데 중요한 건 '누구를 위한 정보인지'를 생각해 보는 거야. 예를 들어 우리가 새로운 게임 공략법을 만든다고 상상해 보자. 친구들이 그 공략법을 보고 쉽게 따라 할 수 있어야겠지? 그렇다면 너무 어렵고 복잡한 단어보다는 친구들이 이해할 수 있는 쉬운 표현을 쓰는 게 좋을 거야.

실제로 게임을 처음 해 보는 친구와 이미 오랫동안 즐겨 온 친구에게는 다른 설명 방식이 필요해. 초보자에게는 "캐릭터를 움직일 때는 키보드 방향키를 누르세요."라고 기본부터 알려 줘야 하지만, 숙련자에게는 "콤보 연계를 위해 점프 후 0.5초 뒤에 스킬을 발동하세요."처럼 구체적인 팁을 주는 게 더 유용하겠지? 이처럼 정보를 만드는 사람은 '누가 이 정보를 볼까?'를 항상 생각하면서 정보를 만들어야 해. 그래야 사람들이 "이 정보는 진짜 나를 위해 만들어졌구나!"라고 느낄 수 있어.

또한 정보를 받는 사람이 어떤 상황에서 그 정보를 사용할지도 고려해야 해. 예를 들어 친구가 급하게 과제를 해야 하는 상황이라면 간단명료한 핵심만 담은 정보가 좋겠지만, 여유 시간에 천천히 공부하려는 친구라면 자세한 설명과 배경 지식까지 포함된 정보가 더 도움이 될 거야.

진심이 담긴 정보의 힘 - 진정성과 꾸준한 발전

다음으로 중요한 건 '정확한 내용'이야. 누군가가 잘못된 정보를 알려 줘서 친구들 앞에서 당황했던 기억! 너희도 경험한 적 있잖아? 그래서 정보를 만들 때는 알고 있는 걸 그냥 대충 적는 게 아니라 정확한지 꼭 확인해야 해. 예를 들어 게임 공략법을 만들 때 "3단계에서 오른쪽으로 가세요!"라고 썼는데, 사실은 왼쪽으로 가야 한다면 친구들이 다 헤맬 거야.

정확한 정보를 위해서는 여러 가지 방법으로 확인 작업을 해야 해. 게임 공략법이라면 직접 여러 번 플레이해서 확인해 보고, 다른 사람들의 후기나 공식 가이드도 참고해 보는 거지. 또 친구들에게 미리 보여 주고 "이 방법으로 정말 잘 되나?" 하고 테스트해 보는 것도 좋은 방법이야. 정보를 완성하기 전에 이런 확인 과정을 거치면 실수를 크게 줄

일 수 있어.

특히 숫자나 날짜, 이름 같은 구체적인 정보는 더욱 신중하게 확인해야 해. "이 게임이 2022년에 출시됐어"라고 적었는데 실제로는 2023년이라면, 작은 실수 같아 보여도 정보의 신뢰성에 큰 타격을 줄 수 있거든. 그래서 정보를 만들 땐 꼼꼼하게 다시 확인하는 습관이 중요해.

또 하나, 신뢰를 얻으려면 '이해하기 쉬운 구조'가 필요해. 정보를 한꺼번에 막 던지는 것보다 보기 좋게 정리하면 훨씬 도움이 돼. 예를 들어 게임 공략법을 만들 때 한 문단에 모든 걸 다 적는 대신 단계별로 나눠서 번호를 붙이거나 간단한 그림을 넣으면 더 쉽게 이해할 수 있겠지?

정보를 체계적으로 정리하는 방법에는 여러 가지가 있어. 시간 순서대로 정리하거나(1단계→2단계→3단계), 중요도 순서로 정리하거나(가장 중요한 것→보통 중요한 것→참고사항), 카테고리별로 나누어 정리하는(초급자용 팁/중급자용 팁/고급자용 팁) 방법들이 있지. 어떤 방법을 쓰든 정보를 받는 사람이 쉽게 찾아볼 수 있도록 명확하게 구분해 주는 게 중요해. 사람들은 읽기 편하고 보기 좋은 정보를 더 신뢰하는 경향이 있거든.

그리고 '진정성'도 무시할 수 없어. 진정성이라는 건 "이 정보를 필요로 하는 사람들을 정말 돕고 싶다."는 마음이야. 이런 진심이 담긴 정보는 사람들에게 더 큰 믿음을 줄 수 있어. 예를 들어 친구들에게 게임 공략법을 만들어 줄 때, 단순히 칭찬을 받으려고 만든다면 금방 티가 나. 하지만 "이 공략법이 친구들에게 도움이 됐으면 정말 좋겠다."라는 진심을 담아서 만들면, 친구들도 그 진심을 느낄 수 있을 거야.

진정성은 정보를 만드는 과정에서도 드러나. 정말 도움이 되고 싶은 마음이 있다면 더 많은 시간과 노력을 들여서 꼼꼼하게 만들게 되거든. 어려운 부분은 더 쉽게 설명하려고 애쓰고, 실수가 없는지 여러 번 확인하고, 혹시 빠뜨린 중요한 내용은 없는지 계속 점검하게 돼. 이런 정성스러운 마음가짐이 결국 정보의 품질을 높이고, 사람들이 그 진심을 알아보게 만드는 거야.

마지막으로 중요한 건 '꾸준히 발전하는 태도'야. 세상은 빠르게 변하고 있어. 우리가 아는 정보도 시간이 지나면 달라질 수 있지. 게임 공략법도 업데이트가 되면 새로운 팁이 생길 수 있잖아? 정보를 만드는 사람은 항상 새로운 정보를 배우고, 자신이 만든 정보를 더 낫게 만들려는 노력을 해야 해.

또한 정보를 본 사람들의 피드백도 적극적으로 받아들이는 자세가 필요해. "이 부분이 잘 이해가 안 돼요.", "여기서 실제로 해 보니 좀 다르던데요."라는 의견을 들으면 기분이 상할 수도 있지만, 이런 피드백이야말로 정보를 더 좋게 만들 수 있는 소중한 기회야. 비판을 두려워하지 말고 오히려 고마워하는 마음으로 받아들인다면, 점점 더 신뢰받는 정보를 만들 수 있을 거야. 그렇게 해야 만들어 낸 정보가 사람들에게 꾸준하게 믿음을 얻을 수 있어.

우리도 신뢰받는 정보를 만드는 멋진 사람이 될 수 있어. 중요한 건 정확하고 보기 좋게 정보를 정리하는 것과 사람들에게 진정으로 도움이 되고자 하는 마음을 담는 거야. 지금부터 작은 노력이라도 차근차근 준비해 보자.

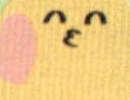

1. 다음 중 정보의 신뢰성을 높이는 방법으로 옳지 않은 것은 무엇일까?

① 신뢰할 수 있는 출처를 명확히 밝히기

② 개인적인 의견과 감정을 포함하여 정보를 제공하기

③ 여러 출처의 정보를 비교하기

④ 최신 정보를 확인하기

⑤ 과학적 연구 결과나 공식 발표를 참고하기

2. 다음 빈칸에 알맞은 말을 써 보자.

> 진정성이 담긴 정보를 만들려면 정보를 본 사람들의 ① ______________도 적극적으로 받아들이는 자세가 필요해. "이 부분이 잘 이해가 안 돼요."라는 의견을 들으면 기분이 상할 수도 있지만 이런 ① ____________(이)야말로 정보를 더 좋게 만들 수 있는 소중한 ② ____________)야.

힌트 본문 마지막 부분에서 다른 사람의 의견을 어떤 마음으로 받아들여야 하는지 설명한 부분을 찾아봐.

3. 다음 정보 정리 방법과 그 특징을 올바르게 연결해 보자.

A. 시간 순서 정리 ·   · ㄱ. 초급자용/중급자용/고급자용

B. 중요도 순서 정리 ·   · ㄴ. 1단계→2단계→3단계

C. 카테고리별 정리 ·   · ㄷ. 가장 중요한 것→보통 중요한 것

힌트 본문에서 "정보를 체계적으로 정리하는 방법에는 여러 가지가 있어."라는 부분을 찾아 세 가지 방법을 확인해 봐.

더 알고 싶어 119

📖 도서   ▷ 영상   🔍 사이트

📖 『**초등 디지털 미디어 리터러시**』 (김지훈, 파란자전거, 2023)
아이들 눈높이로 정보 평가와 온라인 행동 규범을 쉽게 설명하며 실생활 예시를 통해 올바른 미디어 사용 습관을 알려 줘.

🔍 **디지털 윤리.kr**
교육 자료와 캠페인 정보를 제공하는 포털로 교사용 자료부터 학생 활동안까지 무료로 제공해 주는 사이트야. 한번 둘러 볼래?

가짜 뉴스, 어떤 점이 다를까?

가짜 뉴스를 식별하는 방법

우리가 일상에서 접하는 뉴스 중에 '가짜 뉴스'도 섞여 있다는 거 알고 있니?
우리를 혼란스럽게 하고 잘못된 판단을 내리게 하는 가짜 뉴스를
구별하는 방법에 대해 알아보자.

학습 키워드   #가짜뉴스   #정보의신뢰성   #출처확인   #전문가의견
교과 연계   초5 〉 국어 〉 뉴스 및 각종 정보 매체 자료의 신뢰성을 평가한다.

'가짜 뉴스'는 사실이 아닌 정보를 진짜인 것처럼 꾸며서 전하는 뉴스를 말해.

가짜 뉴스는 사람들을 속이거나 특정 집단의 이익을 위해 진실을 왜곡하거나 의도적으로 잘못된 정보를 퍼뜨리기 위해 만들어지고 있어. 정치적인 이익을 얻기 위해 상대방을 비방하거나, 경제적인 이익을 얻기 위해 특정 상품을 과장 홍보하는 경우도 있지. 이런 가짜 뉴스는 인터넷과 소셜 미디어 등을 통해 빠르게 퍼져 나가서 많은 사람들에게 좋지 않은 영향을 미치고 있어.

가짜 뉴스를 구별하는 여섯 가지 방법

가짜 뉴스인지 아닌지 구별하려면 몇 가지 확인해야 할 게 있어. 첫

대처 방법 / 정보 출처	출처 신뢰성	제목 신뢰성	최신성	전문가 의견
가짜 뉴스 구별을 위한 정보 출처별 신뢰도 평가 기준표				
뉴스 사이트	😄	😄	😠	😄
블로그	😄	😠	🙂	😠
소셜 미디어	😠	😄	😠	😠
전문가 의견	😄	😠	🙂	😄

번째, 믿을 수 있는 출처에서 나온 뉴스인지 확인해야 해. 잘 알려진 뉴스 사이트나 공식 기관에서 제공한 정보는 신뢰할 수 있지만, 출처가 불분명한 정보는 주의해야 해.

두 번째, 제목과 내용을 주의 깊게 살펴봐야 해. 가짜 뉴스는 자극적인 제목을 사용해서 사람들의 관심을 끌려고 하는 경우가 많아. 너무 충격적이거나 믿기 어려운 제목은 한 번 더 의심해 봐야 해. 내용을 자세히 읽어 보고 논리적인 오류나 과장된 표현이 있는지도 확인해 보는 게 좋아.

세 번째, 하나의 뉴스를 보고 결론을 내리는 것보다는 여러 곳에서 보도된 뉴스를 비교한 다음에 판단하는 것이 좋아. 여러 곳의 뉴스에서 일치하는 정보는 신뢰할 수 있는 뉴스일 가능성이 높거든. 그러니 다른 뉴스 사이트에서도 동일한 내용으로 보도되었는지 확인해 보자.

네 번째, 최신 정보가 담긴 뉴스인지 확인해야 해. 오래된 정보는 시간이 지나면 신뢰성이 떨어질 수 있기 때문이야.

다섯 번째, 전문가의 의견을 참고하는 것도 좋은 방법이야. 특정 분야의 전문가가 제공하는 정보는 믿을 만한 뉴스일 가능성이 높아. 전문가의 의견을 들어 보면 가짜 뉴스인지 아닌지 판단하는 데 도움이 될 수 있어. 의학 정보 같은 전문 정보는 의사나 의료 기관에서 제공한 자료를 참고하는 것이 좋지.

여섯 번째, 가짜 뉴스를 구분할 수 있게 도와주는 웹사이트와 앱을 이용해서 확인해 보는 거야. 웹사이트에는 올체커(대학생들이 개발한 팩트 체크 웹사이트, 일반 시민들이 가짜 뉴스를 쉽게 판별할 수 있도록 도움)와 가짜 뉴스 판별기(딥러닝 기반의 자연어 처리 알고리즘을 활용해 가짜 뉴스와 가짜 정보를 판별하는 서비스를 제공함) 같은 서비스가 있어. 스마트폰에 설치할 수 있는 앱에는 팩트 체크 코리아(한국언론진흥재단이 운영하는 앱, 국내 주요 뉴스와 정보에 대한 사실 확인 서비스를 제공함)가 있어. 이러한 도구들을 활용하면 쉽게 가짜 뉴스를 구분할 수 있어.

위의 여섯 가지 방법을 통해 가짜 뉴스에 현혹되지 않도록 주의하면서, 정확하고 신뢰할 수 있는 정보를 찾아내는 능력을 키워 보자. 이렇게 하면 공부를 할 때도 더 나은 결과를 얻을 수 있고, 어떤 문제가 생기든 올바른 판단을 할 수 있게 될 거야.

1. 다음은 가짜 뉴스를 구별하는 방법들이야. 본문에서 제시된 순서대로 배열해 보자.

   ① 전문가 의견 참고하기   ② 출처 확인하기   ③ 여러 뉴스 비교하기
   ④ 제목과 내용 살펴보기   ⑤ 최신 정보인지 확인하기

2. 팩트 체커 앱을 운영하는 기관은 어디일까?

3. 가짜 뉴스를 식별하는 능력이 왜 필요한지 이야기해 보자.

   힌트 본문에서 가짜 뉴스가 "우리를 혼란스럽게 하고 잘못된 판단을 내리게 한다."는 부분을 참고해서 개인과 사회에 미치는 영향을 생각해 봐.

더 알고 싶어 119   📖 도서 ▶ 영상 🔍 사이트

📖 『**가짜 뉴스, 무엇이 문제일까?**』 (이재국, 동아엠앤비, 2023)
이 책은 가짜 뉴스가 어떻게 만들어지고 퍼지는지 사례와 근거를 들어 쉽게 설명하고 청소년이 직접 확인해 볼 수 있는 판단 기준과 팩트체크 방법을 알려 줘서 읽어 볼 만해.

▶ **가짜 뉴스는 NO! 더 이상 안 속아요!** (EBS 키즈)
학생들이 겪을만한 사례를 중심으로 가짜 뉴스가 어떤 방식으로 속이는지 보여 주고, 재미있는 활동 예시로 스스로 확인하는 법을 알려 주는 영상이야.

미디어도 편견이 있을 수 있다고?

미디어 편향 이해하기

우리가 매일 접하는 뉴스 중에는 객관적인 입장을 전하지 않는 경우도 많아.
이를 '미디어 편향'이라고 하는데 이런 편향을 어떻게 구별할 수 있는지 한번 알아보자

학습 키워드　#정치적편향, #상업적편향, #문화적편향, #비판적사고

교과 연계　중1 〉 사회 〉 우리 주변에서 활용되는 미디어들을 탐색하고, 미디어를 통해 경험하는 다양한 문화와 정보들을 비판적으로 검토한다.

뉴스를 읽거나 TV를 볼 때 우리는 그 정보가 객관적일 거라고 생각해. 하지만 모든 뉴스가 그렇지는 않아. 어떤 뉴스는 특정 관점이나 의견을 강조하고 다른 쪽 의견은 소홀히 다루는 경우도 있거든. 이를 '미디어 편향Media Bias'이라고 해. 미디어 편향은 뉴스를 만드는 제작자가 의도적으로 특정한 메시지를 전달하기 위해 정보를 선택적으로 다루기 때문에 생길 수 있어. 어떤 사건을 보도할 때 긍정적인 측면만 강조하고 부정적인 측면은 아예 언급하지 않거나, 특정 인물이나 단체를 좋게 보이도록, 혹은 반대로 나쁘게 보이도록 하는 방식이 주로 사용돼.

미디어 편향에는 어떤 게 있을까?

미디어 편향에는 여러 종류가 있는데 서로 영향을 주고받고 있어.

첫 번째, 정치적 편향은 특정 정치적 입장을 지지하거나 반대하는 방향으로 뉴스를 보도하는 것을 말해. 어떤 뉴스 매체가 특정 정당이나 정치인에 대해 긍정적으로 보도하고, 반대편은 부정적으로 보도하는 경우야. 이런 뉴스를 본 독자나 시청자는 특정한 정치적 관점에 치우친 판단을 할 수도 있어.

두 번째, 상업적 편향은 광고주나 재정적인 후원을 받는 기업의 이익을 고려한 뉴스를 보도하는 것을 말해. 어떤 기업의 특정 제품이나 서비스를 과도하게 칭찬하거나, 그 기업과 경쟁하는 제품이나 서비스에 대해 부정적으로 보도하는 경우야. 이는 돈을 준 광고주의 이익을 보호하려는 의도에서 발생할 수 있어.

세 번째, 문화적 편향은 특정 문화나 가치관을 강조하거나, 다른 문화나 가치관을 소홀히 다루는 것을 말해. 어떤 뉴스 매체가 특정 국가나 인종, 성별에 대해 긍정적으로 보도하고, 다른 국가나 인종, 성별에 대해 부정적으로 보도하는 경우지. 이는 독자나 시청자의 편견을 강화시킬 수 있어.

미디어 편향 구별법

그렇다면 미디어 편향은 어떻게 구별할 수 있을까?

첫 번째, 여러 곳에서 보도된 뉴스를 비교해 보면 어떤 매체의 뉴스가 편향되어 있는지 알 수 있어. 예를 들어 동일한 사건에 대해 여러 뉴스 매체가 어떻게 보도하는지 살펴보는 거야.

두 번째, 뉴스를 비판적으로 읽는 태도가 필요해. 뉴스를 볼 때 그 정보가 객관적인지, 특정한 관점을 강조하고 있지는 않은지 의심해 보아야 해. 너무 한쪽으로 치우친 보도나 감정적인 표현이 많은 뉴스는 의

미디어 편향 구별을 위한 4단계 절차

출처 확인 　 여러 출처 비교 　 비판적 태도 유지 　 배경과 맥락 이해

심해 보는 게 좋아.

　　세 번째, 뉴스의 출처와 작성자를 확인하는 것이 중요해. 뉴스가 어디서 보도되었는지, 누가 작성했는지를 확인하면 그 뉴스가 얼마나 신뢰할 만한지 판단할 수 있어.

　　마지막으로, 뉴스의 배경과 맥락을 이해하는 것이 필요해. 뉴스가 보도된 시기나 상황, 관련된 배경지식을 알면 그 뉴스가 왜 그렇게 보도되었는지 이해할 수 있거든.

　　미디어 편향이 무엇인지 이해하고, 뉴스를 객관적으로 판단할 수 있는 능력은 디지털 리터러시를 갖추기 위해 꼭 필요한 중요 요소야. 우리는 미디어 편향을 인식하고, 다양한 관점에서 정보를 받아들이며, 비판적으로 사고하는 태도를 가져야 해. 이를 통해 우리는 더 나은 판단을 할 수 있고, 올바른 정보를 선택할 수 있게 될 거야.

1. 미디어 편향의 세 가지 주요 유형이 무엇인지 적어 보자.

2. 다음 빈 칸에 알맞은 말을 써 보자.

> 미디어 편향을 구별하는 방법 중 하나는 뉴스를 ____________(으)로 읽는 태도
> 이다. 뉴스를 볼 때 그 정보가 객관적인지, 특정한 관점을 강조하고 있지는 않은지
> 의심해 보아야 한다

3. . 다음 미디어 편향의 유형과 그 특징을 올바르게 연결해 보자.

A. 정치적 편향 •　　　　　• ㄱ. 광고주나 재정적 후원 기업의 이익 고려

B. 상업적 편향 •　　　　　• ㄴ. 특정 정치적 입장을 지지하거나 반대

C. 문화적 편향 •　　　　　• ㄷ. 특정 문화나 가치관을 강조하거나 소홀히 대우

힌트 본문의 "미디어 편향에는 어떤 게 있을까?" 부분에서 각 편향의 정의를 차례대로 찾아봐.

더 알고 싶어 119　　　　　📖 도서　▶ 영상　🔍 사이트

📖 『청소년을 위한 미디어 리터러시 이야기』 (강정훈, 맘에드림, 2021)
미디어가 어떻게 정보를 골라 보여 주고 왜 어떤 뉴스가 한쪽으로 치우칠 수 있는지 사례와 그
림으로 쉽게 설명하니 한번 보면 시야가 넓어질 거야.

▶ [뉴스토리] '편리와 편향' 추천 알고리즘의 두 얼굴 (SBS 뉴스)
우리가 흔히 쓰는 추천 기능이 어떻게 편향을 만들고 다른 정보를 가리게 되는지
실제 사례와 인터뷰로 보여 줘서 이해가 쉬워.

광고는 우리에게 어떤 영향을 줄까?

광고주의 영향력과 우리의 미디어 소비 습관

광고주는 우리가 보는 콘텐츠와 미디어 소비 습관에 큰 영향을 미친다고 해.
광고주가 미디어와 우리에게 영향을 미치는 환경에서
자율적인 판단을 내리려면 어떻게 해야 하는지 알아보자.

학습 키워드	#광고 #소비습관 #콘텐츠 #충동구매
교과 연계	중1 › 기술과 가정 › 급변하는 소비환경의 변화를 이해하고 다양한 소비자 정보를 비판적으로 분석하여 자신의 소비생활에 활용한다.

'광고주'는 상품이나 서비스를 홍보하기 위해 광고를 의뢰하는 사람이나 기업을 말해. 광고주가 상품이나 서비스를 홍보하기 위해 뉴스나 미디어에 지불하는 돈은 그 미디어를 운영하는 중요한 수입이기 때문에 미디어에서는 광고주의 요구에 따라 콘텐츠 내용을 조정하거나, 광고주가 원하는 메시지를 전달하는 경우가 많아.

광고주가 미디어에 미치는 영향

어떤 텔레비전 프로그램에서 특정 제품을 자주 이야기하거나 보여 주는 것을 본 적이 있을 거야. 광고주가 미디어에 어떤 영향을 미치는지 구체적으로 살펴볼까?

첫째, 광고주는 미디어의 콘텐츠를 직접적으로 통제할 수 있어. 텔레비전 프로그램, 영화, 뉴스 기사 등은 광고주의 요구에 따라 내용이 바뀔 수 있지. 어떤 기업이 큰 광고 계약을 맺으면 그 기업에 대한 부정적인 뉴스는 잘 보도되지 않기도 해. 또 특정 제품이나 서비스를 홍보하기 위해 프로그램 내에서 자연스럽게 보여 주는 일도 있지. 이런 '간접 광고'는 우리가 알지 못하는 사이에 특정 제품에 대한 좋은 이미지를 심어 줄 수 있어.

둘째, 광고주는 데이터를 통해 우리를 분석해서 각 개인에게 맞는 광고를 보여 줄 수 있어. 인터넷을 사용할 때 우리가 검색한 내용이나 방문한 웹사이트, 클릭한 광고 등은 모두 데이터로 수집되는데, 광고주는 이 데이터를 분석해서 우리에게 맞춤형 광고를 제공하는 거지. 인터넷 쇼핑을 하면서 특정 상품을 검색했더니, 며칠 뒤 다른 웹사이트에서도 그 상품의 광고가 나오는 거 본 적 있지? 이처럼 광고주는 데이터를 통해 우리의 관심사와 소비 습관을 분석하고 더 효과가 높은 광고를 보여 주고 있어.

셋째, 광고주는 우리의 소비 습관과 가치관에도 영향을 미칠 수 있어. 광고는 특정 상품이나 서비스를 홍보하는 것뿐만 아니라, 특정한 라이프스타일이나 가치관을 제시하기 때문이야. 패션 광고는 특히 그 옷을 입으면 더 멋져 보일 것 같은 분위기를 전하고, 건강식품 광고는 그 제품을 먹으면 더 건강해질 것 같다는 인식을 심어 줘. 이렇게 광고는 우리의 소비 습관과 가치관을 형성하거나 변화시키는 데 큰 역할을 하고 있어.

광고주의 영향력으로부터 자유로워지는 법

그렇다면 광고주의 영향력을 어떻게 식별하고 그로부터 자유로워질 수 있을까?

첫째, 광고와 콘텐츠를 구분해 보는 것이 중요해. 텔레비전 프로그램이나 인터넷 콘텐츠를 볼 때는 그것이 광고인지 아닌지 명확히 구분할 수 있어야 해. 광고는 우리에게 무언가를 구입하라고 유혹하기 때문에, 그 메시지를 비판적으로 받아들이는 거지.

둘째, 광고주의 의도를 파악하는 것이 필요해. 광고주는 우리에게 상품이나 서비스를 판매하기 위해 큰돈을 들여서 광고를 만드는 거야. 특정 상품이 광고에서 아주 매력적으로 보일 수 있지만, 그 제품이 실제 우리에게 필요한 것인지, 제품의 효과는 좋은지 잘 판단할 수 있어야 해.

셋째, 다양한 정보를 비교하고 확인하는 습관을 들여야 해. 특정 제품을 구매하기 전에 먼저 구매한 사람들의 리뷰를 살펴보고 그 제품의 장단점을 객관적으로 평가해 보고 결정하는 습관을 들이라는 거지.

마지막으로, 우리의 소비 습관과 가치관을 스스로 판단해서 자율적으로 결정하는 자세가 중요해. 광고는 특정한 메시지를 전달하고, 소비 습관을 변화시키려고 만드는 거야. 따라서 우리는 광고의 영향력을 인식하고, 스스로 잘 판단해서 소비하는 습관을 길러야 해. 그래야 필요하지 않은 상품을 충동구매하지 않는 더 나은 소비 습관을 가질 수 있기 때문이야.

1. 다음 중 광고주가 미디어에 미치는 영향에 대한 설명으로 옳지 않은 것은 무엇일까?

① 광고주는 미디어 콘텐츠의 변경을 요청할 수 있다.

② 광고주는 미디어를 통해 자신들이 원하는 메시지를 전달한다.

③ 광고주는 광고비를 지불하지 않고도 콘텐츠에 영향을 미친다.

④ 광고주는 특정 제품을 프로그램에 자연스럽게 노출시킬 수 있다.

2. 광고주가 우리의 데이터를 분석하여 제공하는 광고를 뭐라고 할까?

3. 광고가 우리의 소비 습관과 가치에 미치는 영향에 대한 생각을 적어 보자.

힌트 본문에 광고가 패션, 식품, 라이프스타일 등 다양한 영역에서 소비자 인식을 변화시키고 생활방식에 영향을 준다고 설명하는 부분이 있어.

4. 광고를 보고 자율적으로 결정하기 위해 필요한 방법들을 적어 보자.

힌트 본문에 광고와 콘텐츠를 구분하는 방법, 광고 의도 파악, 다양한 정보 비교, 자기 소비 습관 점검의 중요성을 강조하는 부분을 찾아봐.

더 알고 싶어 119

📖 도서 ▷ 영상 🔍 사이트

📖 『광고는 왜 10대를 좋아할까?』 (샤리 그레이튼, 오유아이, 2014)
광고가 왜 우리한테 딱 맞춘 것처럼 보이는지, 광고업체가 어떤 심리를 노리는지 실제 사례로 알려 줘서 광고를 더 잘 구분할 수 있게 해 줄 거야.

🔍 한국광고정보센터
TV나 인터넷에 나온 광고들을 모아 놓은 공식 자료실이라서 '이 광고가 언제 어디서 나왔지?' 궁금할 때 찾아보면 근거가 확실해져.

미디어 메시지, 의심해야 할까?

비판적 사고와 책임 있는 시민 되기

우리가 접하는 다양한 미디어의 메시지를 그대로 받아들여도 될까?
미디어 메시지를 의심하고 질문해야 하는 이유와 그 중요성에 대해 알아보자.

학습 키워드　#미디어메시지 #비판적사고 #정보편향성

교과 연계　중1 > 사회 > 현대 민주주의의 특징과 과제를 검토하고 우리나라 민주주의의 발전을 위한 제도적 방안과 시민의 역할에 대해 토의한다.

미디어 메시지는 뉴스 기사, 광고, 텔레비전 프로그램, 유튜브 영상 등 다양한 형태로 우리에게 전달되고 있어. 이런 메시지는 정보를 제공하면서 사람들의 생각과 행동에 영향을 끼치고 있지. 특히 특정한 관점이나 가치를 전달하는 경우가 많아. 뉴스 기사는 특정한 사건에 대한 정보를 제공하고, 광고는 상품이나 서비스를 홍보하며, 드라마나 영화는 이야기를 통해 감정과 가치를 전달하고 있지. 그렇다면 우리는 왜 미디어 메시지를 의심해야 하는 걸까?

미디어 메시지를 비판적으로 받아들여야 하는 이유

첫 번째 이유는 진실과 거짓을 구분하기 위해서야. 인터넷에는 가짜 뉴스나 왜곡된 정보, 과장된 광고가 넘쳐나고 있어. 이러한 정보는 진실

을 감추고, 사람들을 혼란스럽게 하며, 잘못된 결정을 내리게 만들 수 있어. 특히 건강에 대한 잘못된 정보는 우리의 생명과 직결될 수 있고, 한쪽에 치우친 정치 정보는 사회에 큰 혼란을 초래할 수 있지. 미디어의 메시지를 의심하고 질문해 본다면 진실과 거짓을 구분할 수 있고, 더 나은 결정을 내리기 위한 현명한 판단을 할 수 있어.

두 번째 이유는 비판적 사고 능력을 기르기 위해서야. 비판적 사고는 현대 사회를 살아가기 위해 매우 중요한 능력이야. 우리가 매일 접하는 많은 정보 중에 어떤 것이 중요한지, 어떤 것이 신뢰할 만한지 판단하는 게 중요하기 때문이지. 미디어의 메시지를 비판적으로 분석하고, 그 출처와 의도를 파악하는 과정에서 비판적 사고 능력이 향상될 수 있어. 이는 단순히 정보를 소비하는 데 그치지 않고, 정보를 분석하고 평가하는 능력을 길러 줄 거야.

세 번째 이유는 정보의 편향성 때문이야. 많은 미디어 메시지에는 특정한 관점이 담겨 있어. 뉴스 기사는 기자나 뉴스 기관의 의도나 관점에 따라 같은 사건도 다른 식으로 보도할 수 있거든. 그리고 광고는 상품을 팔기 위해 그 상품의 장점만 강조하고 단점은 숨길 수 있어. 이처럼 한쪽에 치우친 정보를 비판적인 시각 없이 받아들인다면, 우리의 생각과 판단도 한쪽으로 치우치게 되는 거야. 미디어 메시지를 의심하고 질문하는 과정을 거치면서 정보의 편향성을 인식해야 보다 객관적인 시각을 가질 수 있어.

네 번째 이유는 민주사회에서 책임 있는 시민으로 살기 위해서야. 민주사회에서는 시민들이 정확하고 신뢰할 수 있는 정보를 바탕으로 올바른 결정을 내리는 것이 정말 중요해. 잘못된 정보는 민주사회를 뿌리부터 흔들 수 있거든. 가짜 뉴스는 선거 결과에 영향을 미치기도 하고,

사회적 갈등을 조장하기도 해. 우리는 미디어 메시지를 비판적인 시각에서 바라보고, 정확한 정보를 바탕으로 행동하는 책임 있는 시민이 되도록 노력해야 해.

마지막 이유는 우리 개인의 성장과도 연결되어 있기 때문이야. 우리는 미디어를 통해 세상을 배우고 이해하며 살아가고 있어. 그런데 정보를 아무런 비판 없이 받아들이기 시작하면, 한쪽에만 치우친 시각으로 세상을 바라보게 될 수 있어. 반면 미디어 메시지를 비판적으로 분석하고 질문하는 습관을 들이면, 더 넓은 시각에서 세상을 바라볼 수 있고, 어떤 한 사건을 다양한 관점에서 이해할 수 있는 능력이 생겨. 이는 우리의 지적인 성장과도 밀접한 관련이 있어. 그러니 미디어 메시지를 의심하고 질문하는 데 더 많은 시간을 쓰기 위해 노력해야 해. 우리는 그런 경험을 통해 진실과 거짓을 구분하고, 비판적 사고 능력을 기르며, 정보의 편향성을 인식하는 책임 있는 시민으로 자랄 수 있어.

1. 다음 중 미디어 메시지를 의심하고 질문해야 하는 이유로 옳지 않은 것은 무엇일까?

    ① 진실과 거짓을 구별하기 위해

    ② 비판적 사고 능력을 기르기 위해

    ③ 정보의 편향을 인식하기 위해

    ④ 민주 사회의 책임 있는 시민이 되기 위해

    ⑤ 미디어 메시지를 무조건 신뢰하기 위해

2. 비판적 사고 능력을 기르는 것이 중요한 이유는 무엇일까?

힌트 본문 두 번째 이유("비판적 사고 능력을 기르기 위해서야.") 부분을 읽어 봐. '중요한 정보와 신뢰할 만한 정보'의 구분, 출처와 의도를 분석하는 과정이 어떻게 비판적 사고 능력을 향상시키는지에 주목해 보자.

3. 미디어 메시지를 의심해야 하는 다섯 가지 이유를 간단히 나열해 보자.

더 알고 싶어 119

📖 도서 ▷ 영상 🔍 사이트

📖 『**디지털 문해력 수업**』 (김은호, 설렘, 2022)
    인터넷에 떠도는 정보가 진짜인지 어떻게 확인하는지, 간단한 방법과 활동으로 차근차근 알려 주니까 혼자서도 연습해 보기 좋아.

▷ **영화 〈트루먼 쇼〉** 한 사람의 삶이 사실은 모두 연출된 쇼라는 충격적인 설정으로 미디어가 사람을 어떻게 만들고 조종할 수 있는지 생각하게 해 주니 한번 보면 더 신중해질 수 있어.

미디어 속 메시지를 분석하는 방법은?

미디어 메시지의 핵심 내용을 파악하고 비판적으로 평가하는 방법

미디어 메시지를 제대로 이해하는 것은
현대 사회를 살아가기 위해 꼭 필요한 능력이야.
미디어 메시지를 어떻게 파악하고 추출해야 하는지 알아보자.

학습 키워드 #핵심내용 #감정적요소 #배경 #맥락 #비판적평가

교과 연계 초5 〉 사회 〉 민주주의에서 미디어의 의미와 역할을 이해하고 여러 가지 미디어의 내용을 비판적으로 분석하여 올바르게 이용하는 태도를 기른다.

우리가 접하는 모든 미디어는 콘텐츠를 통해 다양한 메시지를 전달하고 있어. 이를 통해 정보를 제공하거나, 특정 행동을 유도하거나, 감정을 자극하려는 목적을 갖고 있지. 예를 들어 환경보호 캠페인 영상은 쓰레기 줄이기나 재활용을 실천하게 만들고, 스포츠 경기 하이라이트는 팬들의 열정을 높여 팀을 응원하게 만들 수 있어.

미디어 메시지를 잘 파악해야 세상을 제대로 이해하며 살아갈 수 있어. 메시지를 겉으로만 받아들이면 보이지 않는 의도나 배경을 놓치기 쉽기 때문에, 한 걸음 물러서서 관찰하고 분석하는 습관이 중요해. 미디어 메시지를 파악하고 평가하는 방법에 대해 단계별로 설명해 볼게.

미디어 메시지 파악하기

미디어 메시지를 파악하는 첫 번째 단계는 콘텐츠가 우리에게 전달하려는 목적이나 의도를 이해하는 거야. 가령 뉴스 보도는 사실 전달이 주목적이지만 사건을 다루는 방식에 따라 시청자의 생각이나 태도에 영향을 줄 수 있어. 콘텐츠의 목적을 이해하면 그 메시지가 무엇인지 더 쉽게 파악할 수 있지. 학교 행사 안내문이라면 학생과 학부모에게 정보를 제공하려는 것이고, 게임 광고라면 새로운 기능을 알리고 구매를 유도하는 목적일 거야.

두 번째 단계는 메시지의 핵심 내용을 찾아내는 거야. 콘텐츠를 읽거나 보면서 가장 중요한 정보나 주장, 강조된 부분을 찾으면 돼. 뉴스 기사에서는 주로 첫 문단에 사건의 중요한 내용이 쓰여 있고 광고에서는 상품의 장점이나 특징을 반복적으로 강조하고 있으니까 쉽게 찾을 수 있어. 여행 홍보 영상이라면 아름다운 풍경, 즐길 거리, 할인 정보 같은 핵심 메시지를 중심으로 구성되어 있을 거야. 핵심 내용을 파악하면 불필요한 정보에 휘둘리지 않고 본질을 이해할 수 있어.

세 번째 단계는 감정적인 요소를 찾는 거야. 미디어 메시지는 종종 감정적인 반응을 유도해서 사람들의 주의를 끌고 특정한 행동으로 이끌곤 해. 예를 들어 동물 보호 단체의 영상은 구조되는 순간의 감동적인 장면을 보여 주면서 기부를 유도할 수 있고, 경고 광고는 사고 장면을 강하게 보여 주면서 안전 수칙 준수를 강조하기도 해. 자극적인 이미지나 과장된 표현은 두려움이나 분노, 기쁨 등을 일으키는데 이를 파악하면 메시지가 사람들을 어떤 반응으로 이끌려고 하는지 이해할 수 있어.

네 번째 단계는 메시지의 배경과 맥락을 이해하는 거야. 메시지가 전달되는 시기, 장소, 상황에 따라 같은 내용도 전혀 다르게 받아들여질 수 있어. 예를 들어 선거 기간에 발표되는 정책 홍보물은 후보자의 이미지를 높이려는 의도가 담길 수 있고, 여름철 아이스크림 광고는 무더위를 겨냥한 기획일 가능성이 커. 배경과 맥락을 이해하면 메시지가 왜 그렇게 전달되는지, 어떤 의도를 가지고 있는지 더 정확히 알 수 있어.

마지막 단계는 메시지를 비판적으로 평가하는 거야. 메시지가 논리적으로 일관성이 있는지, 사실에 근거한 주장인지 검토해야 해. 또 메시지가 특정한 관점이나 이익을 반영하고 있는지도 판단해야 해. 예를 들어 제품 광고가 장점만 부각하고 단점은 숨기고 있다면 균형 잡힌 정보가 아니므로 비판적으로 받아들여야 하지. 이런 평가 과정을 거치면 잘못된 정보나 편향된 시각에 휘둘리지 않고, 필요한 정보만 선택적으로 수용할 수 있어.

우리는 미디어 메시지를 추출하고 단계별로 분석하는 과정을 통해 미디어 메시지를 더 정확하게 파악하고, 올바르게 이해할 수 있어. 미디어 메시지를 이해하고 추출하는 것은 우리의 정보 해석 능력을 향상시킬 거고, 잘못된 정보나 한쪽으로 치우친 시각에 빠지지 않도록 도와줄 거야. 비판적인 시각으로 정보를 분석하고 평가하는 습관을 기르면, 우리는 더 나은 정보 소비자가 될 수 있어. 이는 디지털 시대를 살아가는 우리가 반드시 갖춰야 할 필수적인 기술이야.

1. 다음 중 미디어 메시지를 이해하고 추출하는 방법으로 옳지 않은 것은 무엇일까?

　① 콘텐츠의 목적을 이해하기
　② 메시지의 출처를 무조건 신뢰하기
　③ 감정적 요소 분석하기
　④ 주요 요점을 찾기
　⑤ 배경과 맥락 이해하기

2. 미디어 메시지를 이해하는 첫 번째 단계는 무엇일까?

3. 미디어 메시지에서 감정적 요소를 분석하는 것이 중요한 이유는 무엇일까?

4. 다음 빈칸에 알맞은 말을 써 보자.

> 미디어 메시지를 분석할 때 첫 번째 단계는 콘텐츠의 ＿＿＿＿＿(을)를 이해하는 것이며, 이는 메시지가 전달하려는 ＿＿＿＿＿(이)나 ＿＿＿＿＿(을)를 파악하는 과정이다.

더 알고 싶어 119　　　📖 도서　▷ 영상　🔍 사이트

📖 『뉴스, 믿어도 될까?』 (구본권, 풀빛, 2018)
가짜 뉴스가 어떻게 만들어지고 퍼지는지 사례와 근거를 들어 쉽게 설명하고 진짜와 가짜를 구별하는 실질적인 방법을 알려 주니 한번 읽어 보면 도움이 될 거야.

나만의 콘텐츠, 어떻게 만들까?

청소년을 위한 미디어 콘텐츠 제작 가이드

미디어 콘텐츠를 직접 만드는 것은 매우 흥미롭고 재미있는 일이야.
미디어 콘텐츠를 만들기 전에 꼭 알아야 할 몇 가지 중요한 점에 대해 알아보자.

학습 키워드 #신뢰성, #저작권, #창의성, #글쓰기능력, #영상제작

교과 연계 초5 〉 실과 〉 생활 속 디지털 기술의 중요성을 이해하고, 디지털 기기와 디지털 콘텐츠 저작 도구를 사용하여 발표 자료를 만들어 보면서 디지털 기기의 활용 능력을 기른다.

콘텐츠 제작 전 준비사항

미디어 콘텐츠를 만들기 전에 알아 두면 좋은 몇 가지에 대해 알아볼까? 먼저 무엇을 위해 콘텐츠를 만들고 싶은지, 누구를 대상으로 할 것인지 생각해 보자. 친구들에게 재미있는 이야기를 들려주고 싶다면 유튜브나 틱톡 같은 플랫폼이 좋을 수 있고, 특정한 주제에 대한 정보를 알리고 싶다면 블로그나 인스타그램이 잘 맞을 수도 있어. 이는 보여 주고 싶은 대상에 따라 콘텐츠의 형식이나 톤이 달라지기 때문이야.

정보를 제공하는 콘텐츠를 만들 때는 믿을 수 있는 자료를 준비해야 해. 잘못된 정보를 제공하면 사람들의 신뢰를 잃을 수 있기 때문에 정보의 출처는 반드시 확인하고, 사실인지 꼼꼼히 검토한 다음에 콘텐츠를 만드는 것이 좋아. 다른 사람의 콘텐츠나 자료를 사용할 때는 저작권을

확인하는 것 잊지 마. 저작권이 있는 음악이나 사진, 영상 등을 허락 없이 사용하면 나중에 문제가 생길 수 있어.

인터넷에 올리는 콘텐츠는 많은 사람에게 영향을 미칠 수 있어. 따라서 상대방을 존중하고, 다른 사람에게 피해를 주지 않는 콘텐츠를 만들어야 해. 다른 사람의 콘텐츠를 모방하기보다는 자신만의 독창적인 아이디어를 표현하는 것이 좋아. 창의적이고 독창적인 콘텐츠는 더 많은 사람들의 관심을 끌 수 있거든.

필요한 기술과 다양한 플랫폼 활용법

미디어 콘텐츠를 만들기 위해서는 다양한 기술과 능력이 필요해. 블로그나 SNS 포스트를 작성할 때는 매력적으로 글을 쓰는 능력이 있으면 도움이 될 거야. 유튜브나 틱톡 영상을 만들 때는 촬영, 편집, 자막 삽입 같은 기술을 익혀 두면 좋을 테고 말이야.

블로그, SNS, 유튜브 썸네일 등은 딱 봤을 때 매력적으로 보이도록 디자인할 수 있어야 해. 인스타그램이나 블로그에 올릴 사진을 촬영하고 편집하는 기술도 중요해. 모든 콘텐츠는 이야기가 담겨 있는 게 좋아. 콘텐츠를 보는 사람이 쉽게 공감하고 흥미를 느낄 수 있는 이야기가 되어야 해.

블로그는 글을 통해 자신의 생각을 표현할 수 있는 유익한 플랫폼이야. 여행기, 독서 리뷰, 요리 레시피 등을 작성할 수 있지. 유튜브는 영상을 통해 이야기를 전달할 수 있는 강력한 도구야. 예능, 교육, 리뷰, 브이로그 같은 다양한 형식의 콘텐츠를 만들 수 있어.

팟캐스트는 오디오 콘텐츠를 만들어서 사람들과 소통할 수 있는 방법이야. 친구와 함께 다양한 이슈에 대해 토론하거나 흥미로운 인터뷰를

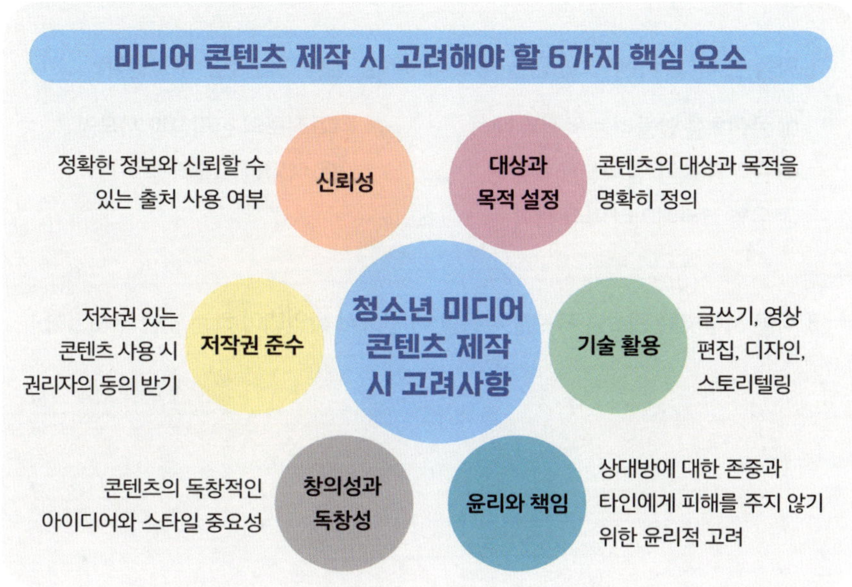

진행할 수도 있지. 인스타그램, 틱톡 등 소셜 미디어 플랫폼은 짧은 영상이나 사진을 통해 사람들과 빠르게 소통할 수 있어. 디지털 아트를 창작해서 예술적인 감각을 표현해 보는 건 어떨까? 그림, 디자인, 애니메이션 등을 만들어 온라인에서 공유해 보는 거야.

미디어 콘텐츠를 직접 만드는 것은 자신이 어떤 생각을 갖고 있는지 표현하고 그것을 통해 많은 사람들과 소통할 수 있는 훌륭한 방법이야. 콘텐츠를 만들기 전에 목적과 대상을 명확히 하고, 신뢰성, 저작권 준수, 윤리와 책임, 창의성과 독창성을 고려해 봐야 해. 또한 글쓰기, 영상 제작, 디자인, 사진 촬영, 스토리텔링, 소셜 미디어 활용에 필요한 다양한 기술을 익혀 두는 것이 필요해. 이런 것들을 잘 기억한다면 보다 의미 있고 영향력 있는 콘텐츠를 만들 수 있을 거야. 이제 너희만의 목소리로 세상과 소통하는 재미를 느껴 봐.

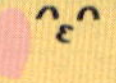

1. 다음 중 미디어 콘텐츠를 만들 때 고려해야 할 점이 아닌 것은 무엇일까?

① 콘텐츠를 만들려는 목적과 대상
② 정보의 신뢰성과 저작권
③ 윤리와 책임, 창의성과 독창성
④ 다양한 기술과 능력
⑤ 유명 크리에이터 따라 하기

2. 다른 사람의 콘텐츠나 자료를 사용할 때 반드시 확인해야 하는 것은 무엇일까?

----

3. 다음 빈칸에 알맞은 말을 써 보자.

> 미디어 콘텐츠를 만들기 전에 가장 먼저 정해야 하는 두 가지는
> ① ______________ (와)과 ② ______________ 이다.

4. 다음 플랫폼과 적합한 콘텐츠를 선으로 연결해 보자.

A. 블로그 •
B. 유튜브 •
C. 틱톡 •
D. 팟캐스트 •

• ㄱ. 짧은 영상, 챌린지
• ㄴ. 여행기, 독서 리뷰
• ㄷ. 오디오 대화, 인터뷰
• ㄹ. 게임 플레이, 브이로그

더 알고 싶어 119

📖 도서　▷ 영상　🔍 사이트

📖 『**유튜브 크리에이터 되기**』 (김찬기, 좋은땅, 2021)
유튜브 채널 기획부터 촬영·편집·저작권 처리까지 초보자가 따라 하며 실전으로 채널을 키울 수 있게 친절히 설명해 주니 실제로 해 보고 싶다면 읽어 봐.

▷ **다양한 미디어교육 자료와 정보를 한번에! 학교 미디어교육 지원 플랫폼 미리네** (교육TV)
수업에서 선생님들이 활용하는 동영상과 활동지, 자료를 모아 놓은 사이트야.
리터러시와 관련된 재밌는 자료들이 많아.

미디어로 내 생각을 표현할 수 있을까?

미디어를 통한 자기표현이 유용한 이유

우리는 자신의 생각과 감정을 미디어를 통해 공유하면서 새로운 기회를 찾을 수 있어.
미디어를 통해 세상과 소통하면 자신을 더 잘 이해하고 발전시킬 수 있을 거야.

학습 키워드   #자기표현 #기회 #사회적네트워크 #정신건강 #창의성 #지식공유

교과 연계   초5 〉 실과 〉 제작한 발표 자료를 사이버 공간에 공유하고 건전한 정보기기의 활용을 실천한다.

요즘에는 미디어를 통해 자신을 표현하는 일이 정말 많아졌어. 우리는 왜 미디어를 통해 자기표현을 하는 걸까?

미디어를 통해 자기표현을 하는 이유

첫째, 미디어는 자기표현을 위한 강력한 도구이기 때문이야. 디지털 시대가 되면서 누구나 쉽게 자신의 의견을 표현하고, 이를 전 세계 사람들과 공유할 수 있게 되었어. 이는 미디어가 개인의 생각과 감정을 널리 알리고, 공감을 얻을 수 있는 기회를 쉽게 제공하기 때문이야.

둘째, 미디어는 자기표현을 통해 새로운 기회를 창출할 수 있는 플랫폼이야. 유튜브에서 자신이 부른 노래를 올렸다가 음악 기획사의 눈에 띄어 가수로 데뷔하는 경우도 있고, 블로그에 쓴 글을 출판사에 투고해

서 작가로 데뷔하는 사람도 있어. 이처럼 미디어는 개인의 잠재력을 발휘할 수 있는 기회를 제공하고 있지.

셋째, 미디어를 통한 자기표현은 사회적 네트워크를 형성하는 데 큰 도움이 돼. 소셜 미디어를 이용하면 다양한 배경과 경험을 가진 사람들과 쉽게 소통할 수 있어. 관심사가 비슷한 사람들과 네트워크를 만들면 더 큰 목표를 이룰 수 있는 기회도 얻을 수 있을 거야.

넷째, 미디어를 통한 자기표현은 정신 건강에도 긍정적인 영향을 미칠 수 있어. 자신의 감정과 생각을 솔직히 표현하는 것은 스트레스를 해소하고, 자신을 이해하는 데 도움을 주기 때문이야. 일기를 쓴다거나 블로그에 일상의 경험을 기록하면서 자신을 돌아보고, 더 나은 방향으로 나아갈 힘을 얻을 수 있어.

다섯째, 미디어를 통한 자기표현은 창의성을 발휘하는 중요한 수단이야. 우리는 미디어를 통해 다양한 방식으로 창의적인 아이디어를 표현할 수 있어. 그림을 그려서 인스타그램에 공유하거나, 동영상을 만들어 유튜브에 올리는 거지. 이러한 활동은 우리의 창의력을 발전시키고, 새로운 가능성을 탐구하는 데 큰 도움이 될 거야.

마지막으로, 미디어를 통한 자기표현은 정보와 지식을 공유하는 중요한 방법이야. 우리는 미디어를 통해 자신이 알고 있는 정보를 다른 사람들과 공유함으로써 더 나은 사회를 만드는 데 기여할 수 있어. 블로그나 유튜브 채널에서 특정한 주제에 대한 지식을 나누고, 다른 사람들이 이를 통해 배우고 성장할 수 있도록 도울 수 있는 거지.

더 나은 미래를 만들기 위한 자기표현의 도구

디지털 시대에는 미디어를 통해 자신을 표현하는 것이 매우 중요해. 미디어는 자신의 목소리를 낼 수 있는 강력한 도구이고, 새로운 기회를 창출할 수 있을 뿐만 아니라, 사회적 네트워크를 형성하며, 정신 건강에도 긍정적인 영향을 미쳐. 또한 창의성을 발휘하고, 정보와 지식을 공유할 수 있는 중요한 방법이기도 하지. 이런 내용을 잘 기억하고 미디어로 자기표현을 하면서 더 나은 미래를 만들어 나가길 바랄게.

1. 다음 중 미디어를 통한 자기 표현의 중요성에 대한 설명으로 옳지 않은 것은?

　① 정신 건강에 부정적인 영향을 미친다.
　② 새로운 기회를 창출할 수 있는 플랫폼이다.
　③ 사회적 네트워크를 구축하는 데 도움이 된다.
　④ 미디어는 자신의 목소리를 내고 의견을 표현하는 강력한 도구이다.
　⑤ 창의성을 발휘하는 중요한 수단이다.

2. 미디어를 통해 자신의 목소리를 내는 것이 중요한 이유는 무엇일까?

3. 미디어를 통해 새로운 기회를 창출할 수 있는 방법을 구체적인 예를 들어 설명해 보자.

힌트 본문에서 유튜브나 블로그를 통해 실제로 성공한 사람들의 사례를 참고해 봐. '둘째' 부분을 읽어 보면 구체적인 예시가 나와 있어.

4. 다음 빈칸에 알맞은 말을 써 보자.

> 디지털 시대가 되면서 누구나 쉽게 자신의 의견을 표현하고 이를 전 세계 사람들과 __________할 수 있게 되었어.

 **더 알고 싶어 119**　　　　　📖 도서　▷ 영상　🔍 사이트

📖 『**미디어 읽고 쓰기**』 (김아미, 교육과학사, 2021)
　　미디어를 읽고 해석하는 방법과 그걸 바탕으로 글이나 영상으로 표현하는 실전 방법을 쉽게 설명하니 직접 따라 해 보면 표현력이 좋아질 거야.

▷ [**미디어리터러시**] **미디어재현_초등** (경기도교육청TV)
　　미디어가 현실을 어떻게 보여 주는지 사례와 활동을 통해 차근차근 설명하니 보고 활동을 따라 해 보면 이해하기 쉬울 거야.

소셜 미디어는
어떤 역할을 하는 걸까?

연결과 정보 공유의 힘, 그리고 그 이면

소셜 미디어의 긍정적인 면과 부정적인 면을 이해하고,
이를 올바르게 사용하는 방법을 함께 생각해 보자.

학습 키워드 #정보공유 #가짜뉴스 #프라이버시 #중독성 #저작권

교과 연계 중1 > 정보 > 사례를 중심으로 디지털 공간에서 함께 살아가기 위해 개인 정보 및 권리와
저작권을 보호하는 실천 방법을 탐구한다.

소셜 미디어가 우리에게 주는 특별한 선물들

페이스북, 인스타그램, 트위터, 틱톡 같은 소셜 미디어는 사람들이 서로 소통하고 정보를 공유하는 중요한 수단이 되었어. 이들 플랫폼은 우리의 일상을 항상 연결하면서, 다양한 사람들과 네트워크를 형성하고, 전 세계의 뉴스와 정보를 실시간으로 접할 수 있게 도와주고 있지. 또한 소셜 미디어는 개인이 자신의 생각과 창의력을 표현할 수 있는 공간이기도 해. 사진을 찍어서 인스타그램에 올린다거나, 동영상을 만들어 유튜브에 쉽게 공유할 수 있기 때문이지.

소셜 미디어는 사람들을 연결하는 힘도 갖고 있어. 소셜 미디어를 이용하면 먼 곳에 사는 친구나 가족과 쉽게 연락할 수 있고, 관심사가 비슷한 사람들과 그룹을 형성해서 서로의 경험과 정보를 공유할 수 있거

든. 특정한 취미나 관심사를 가진 사람들도 소셜 미디어에 쉽게 모여서 정보를 교환하며 활동할 수 있어. 이런 활동은 우리의 사회적 관계를 확장하고 강화하는 데 큰 도움이 되지.

소셜 미디어는 정보와 지식을 얻는 데도 매우 유용한 도구야. 우리는 소셜 미디어에서 최신 뉴스와 트렌드를 빠르게 접할 수 있어. 다양한 분야의 전문가들이 소셜 미디어에 유익한 정보를 제공하고 있어서, 이를 통해 새로운 지식을 편하게 습득할 수 있지. 또한 소셜 미디어는 자기표현의 수단이 되기도 해. 그림을 그려서 인스타그램에 올리거나, 직접 만든 음악을 유튜브에 공유할 수 있으니까 말이야. 우리가 창작한 작품을 사람들과 나누거나, 다른 사람들의 의견을 들으면서 창작 활동을 하는 데도 힘을 얻을 수 있단다.

소셜 미디어 속에 숨어 있는 위험한 함정들

하지만 소셜 미디어에는 단점도 존재해. 가장 큰 문제 중 하나는 가짜 뉴스나 잘못된 정보가 확산될 수 있다는 거야. 누구나 쉽게 정보를 공유할 수 있어서 나쁜 정보나 잘못된 정보가 빠르게 퍼질 수 있지. 이런 정보는 사람들을 혼란스럽게 하거나, 잘못된 결정을 내리게 할 수 있어. 또한 소셜 미디어는 프라이버시 문제도 일으킬 수 있지. 만약 해킹이라도 된다면 개인 정보가 유출되어 더 큰 피해로 이어질 수 있다는 말이야. 우리의 위치 정보나 개인적인 사진이 유출된다면, 안전을 위협할 가능성이 높아지거든.

소셜 미디어의 또 다른 단점은 중독성이야. 많은 사람들이 소셜 미디어에 지나치게 의존하면서, 직접 만나서 소통하는 일이 줄어들고 있어. 이런 상황이 심해지면 우리의 정신 건강에 나쁜 영향을 미치게 될 거

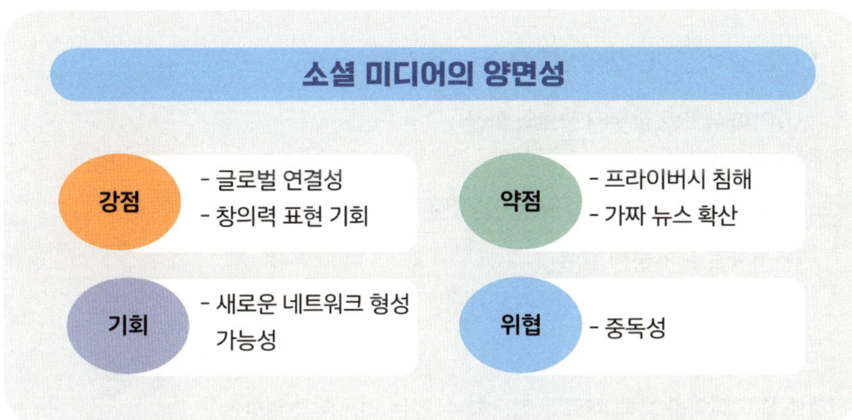

야. 소셜 미디어에 너무 많은 시간을 쏟다 보면, 공부를 게을리한다거나 직장에서 업무를 하는 데도 지장을 받을 수 있어.

저작권 문제도 소셜 미디어에서 자주 발생하고 있어. 다른 사람이 만든 음악이나 영상을 허락 없이 자신의 콘텐츠에 사용하면, 저작권 위반으로 처벌받을 수 있거든.

우리 생활에 많은 영향을 미치는 소셜 미디어는 장점과 단점을 모두 가지고 있어. 이를 극복하기 위해서는 소셜 미디어를 올바르게 사용하고, 비판적인 시각으로 접근하는 것이 필요해. 이를 통해 우리는 소셜 미디어의 긍정적인 면을 최대한 활용하면서도, 부정적인 영향은 최소화할 수 있을 거야.

1. 다음 중 소셜 미디어의 단점이 아닌 것은 무엇일까?

① 가짜 뉴스와 잘못된 정보의 확산
② 개인 정보 유출의 위험
③ 중독성으로 인한 현실 상호작용 감소
④ 저작권 침해 문제 발생
⑤ 창의적 활동을 자극하는 기회 제공

2 소셜 미디어를 통해 빠르게 접근할 수 있는 것은 무엇일까?

----

3. 소셜 미디어가 사회적 관계를 확장하고 강화하는 방법에 대해 적어 보자.

힌트 본문의 두 번째 문단에서 "소셜 미디어를 이용하면 먼 곳에 사는 친구나 가족과…" 부분과 "관심사가 비슷한 사람들도…" 부분을 살펴봐. 지리적 한계와 관심사 공유라는 두 가지 측면에서 생각해 보면 될 거야.

----

4. 다음 빈칸에 알맞은 말을 써 보자.

> 소셜 미디어를 통해 빠르게 접근할 수 있는 것은 ____________(와)과 ____________이다.

더 알고 싶어 119

📖 도서   ▶ 영상   🔍 사이트

📖 『**미래를 이끄는 어린이를 위한 소셜 미디어 이야기**』 (한현주, 팜파스, 2023)
소셜 미디어가 우리 일상에 어떤 영향을 주는지 동화식 사례와 함께 익명성·사생활 침해·중독·윤리 문제를 쉽게 짚어 주어서 SNS를 쓰면서 겪을 수 있는 구체적 상황과 대처법을 알고 싶은 친구에게 잘 맞아.

사이버 보안 전문가

스마트폰과 컴퓨터를 사용하다 보면 생각보다 보이지 않는 위험이 많다는 걸 깨닫게 되곤 해. 그런데 우리를 이런 위험에서 지켜 주는 일을 하는 사람들이 있다는 것 알고 있니? 사이버 보안 전문가가 우리들을 위해 어떤 일을 하고 있는지 알아볼까?

우리는 매일 스마트폰과 컴퓨터를 사용해서 친구와 대화하고, 숙제를 찾고, 게임을 즐기고 있잖아. 이런 디지털 세상은 우리가 사용하기 편리하게 만들어졌지만, 해커가 개인 정보를 훔치거나, 악성 프로그램을 통해 컴퓨터를 망가뜨릴 수 있는 위험이 도사리고 있어. 이런 문제들을 예방하고 해결하는 사람들이 바로 '사이버 보안 전문가'야. 이들은 우리가 안전하게 인터넷을 사용할 수 있도록 보호하는 일을 하고 있어.

사이버 보안 전문가가 하는 일

사이버 보안 전문가가 하는 일은 정말 다양해. 먼저 해커가 컴퓨터 시스템에 침투하지 못하게 매일 철저하게 감시하는 일을 맡고 있어. 해커들이 침투할 수 있는 취약한 부분을 찾아서, 그 부분을 강화하면서 해킹을 막는 거지. 마치 집을 지킬 때 문단속을 철저히 하거나 CCTV를 설치하는 것과 비슷한 일이야. 사이버 보안 전문가들은 컴퓨터의 '문'을 단단히 잠그는 일을 하는 거지.

사이버 보안 전문가들은 악성 프로그램을 찾아내서 제거하는 일도 해. 악성 프로그램은 컴퓨터를 느리게 하거나 데이터를 훔치는 나쁜 짓을 저지르고 있거든. 그래서 사이버 보안 전문가들은 이러한 프로그램이 어디에서 왔는지 추적하고, 이를 없애기 위해 특별한 소프트웨어를 만들어 사용하고 있어. 마치 탐정처럼 단서를 추적해서 문제를 해결하는 거지.

사이버 보안 전문가는 해킹 사건이 발생했을 때 어떻게 대응할지 계획을 세우기도 해. 해킹 사고가 일어났을 때 빠르게 대처하지 않으면 더 큰 피해가 발생할 수 있으니까, 이들은 어떤 상황에서도 재빨리 대응할 수 있도록 평소에 늘 훈련을 하면서 대비하고 있어. 어떤 회사가 해킹을 당했을 때, 즉시 원인을 분석해서 피해를 최대한 줄이려는 조치를 미리 취하는 거지. 이런 과정을 통해 피해를 줄이고, 다시는 같은 일이 발생하지 않도록 시스템을 강화하도록 노력하고 있단다.

사이버 보안 전문가가 되기 위해 필요한 것

이처럼 중요한 역할을 하는 사이버 보안 전문가가 되기 위해서는 어떤 준비가 필요할까? 우선 컴퓨터와 네트워크에 대한 기본적인 공부가 필요해. 학교에서 배우는 컴퓨터 과목을 열심히 공부하고, 프로그래밍 언어에도 관심을 가지는 것이 좋아. 프로그래밍은 컴퓨터가 어떻게 작동하는지 이해하는 데 도움을 주고, 더 나은 보안 시스템을 설계하는 방법도 배울 수 있어.

사이버 보안 관련 자격증을 취득하는 것도 좋은 방법이야. 자격증을 취득하면 자신의 능력을 객관적으로 증명할 수 있기 때문에 취업할 때 많은 도움이 될 수 있지. '정보보안 기사'나 'CEH(공인 윤리 해커)' 같은 자격증이 있는데, 이런 자격증을 따려면 컴퓨터 시스템의 작동 원리나 네트워크 보안, 해킹 기법 등에 대한 깊이 있는 공부를 해야 해.

마지막으로, 끊임없는 학습과 연구가 필요해. 사이버 보안 분야는 매우 빠르게 변화하고 있으니까 항상 최신 기술과 트렌드를 따라잡기 위해 노력해야 하거든. 해커들도 새로운 방법으로 공격을 시도하기 때문에 보안 전문가들은 이에 대응하기 위해 항상 학습하고 연구하고 있어. 다양한 보안 관련 서적을 읽고, 온라인 강좌나 워크숍에 참여하면 도움을 받을 수 있을 거야.

사이버 보안 전문가는 마치 보이지 않는 세계의 수호자 같아. 이들은 우리가 인터넷을 안전하게 사용할 수 있도록 보이지 않는 곳에서 항상 노력하고 있어. 이 직업이 단순히 컴퓨터만 다루는 것이 아니라, 사람들의 안전과 관련된 중요한 일이라는 걸 기억해야 해. 만약 너희가 사이버 보안 전문가가 되길 원한다면, 지금부터 차근차근 준비하고 공부해 두는 게 좋아. 노력하다 보면 너희도 언젠가는 디지털 세상의 영웅이 될 수 있을 거야.

4부
디지털 도구,
똑똑하게 쓰면
힘이 돼

온라인 학습, 잘하려면 뭘 준비해야 할까?

온라인 학습 도구가 갖춰야 할 조건과 몇 가지 도구

온라인 학습을 하기 위해서는 다양한 디지털 도구와 애플리케이션이 필요해.
어떤 도구가 가장 좋은지 또 그 도구들이 어떤 조건을 만족해야 하는지 한번 알아볼까?

학습 키워드 #온라인학습 #학습도구 #편리성 #다양성 #안정성 #접근성

교과 연계 초5 〉실과 〉생활 속 디지털 기술의 중요성을 이해하고 디지털 기기와 디지털 콘텐츠 저작 도구를 사용하여 발표 자료를 만들어 보면서 디지털 기기의 활용 능력을 기른다.

온라인 학습도구가 갖춰야 할 네 가지 조건

온라인 학습 도구는 사용하기 편해야 하고, 기능이 다양해야 하며, 안정적이어야 해. 그리고 접근하기 쉬워야 하지. 이 네 가지 조건을 만족해야 해.

사용이 편해야 하는 건 가장 중요한 조건이야. 사용하기 어려운 프로그램이나 앱을 쓰느라 스트레스를 받고 있다면 학습에 집중하기가 힘들겠지? 따라서 사용이 간편하고 직관적인 인터페이스를 가진 도구를 선택하는 것이 중요해. 또 좋은 온라인 학습 도구는 여러 가지 학습 방법을 지원해야 해. 단순히 글자로만 이뤄진 자료만 제공하는 것이 아니라, 동영상 강의나 퀴즈, 토론 게시판, 실시간 채팅 등을 지원해야 하지. 학습 방법이 다양하면 더 효과적으로 공부할 수 있기 때문이야. 안정성도 중요한 조건이야. 아무리 기능이 다양하고 사용하기 쉬워도 자주 오류가 나거나 서버가 다운된다면 사용하기 어렵겠지? 그러니 안정적으로 작동하는 도구를 선택하는 것이 중요해. 마지막으로 접근성도 고려해야 해. 누구나 쉽게 사용할 수 있는 도구여야 하지. 어떤 도구는 특정한 운영체제에서만 작동하거나 돈을 내야 쓸 수 있는 유료 서비스도 있어. 너희가 사용하는 기기에서 문제없이 작동하고, 너무 비싸지 않으면서 필요한 기능을 제공하는 도구를 선택하는 게 좋아. 이런 조건들을 고려해서 온라인 학습에 좋은 도구 몇 가지 소개할게.

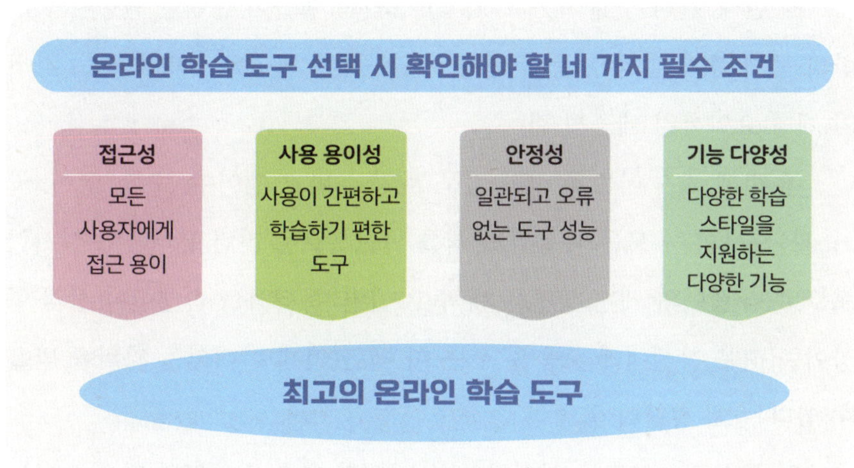

최고의 온라인 학습 도구 찾기

첫 번째, 스냅애스크는 1:1 맞춤형 문제 풀이 앱이야. 학생들이 스스로 자신에게 맞는 학습 방법을 찾아갈 수 있도록 도와주는 앱이지. 최상위 수준의 튜터(선생님)들이 학생들의 질문에 실시간으로 답변해 주고, 학생들은 언제 어디서나 질문을 올릴 수 있어. 스냅애스크에서는 학습 진도와 성과도 관리할 수 있지. 특히 수학, 과학, 영어 같은 다양한 과목의 문제 풀이도 지원해 주고 있어.

두 번째, QUBE는 실시간 문제 풀이 및 학습 지원 앱이야. 학생들이 언제 어디서나 문제를 해결할 수 있도록 도와주는 앱이지. 수학, 영어, 국어, 과학 등 다양한 과목의 문제를 내주고, 실시간으로 문제를 풀면서 피드백을 받을 수 있어. AI 기반의 학습 분석을 통해 각자 공부하는 패턴과 약점을 파악한 다음, 거기에 맞는 맞춤형 학습 콘텐츠를 제공해 주는 게 장점이야. QUBE를 사용하면 자기주도적인 학습을 할 수 있어.

세 번째, 콴다는 전 세계 7,500만 명의 학생들이 선택한 인공지능 기반의 문제 풀이 앱이야. 문제 풀이부터 필요한 개념을 설명해 주는 강의와 개념 요약까지 제공해 줘.

네 번째, 오누이는 실시간 질문 과외 서비스 앱이야. 수학, 영어, 국어, 과학, 사회 등 모든 과목의 문제를 사진으로 올리면 튜터들이 실시간으로 문제 풀이와 개념 설명을 해 주고 있어. 독학하는 학생이나 성적 향상이 어려운 학생에게 도움을 주는 이 앱은 언제 어디서든 과외를 받을 수 있다는 게 장점이야.

온라인 학습 도구를 선택할 때는 너희의 학습 스타일과 필요에 맞는 도구를 선택하는 것이 중요해. 각 도구를 사용하는 방법을 알려 주는 온라인 튜토리얼이나 가이드를 참고하면 도움이 될 거야.

다양한 도구들을 활용해서 더욱 효율적인 학습을 경험해 보지 않을래?

1. 다음 중 온라인 학습 도구를 선택할 때 고려해야 할 조건으로 옳지 않은 것은?

   ① 사용 편의성　　② 다양한 기능　　③ 디자인의 화려함
   ④ 접근성　　　　⑤ 안정성

2. 온라인 학습 도구의 중요한 네 가지 조건은 무엇일까?

   ____

   ____

3. 온라인 학습 도구의 안정성이 중요한 이유는 무엇일까?

   힌트 본문에서 "시험 기간이나 과제를 제출할 때"와 관련된 부분을 찾아봐. 오류나 서버 다운이 미치는 영향에 대해 생각해 보면 알 수 있어.

   ____

   ____

   ____

   ____

4. 다음 설명이 맞으면 O, 틀리면 X를 써넣으세요.

   - 온라인 학습 도구는 동영상 강의, 퀴즈, 토론 게시판 등 다양한 학습 방법을 지원해야 한다. (　　　)
   - 콴다는 한국에서만 사용할 수 있는 학습 앱이다. (　　　)
   - 온라인 학습 도구를 선택할 때는 자신의 학습 스타일을 고려하는 것이 중요하다.
     (　　　)

더 알고 싶어 119

📖 도서　▷ 영상　🔍 사이트

📖 『**교사가 진짜 궁금해하는 온라인 수업**』(손지선 외, 학교도서관저널, 2020)
실제 선생님들이 온라인 수업 운영에서 부딪힌 문제와 현실적인 해결책(실시간 수업 기술, 학급 관리, 저작권 기초 등)을 설문과 사례로 정리해 놓은 책이야.

▷ **집에서도 공부하자! 온라인 학습 사이트 BEST 4** (교육TV)
에듀넷·e학습터·EBS 등 집에서 쓸 수 있는 공식 학습 플랫폼을 비교해서 소개하니 자신에게 필요한 무료 사이트를 빠르게 찾고 싶을 때 유용해.

검색과 AI,
똑똑한 정보 탐색의 비법은?

효과적인 검색 방법과 인공지능 활용

AI 검색과 다양한 검색 플랫폼을 잘 활용하면 필요한 정보를 쉽게 찾을 수 있어.
키워드 선택, 검색 결과 평가, AI 기능 활용 등 스마트한 정보 탐색 방법을 배워보자.

학습 키워드 #검색엔진 #키워드 #인공지능(AI) #개인화검색
교과 연계 중1 〉 정보 〉 인공지능의 개념과 특성을 설명하고 인공지능 소프트웨어를 구별한다.

검색 엔진은 인터넷을 탐색하고 정보를 찾는 데 중요한 역할을 하는 디지털 도구야. 우리가 어떤 정보를 찾을 때 구글, 네이버, 다음 같은 검색 엔진을 사용하잖아. 이 검색 엔진들은 인터넷에 있는 수많은 웹 페이지를 분석해서 우리가 원하는 정보를 찾아 주는 똑똑한 도구란다.

검색 엔진 슬기롭게 사용하는 법

그렇다면 검색 엔진을 효과적으로 사용하는 방법은 무엇일까?

첫 번째, 키워드를 잘 선택하는 것이 중요해. 검색어를 한두 단어로 입력하기보다 좀 더 구체적으로 입력하면 원하는 결과를 더 쉽게 찾을 수 있어. 즉 '강아지' 대신 '강아지 키우는 방법'이란 검색어를 입력하는 거야. 또 검색어 앞뒤로 따옴표(" ")를 사용하면 정확한 정보를 찾

는 데 도움이 돼.

두 번째, 검색 결과를 평가하는 능력이 필요해. 검색 엔진은 많은 정보를 제공하지만 그중에는 신뢰할 수 없는 정보도 많기 때문이야. 학교나 정부 기관의 웹사이트는 신뢰할 수 있는 경우가 많아. 또 여러 출처에서 같은 정보를 확인해 보는 것도 좋아. 다양한 출처의 정보가 비슷하거나 일치한다면 그 정보는 믿을 만하다는 뜻이니까.

세 번째, 검색 엔진의 다양한 기능을 활용하는 것이 좋아. 검색 엔진에는 단순히 웹 페이지를 찾는 것 말고도 이미지, 동영상, 뉴스 등 다양한 형태의 정보를 검색할 수 있는 기능이 있어. 구글에서는 '이미지 검색' 기능을 사용하면 비슷한 이미지를 찾을 수 있고, '뉴스' 탭을 통해 최신 뉴스를 확인할 수도 있어. 또 '도구'를 클릭하면 특정 기간 동안의 정보만 검색할 수도 있어. 이렇게 다양한 기능을 활용하면 원하는 정보를 더 효율적으로 찾을 수 있지.

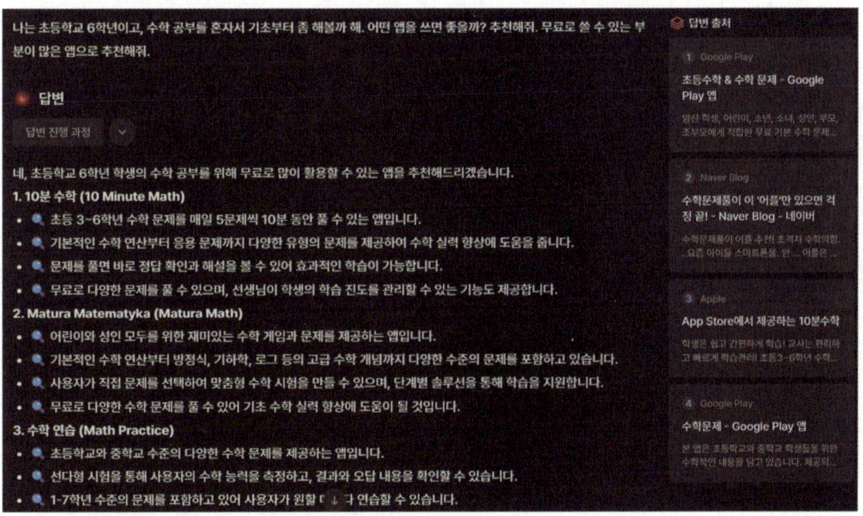

↑ 수학 공부에 좋은 앱을 뤼튼 AI 검색에 물어봤을 때

AI가 바꿔 나갈 검색의 미래, 더 똑똑하고 편리하게

인공지능^{AI}은 이미 우리 일상생활 깊숙이 들어와 있어. AI가 미래의 검색에 어떤 영향을 미칠지 살펴볼까? 구글에 검색할 단어를 입력하면 AI는 우리가 왜 이 단어를 검색하려는지 그 의도를 파악하고, 가장 관련 있다고 판단한 결과를 보여 준다고 해. 우리가 자주 검색하는 내용이나 클릭하는 링크를 분석해서 우리가 좋아할 만한 정보를 먼저 보여 주는 거지.

미래에는 AI가 검색 엔진을 더 똑똑하게 만들 거야. 음성 인식 기술을 이용하면 직접 타이핑하지 않아도 음성으로 검색할 수 있는 것처럼 말이야. 또 AI는 우리가 검색어를 입력하기 전에 미리 검색하려는 의도를 파악해서 우리가 찾으려는 것과 관련된 정보를 미리 제공해 줄 수도 있어. 우리가 '맛집'을 검색하면 AI가 우리가 지금 있는 위치를 분석해서 주변의 맛집 정보를 바로 보여 주는 식이야.

AI는 더 복잡한 질문에도 답할 수 있게 될 거야. '내일 소풍 갈 때 어떤 옷을 입어야 할까?'처럼 복잡한 질문을 해도 우리가 원하는 답을 정확히 해 줄 수 있다는 거지.

마지막으로, AI는 시각적으로 더욱 풍부한 검색 결과를 보여 줄 거야. 우리가 어떤 장소를 검색하면 그 장소의 사진과 동영상, 3D 모델 등을 함께 찾아서 정보를 더 생생하게 이해할 수 있도록 도와주는 거지.

이처럼 AI는 검색 엔진을 더욱 똑똑하고 유용하게 만들어 주는 도구야. 너희는 이런 기술을 잘 이해하고 활용할 수 있도록 다양한 능력을 키워야 해. 그러면 미래의 디지털 세상에서도 자신 있게 살아갈 수 있을 거야.

1. 다음 중 검색 엔진을 효과적으로 사용하는 방법으로 옳지 않은 것은 무엇일까?

    ① 구체적인 검색어를 사용하기
    ② 따옴표를 사용하여 정확한 구문 검색하기
    ③ 검색 결과의 첫 번째 링크만 클릭하기
    ④ 다양한 검색 유형을 활용하기
    ⑤ 여러 출처에서 일관된 정보를 확인하기

2. 검색 엔진에서 검색어를 입력할 때 구체적인 검색어를 사용하는 이유는 무엇일까?

3. 여러 출처에서 정보를 확인하는 것이 중요한 이유는 무엇일까?

    힌트 본문의 다섯 번째 문단에서 "다양한 출처의 정보가 비슷하거나 일치한다면..."이라는 부분을 살펴봐.

4. 다음 검색 방법과 그 설명을 올바르게 연결해 보자.

    A. 키워드 선택　　　・　　　・ㄱ. URL을 살펴보고 출처가 믿을 만한지 확인하기
    B. 검색 결과 평가　　・　　　・ㄴ. 구체적인 검색어를 입력하고 따옴표 사용하기
    C. 다양한 기능 활용　・　　　・ㄷ. 이미지 검색, 뉴스 탭, 도구 기능 사용하기

더 알고 싶어 119　　　　　　　　　　　　　　📖 도서　▶ 영상　🔍 사이트

📖 『**어린이를 위한 인공지능**』 (김대식 외, 동아시아 사이언스, 2023)
챗GPT나 메타버스 같은 최신 AI기술을 어린이 눈높이로 설명하고, AI가 우리 일상에서 어떻게 작동하는지 사례와 핵심 개념을 쉽게 알려 주니까 먼저 한번 읽어 보면 이해가 빨라질 거야.

▶ **검색되지 않으면 존재하지 않는다** (EBS 비즈니스 리뷰)
왜 플랫폼에서 '검색·노출'이 중요해졌는지 기업과 플랫폼 사례를 통해 설명해 줘.
검색 결과가 우리 삶과 시장에 어떤 영향을 미치는지 이해하고 싶을 때 보기 좋아.

디지털 세상도 정리가 필요해

스마트폰과 태블릿을 정리하는 스마트한 방법

스마트폰과 태블릿을 정리하면 더 효율적으로 사용할 수 있어.
파일 관리, 메모와 일정 관리, 앱 정리 방법을 배워 볼까?
데이터를 정리하는 것이 왜 중요한지, 얼마나 많은 노력이 필요한지도 알아보자.

학습 키워드 #파일관리 #메모와일정관리 #앱정리 #클라우드저장소 #디지털정리습관
교과 연계 초5 〉실과 〉생활 속 디지털 기술의 중요성을 이해하고, 디지털 기기와 디지털 콘텐츠 저작 도구를 사용하여 발표 자료를 만들어 보면서 디지털 기기의 활용 능력을 기른다.

혹시 스마트폰이나 태블릿 PC를 사용하다가 앱을 찾지 못해 헤맨 적 있지 않니? 아니면 용량이 부족해서 사진이나 동영상을 지워야 했던 경험은? 스마트 기기는 우리 생활에 없어서는 안 될 필수품이 되었지만, 너무 많은 앱과 데이터 때문에 정리가 안 되어서 사용할 때 불편한 경우도 많아졌어. 마치 청소를 안 하면 물건을 찾기 어려워서 먼지가 쌓이는 것처럼 말이야. 그렇다면 디지털 도구와 응용 프로그램을 활용해서 스마트폰과 태블릿에서 데이터를 잘 정리하는 방법에 대해 알아볼까?

우리가 매일 사용하는 스마트폰과 태블릿에는 정말 많은 데이터와 앱이 들어 있어. 잘 관리해서 사용한다면 필요할 때 원하는 정보를 빠르게 찾을 수 있을 거야.

효과적인 정리 방법과 습관

스마트폰이나 태블릿을 정리하는 건 생각보다 어렵지 않아. 첫째, 자주 사용하지 않는 앱은 과감하게 삭제하고, 비슷한 기능을 가진 앱은 하나만 남겨 두는 게 좋아. 비슷한 성격의 앱을 폴더를 만들어 분류하면 더 깔끔하게 정리할 수 있어. 게임 앱은 '게임' 폴더에, 사진 편집 앱은 '사진' 폴더를 만들어 넣는 거지. 둘째, 용량을 많이 차지하는 사진, 동영상, 음악 파일 등은 정기적으로 정리해야 해. 필요 없는 파일은 삭제하고, 중요한 파일은 클라우드 서비스에 저장하면 용량을 효율적으로 관리할 수 있단다. 셋째, 홈 화면에 너무 많은 앱이 있으면 복잡하고 지저분해 보일 수 있어. 자주 사용하는 앱만 홈 화면에 남겨 두고, 나머지는 앱 서랍에 보관하는 게 좋아.

데이터를 잘 정리한다는 것은 파일, 메모, 일정, 앱 등을 체계적으로 정리해서 필요할 때 쉽게 찾아서 사용할 수 있도록 하는 것을 말해. 먼저 어떤 데이터가 중요한지 판단한 다음 중요한 데이터는 안전하게 보관해 둬야 해. 중요한 문서는 클라우드 저장소에 저장하고, 중요한 일정은 일정 관리 앱에 입력하는 거지. 이렇게 정리를 잘 해 두면 필요할 때 빠르게 찾을 수 있어서 중요한 정보를 놓치지 않고 처리할 수 있어.

데이터를 잘 정리하려면 매일 꾸준히 노력해야 해. 파일을 정리할 때는 어떤 파일이 중요한지, 그 주제에 따라 폴더를 만들어서 정리해야 하기 때문이지. 또 메모나 일정을 관리할 때는 중요한 정보를 빠뜨리지 않고 입력하고, 알람을 설정해서 중요한 일정을 놓치지 않도록 해야 해. 처음에는 조금 번거로울 수 있어. 하지만 습관이 된다면 데이터를 더 효율적으로 관리할 수 있을 거야.

스마트폰이나 태블릿에는 정리를 더욱 쉽고 편리하게 해 주는 앱들

스마트폰 및 태블릿 데이터 관리 체크리스트		
	데이터 관리 완료	권장 빈도
뉴스 사이트	✓	매주, 매월
블로그	✓	매주, 매월
소셜 미디어	✓	매주, 매월

※ 다양한 플랫폼의 데이터를 매주·매월 주기적으로 정리하여 효율적인 디지털 환경을 유지하세요.

이 많아. Files by Google은 구글에서 만든 파일 관리 앱인데 스마트폰의 저장 공간을 분석해서 불필요한 파일을 삭제하도록 도와줘. Google Photos는 구글에서 제공하는 사진 및 동영상 관리 앱인데 사진을 자동으로 분류하고 편집할 수 있는 기능을 제공해 주지. 노션은 메모, 일정 관리, 프로젝트 관리 같은 기능을 제공하는 앱이야.

정리를 잘해 두면 나중에 필요한 정보를 빠르게 찾을 수 있어서 일을 할 때 더 편리해져. 중요한 문서를 찾는 데 많은 시간을 쓰지 않고 중요한 일정을 놓치지 않을 수 있지.

정기적으로 데이터를 정리하는 습관을 들이는 것이 좋아. 매주 한 번씩 파일을 정리하거나, 일정을 점검하는 거지. 필요 없는 데이터는 과감히 삭제하고, 클라우드 저장소를 활용해서 중요한 문서나 사진은 안전하게 보관하는 것도 중요해.

이제 디지털 도구와 응용 프로그램을 활용해서 스마트폰과 태블릿을 정리해 봐. 처음에는 조금 번거로울 수 있지만, 습관이 되면 더 편리한 디지털 생활을 즐길 수 있을 거야.

1. 다음 중 스마트폰이나 태블릿 PC를 정리할 때 권장하지 않는 방법은 무엇일까?

　① 홈 화면에 모든 앱 배치하기
　② 앱을 폴더로 정리하기
　③ 사용하지 않는 앱 삭제하기
　④ 정기적으로 데이터 정리하기
　⑤ 중요 파일은 클라우드에 저장하기

2. 스마트폰이나 태블릿 PC의 용량을 효율적으로 관리하는 방법에는 어떤 것들이 있을까?

3. 다음 빈칸에 공통된 말을 써 보자.

> 스마트폰이나 태블릿을 정리할 때 비슷한 성격의 앱을 __________(을)를 만들어 분류하면 더 깔끔하게 정리할 수 있다. 예를 들어 게임 앱은 '게임' __________에, 사진 편집 앱은 '사진' __________ 에 넣는 것이다.

4. 데이터 정리 앱을 어떻게 사용하고 있는지 적어 보자.

👍 더 알고 싶어 119

📖 도서　▷ 영상　🔍 사이트

📖 **『스마트폰 정리의 힘!』** (효담, 파랑새미디어, 2021)
사진·앱·메시지 등 스마트폰 속 항목을 정리하는 구체적 요령과 사례를 단계별로 알려 줘서 폴더·위치·백업 같은 작은 습관만 바꿔도 훨씬 깔끔하고 빠르게 스마트폰을 쓸 수 있게 해 주지.

▷ **스마트폰 화면 깔끔하게 정리하기!** (디지털콘텐츠그룹)
홈 화면 아이콘·폴더 정리, 위젯 배치 등 실제 화면 구성 팁을 단계별로 보여 주니 따라 하면서 바로 내 폰을 정리하고 싶은 친구에게 딱 맞아.

발표 자료,
어떻게 만들면 좋을까?

디지털 프레젠테이션을 준비하고 제작하는 방법

주제 선정부터 슬라이드 작성까지 다양한 시각 자료와 효과를 활용해
디지털 프레젠테이션을 준비하고 제작하는 과정을 알아볼까?

학습 키워드 #프레젠테이션 #준비과정 #슬라이드작성 #시각적요소 #연습

교과 연계 중1 〉 국어 〉 다양한 자료를 재구성하여 내용을 체계적으로 조직하고 청중이 이해하기
쉽게 발표한다.

학교에서 발표할 때 좀 더 돋보이고 싶다면 디지털 프레젠테이션 도구를 활용해 보는 건 어떨까? 디지털 프레젠테이션은 다양한 시각 자료와 효과를 활용해서 더욱 효과적으로 발표할 수 있게 도와주는 방법이야.

철저한 준비는 성공적인 발표의 첫걸음

발표 주제를 정해 관련 자료를 조사하는 것은 디지털 프레젠테이션 제작의 첫 단계야. 흥미롭고 유익한 주제를 선정하면 준비 과정이 즐거울 뿐만 아니라, 듣는 사람도 더욱 집중하게 될 거야. 자료 조사를 할 때는 책이나 인터넷 기사, 영상 등 다양한 매체를 활용하고 믿을 수 있는 기관이나 전문가의 의견을 참고하는 것이 좋아. 수집한 정보는 잘 분석해서 핵심만 뽑아내는 능력도 중요해. 이렇게 해야 발표 내용이 좋아지

고 듣는 사람도 설득하기 쉬워져.

매력적인 발표 자료 제작하기

디지털 프레젠테이션 도구를 활용해서 발표 자료를 만들 때는 가독성과 간결함에 신경 써야 해. 텍스트는 핵심 내용만 간결하게 작성하고 복잡한 문장이나 어려운 용어는 피하는 것이 좋아. 글씨 크기와 색상도 적절히 선택해서 보는 사람이 편안하게 읽을 수 있도록 해야 해. 이미지나 영상, 도표 같은 시각 자료를 활용한다면 발표 내용을 더욱 쉽고 재미있게 전달할 수 있을 거야. 특히 인포그래픽을 잘 활용하면 복잡한 정보를 한눈에 이해하기 쉽게 보여 줄 수 있어. 디지털 프레젠테이션 도구에서 제공하는 템플릿과 디자인 기능을 활용하면 시각적인 완성도도 높일 수 있지.

자신감 있는 발표를 위한 연습

아무리 멋진 발표 자료를 만들었어도 충분히 연습하지 않으면 발표를 잘할 수 없어. 발표 연습을 할 때는 실제 발표 시간에 맞춰 연습하는 것이 좋아. 친구들 앞에서 연습하거나 거울을 보면서 발표해 보는 것도 좋은 방법이야. 연습을 하면 내용의 흐름을 파악하고 발표하기 어려운 부분을 미리 점검할 수 있어. 또 발표 자세나 목소리 톤 등을 고치며 더욱 자신감 있게 발표할 수 있지.

디지털 프레젠테이션 도구에는 파워포인트, 구글 프레젠테이션, 키노트, 프레지 등이 있어. 파워포인트는 가장 많은 사람들이 쓰는 도구로 다양한 기능과 템플릿을 제공하지. 구글 프레젠테이션은 인터넷만 연결되어 있으면 어디서든 사용할 수 있고 여러 사람과 같이하기 편리한 도

구야. 키노트는 애플 기기에서만 사용할 수 있어. 세련된 디자인과 화려
한 효과를 제공하는 도구지. 프레지는 화면을 자유롭게 확대하거나 축소
하면서 발표할 수 있어. 프레지를 사용하면 창의적인 느낌으로 발표할
수 있지. 최근에는 미리캔버스나 캔바 같은 프레젠테이션 도구도 많이
이용하고 있어. 각 도구마다 장단점이 있으니까, 너희에게 잘 맞는 도구
를 골라서 사용하는 게 좋을 거야.

디지털 프레젠테이션 만들 때 주의할 점

디지털 프레젠테이션을 만들 때는 몇 가지 주의해야 할 점이 있어.
먼저 다른 사람이 만든 자료를 사용할 때는 저작권을 잘 지켜야 해. 가장
중요한 내용만 간결하게 정리하고, 시각 자료를 적절히 활용해서 듣는
사람이 이해하기 쉽게 만드는 것이 필요하지. 마지막으로 연습을 충분히
해서 내용을 완벽하게 머릿속에 담은 다음에 자신감 있게 발표해야 해.

디지털 프레젠테이션은 단순히 정보를 전달하는 것을 넘어 듣는 사
람과 소통하고 공감대를 형성하는 중요한 수단이야. 관심 가는 주제가
있다면 디지털 프레젠테이션 자료를 만들어서 발표해 보자.

1. 다음 중 디지털 프레젠테이션을 만들 때 고려해야 할 사항이 아닌 것은 무엇일까?

① 글을 간결하게 작성한다. ② 적절한 글꼴 크기와 색상을 선택한다.

③ 가능한 많은 정보를 포함한다.　　④ 다양한 시각 자료를 사용한다.

⑤ 신뢰할 수 있는 출처에서 정보를 수집한다.

2. 디지털 프레젠테이션에서 시각 자료를 사용할 때 주의해야 할 점은 무엇일까?

3. 다음 빈칸에 알맞은 말을 써 보자.

> 디지털 프레젠테이션 제작 과정은 크게 ________, ________, ________의
> 세 단계로 나눌 수 있어.

4. 디지털 프레젠테이션을 만들 때 저작권을 지켜야 하는 이유는 무엇일까?

힌트 본문에서 "믿을 수 있는 기관이나 전문가의 의견을 참고하는 것이 좋아."와 "다른 사람이 만든 자료를 사용할 때는 저작권을 잘 지켜야 해."라고 언급한 부분을 참고해서 구체적인 방법과 이유를 함께 설명해 봐.

더 알고 싶어 119　　　　　　　📖 도서　▶ 영상　🔍 사이트

📖 **『이것만 알면 프레젠테이션 전문가』** (전병진, 성안당, 2023)
발표 전 체크리스트(내용·구성·목소리·제스처)와 실전 팁을 사례 중심으로 정리해 주어서 발표가
두렵거나 실전에서 바로 써 먹을 요령을 배우고 싶은 친구에게 딱 맞아.

🔍 **캔바**
슬라이드·포스터·인포그래픽 템플릿이 많고 드래그로 쉽게 편집할 수 있어서 디자인
경험이 적어도 보기 좋은 발표 자료를 금방 만들 수 있겠더라.

함께 작업할 땐 어떤 디지털 도구가 필요할까?

디지털 협업을 통해 함께 성장하는 법

디지털 협업을 하면 시간과 공간의 제약을 뛰어넘어 함께 일할 수 있어.
디지털 협업에 필요한 다양한 도구들과 협업할 때의 좋은 점에 대해 살펴보자.

학습 키워드　#디지털협업 #정보공유 #의사결정 #비용절감
교과 연계　초5 〉 국어 〉 토의에 협력적으로 참여하며 서로의 의견을 비교하고 조정한다.

디지털 협업이란 무엇일까?

혹시 친구들과 함께 과제를 해 본 적 있니? 함께하다 보면 혼자 할 때보다 더 재미있고, 서로 도와가며 할 수 있어서 더 좋은 결과를 만들어 낼 수 있어. '디지털 협업'도 이와 비슷해. 디지털 협업은 인터넷과 다양한 디지털 도구를 활용해서 시간과 공간의 제약 없이 여러 사람이 함께 일하는 것을 뜻해. 예전에는 같은 장소에 모여서 종이 문서를 주고받으며 일했지만, 이제는 인터넷을 통해 언제 어디서든 쉽고 편하게 협업할 수 있게 되었어.

디지털 협업의 변화

디지털 협업은 몇 가지 큰 변화를 거쳤어. 첫 번째, 예전에는 같은

시간에 같은 장소에 모여야 함께 일할 수 있었는데, 인터넷이 생기면서 언제 어디서든 협업할 수 있게 됐어. 서로 다른 지역이나 심지어 시차가 다른 국가에 사는 사람들도 함께 프로젝트를 진행할 수 있게 된 거야.

두 번째, 다양한 디지털 도구를 활용하면서 협업의 효율성을 높일 수 있게 됐어. 문서 작성, 일정 관리, 화상 회의, 프로젝트 관리 등 다양한 업무에 디지털 도구를 이용해 자료를 실시간으로 공유하면서 일하는 게 가능해진 거야.

세 번째, 디지털 협업은 정보 공유 및 의사소통 능력도 활성화시켜 주었어. 디지털 협업은 문서 공유, 메신저, 온라인 커뮤니티 등을 통해 정보를 빠르고 쉽게 공유하며 의견을 교환할 수 있지. 디지털 협업을 하면 더 나은 결정을 내릴 수 있고, 문제를 해결할 때도 많은 사람의 도움을 받을 수 있어. 또 팀원들이 서로 이해할 수 있게 도와줘서 팀의 결속력을 높이는 데도 도움이 될 거야.

협업을 도와주는 다양한 디지털 도구들

디지털 협업을 하려면 다양한 도구들이 필요해. 구글 드라이브는 문서, 스프레드시트, 프레젠테이션 같은 다양한 파일을 저장하고 공유할 수 있는 클라우드 서비스야. 여러 사람이 동시에 문서를 편집하고, 댓글을 통해 의견을 나눌 수 있어서 협업에 유용한 도구지. 슬랙은 팀원들과 실시간으로 메시지를 주고받고, 파일을 공유하며, 화상 회의를 할 수 있는 협업 도구야. 특히 주제별 채널을 만들어서 효율적인 소통을 할 수 있다는 장점이 있어. 줌은 화상 회의, 온라인 수업, 웨비나 같은 용도로 활용할 수 있는 화상 회의 플랫폼이야. 화면 공유, 채팅, 녹화 등 다양한 기능을 제공해 주기 때문에 멀리 떨어져 있어도 회의를 진행할 수 있어.

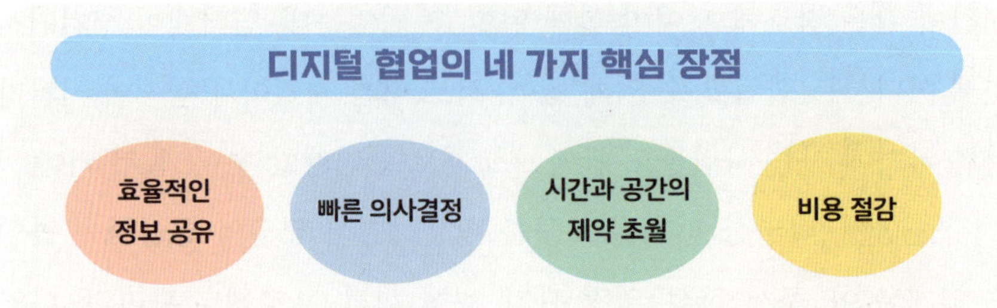

Trello는 프로젝트를 카드 형태로 관리하고, 팀원들과 진행 상황을 공유할 수 있는 프로젝트 관리 도구야. 카드를 이동시키면서 프로젝트 진행 상황을 한눈에 파악할 수 있고, 댓글로 팀원들과 소통할 수 있어. 노션은 문서 작성, 일정 관리, 프로젝트 관리 같은 다양한 기능을 쓸 수 있는 올인원 협업 도구야. 페이지를 자유롭게 구성하고 연결할 수 있어서 팀원들과 함께 정보를 체계적으로 관리하고 공유할 수 있지.

디지털 협업을 통해 함께 성장하는 법

디지털 협업은 단순히 함께 일하는 것을 넘어 서로 배우고 성장하는 기회를 얻을 수 있는 방법이야. 다른 사람의 의견을 듣고 존중하면서 더 나은 결과를 만들어 낼 수 있고, 다양한 사람들과 소통하면서 새로운 아이디어도 발견할 수 있지. 디지털 협업 능력은 문제 해결 능력, 의사소통 능력, 비판적 사고 능력 등을 키울 수 있어서 미래 사회에 꼭 필요한 역량으로 인정받고 있어. 디지털 협업을 통해 서로 돕고 배우면서 함께 성장하는 경험을 해 보는 건 어떨까?

1. 다음 중 디지털 협업의 장점으로 옳지 않은 것은 무엇일까?

   ① 시간과 공간의 제약 없이 협업이 가능하다.

   ② 다양한 디지털 도구를 이용해 협업의 효율성을 높일 수 있다.

   ③ 정보 공유와 의사소통이 용이해진다.

   ④ 협업을 위해 반드시 같은 장소에 모여야 한다.

   ⑤ 다양한 사람들과의 의사소통을 통해 새로운 아이디어를 얻을 수 있다.

2. 디지털 협업이 무엇인지 생각을 적어 보자.

   -

   -

3. 디지털 협업을 하면서 팀워크와 문제 해결 능력을 어떻게 향상시킬 수 있을까?

   힌트 본문에서 언급된 "다른 사람의 의견을 듣고 존중하면서", "새로운 아이디어도 발견할 수 있지", "문제 해결
   능력, 의사소통 능력" 등의 내용을 참고해서 답변해 봐.

   -

   -

4. 다음 문장의 빈칸을 채워 보자.

   > 디지털 협업은 인터넷과 다양한 디지털 도구를 활용해서
   >
   > __________(와)과 __________의 제약 없이 여러 사람이 함께 일하는 것을 뜻해.

더 알고 싶어 119

📖 도서　▷ 영상　🔍 사이트

▷ **6분 만에 알아보는 만능 협업툴 알로의 모든 것(남명초 류창진) (대구광역시교육연수원)**
알로(ALLO)의 캔버스·보드·공유 기능을 빠르게 보여 주어서 실제로 팀 과제에
서 어떻게 아이디어를 정리하고 실시간으로 함께 작업할 수 있는지 한눈에 이해
할 수 있어.

🔍 **구글 워크스페이스**
문서·스프레드시트·프레젠테이션·드라이브·미트 등 협업에 필요한 도구들을 한 계
정으로 연결해 주니 과제 공동 작성·파일 공유·화상 회의를 해야 한다면 바로 써 보
면 편할 거야.

디지털 기술로
창의력을 키울 수 있을까?

디지털 기술로 창의적인 프로젝트 도전하기

디지털 도구와 응용 프로그램을 활용하면 전통적인 방법과는 다른 창의적인 프로젝트를 시도할 수 있어. 디지털 아트, 음악 제작, 3D 모델링, 디지털 스토리텔링, 비디오 제작 같은 디지털 기술의 무한한 가능성을 이용해 창의력을 발휘해 보자.

학습 키워드 #디지털아트 #음악제작 #3D모델링 #디지털스토리텔링 #비디오제작

교과 연계 초5 〉 실과 〉 생활 속 디지털 기술의 중요성을 이해하고 디지털 기기와 디지털 콘텐츠 저작 도구를 사용하여 발표 자료를 만들어 보면서 디지털 기기의 활용 능력을 기른다.

디지털 기술은 창의적인 프로젝트를 진행하는 데에도 다양하게 활용될 수 있어. 디지털 도구와 응용 프로그램을 활용해 흥미로운 아이디어를 현실로 만드는 방법을 알아볼까?

디지털 아트와 디자인 도구들

먼저, 디지털 아트와 디자인 분야에서는 Adobe Photoshop이나 Illustrator 같은 프로그램을 사용해 그림을 그리거나 디자인할 수 있어. 태블릿에서도 Procreate와 같은 앱을 이용하면 손쉽게 디지털 그림을 그릴 수 있지. 실수했을 때는 간편하게 수정도 할 수 있고, 다양한 색상과 텍스처도 쉽게 적용할 수 있어. 인공지능^{AI} 기술을 활용하면 그림을 그리고, 음악을 작곡하며, 글을 쓸 때도 활용할 수 있어. 사용자가 원하

는 스타일이나 주제를 입력하면 AI가 자동으로 창작물을 생성해 주기 때문이야. 그림 생성 AI는 사용자가 입력한 텍스트를 바탕으로 그림을 그려 주고, SUNO, UDIO 같은 음악 AI를 사용하면 컴퓨터나 태블릿에서 직접 음악을 만들 수 있어. AI는 방대한 데이터를 분석해서 새로운 아이디어를 제시하거나 원래 있던 아이디어를 발전시키는 데 도움을 주기도 해. 광고 카피를 작성하거나 제품 디자인을 할 때 AI의 도움을 받으면 창의적인 아이디어를 쉽게 현실로 만들 수 있단다.

3D 모델링과 프린팅, 디지털 스토리텔링 도구들

3D 모델링과 프린팅 분야에서는 Tinkercad나 Blender 같은 프로그램을 사용하면 3D 모델을 쉽게 만들 수 있어. 이렇게 만든 3D 모델은 3D 프린터를 사용해서 실제로 출력할 수 있고, 교육용 도구나 예술 작품, 프로토타입 제작 같은 다양한 분야에서도 활용할 수 있어. 3D 프린팅은 제품 개발 단계에서 프로토타입을 제작할 때 많이 활용하고 있는 중이야. 저렴한 비용으로 빠르게 제품 디자인이나 기능을 테스트해서 품질을 개선하는 데 큰 도움을 주거든. 의료 분야에서는 인공 장기나 맞춤형 보조기 등을 제작할 때 활용되어 의료 분야 발전에도 기여하고 있지.

디지털 스토리텔링 분야에서는 Twine 같은 인터랙티브 스토리텔링 도구를 사용하면 사용자가 직접 다양한 이야기를 선택해서 만들어 낼 수 있어. Canva 같은 디자인 도구를 사용하면 멋진 그래픽과 레이아웃을 활용해 이야기를 더욱 생동감 있게 표현할 수 있지.

가상현실과 비디오 제작 편집 도구들

가상현실VR은 사용자를 가상공간에 완전히 몰입시켜서 실제로 경험

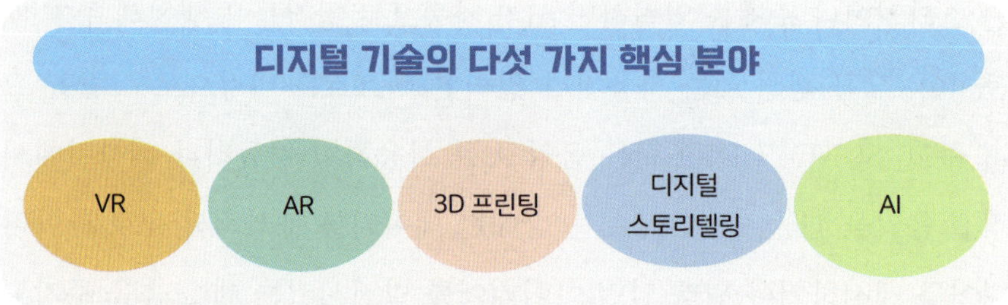

하기 어려운 상황을 체험할 수 있게 해줘. VR을 통해 우주여행을 하거나 역사 속 사건을 직접 체험할 수 있지. 증강현실AR은 현실 세계에 가상 정보를 겹쳐 보여 줘서 사용자에게 새로운 경험을 할 수 있게 도와줘. AR을 통해 스마트폰 카메라로 주변을 비추면 실제 거리에 가상의 캐릭터가 나타나거나, 건물 정보가 표시되는 식이지. VR을 이용하면 위험한 상황을 안전하게 체험하며 대처 능력을 미리 키울 수 있고, AR을 이용하면 복잡한 기계 조작 방법을 쉽게 배울 수 있단다.

비디오 제작과 편집 분야에서는 iMovie나 Adobe Premiere Pro 같은 프로그램을 사용하면 쉽게 비디오를 제작하고 편집할 수 있어. 유튜브 같은 플랫폼을 이용해서 너희가 만든 비디오를 전 세계 사람들과 공유할 수도 있단다.

AI와 창의적 프로젝트

마지막으로 AI는 데이터를 분석해서 사용자의 취향을 파악하고 맞춤형 콘텐츠를 추천하거나, 미래 트렌드를 예측해서 새로운 사업 아이템을 발굴하는 데도 활용되고 있어. 이처럼 디지털 기술은 다양한 분야에서 창의적인 프로젝트를 가능하게 해 줘. 디지털 기술을 잘 익혀서 활용할 수 있다면 너희에게 무한한 가능성의 세계를 열어 줄 수 있을 거야.

1. 디지털 기술을 사용하여 쉽게 3D 모델을 만들 수 있는 프로그램은 무엇일까?

2. 디지털 기술을 사용하여 창의적인 프로젝트를 수행하는 것이 왜 중요할까?

힌트 본문의 AI 기술, 3D 프린팅, YouTube 플랫폼 부분을 참고하여 창의성, 효율성, 공유 협업의 세 가지 관점에서 생각해서 써 봐.

3. 다음 디지털 기술과 그 활용 분야를 올바르게 연결해 보자.

디지털 기술

A. Tinkercad •

B. Twine •

C. iMovie •

활용 분야

• ㄱ. 비디오 제작과 편집

• ㄴ. 3D 모델링

• ㄷ. 인터랙티브 스토리텔링

더 알고 싶어 119 📖 도서 ▷ 영상 🔍 사이트

📖 『**AI ART로 한 방에 뚝딱 예술가 되기**』(진순희 외, 더로드, 2023)
AI 도구(이미지·텍스트 생성 등)를 활용해 그림·텍스트·멀티미디어를 만드는 구체적 방법과 예시를 풍부하게 보여 주어서, AI로 '시도해 보는' 과정과 도구 사용법을 빨리 배우고 싶은 친구에게 추천할 만해.

🔍 **틴커캐드** 웹에서 바로 3D 모델을 만들고 간단히 편집해서 출력까지 해 볼 수 있는 초보자용 도구라서, 3D 작품을 직접 만들어 보고 싶은 친구라면 금방 시작하기 좋을 거야.

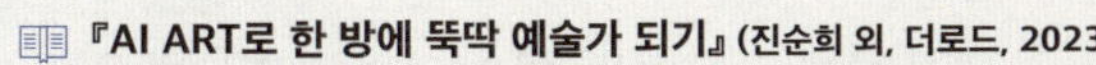

코딩, 어렵지 않게 시작하려면?

창의적인 아이디어를 실현하는 첫걸음

코딩은 컴퓨터에게 작업을 시키는 기술이야. 변수, 조건문, 반복문, 함수 같은 코딩의 기본 개념을 배우고, 간단한 프로젝트를 통해 실력을 키워 볼까?

학습 키워드 #코딩 #프로그래밍언어 #변수와조건문 #반복문과함수
교과 연계 중1 〉 정보 〉 실생활의 문제를 탐색하여 발견하고, 프로그래밍을 통해 해결한다.

컴퓨터 게임이나 스마트폰 앱을 사용하면서 '이건 어떻게 만들었을까?' 궁금했던 적 있지 않니? 우리가 매일 사용하는 다양한 디지털 기기와 프로그램들은 모두 '코딩'이라는 마법 같은 언어로 만들어졌어.

코딩의 정의와 언어들

코딩은 컴퓨터에게 명령을 내리는 방법이야. 마치 우리가 친구에게 "이리 와 봐!"라고 말하는 것처럼, 컴퓨터에게 "이런 그림을 그려 줘!", "이런 계산을 해 줘!"라고 명령하는 거지. 컴퓨터는 우리가 코딩 언어로 작성한 명령을 읽고, 그 명령에 따라 정확하게 동작하는 기기란다. 코딩은 우리가 사용하는 앱이나 웹사이트, 게임 등 다양한 디지털 세상을 만드는 데 사용되는 기술이고 말이야.

그렇다면 코딩은 어떻게 하는 걸까? 코딩을 하려면 다양한 코딩 언어를 알아야 해. 외국 사람과 대화하기 위해 그 나라 말을 알아야 하는 것처럼 말이야. 코딩 언어에는 파이썬, 자바, C++, 자바스크립트 같은 것들이 있어. 각 언어마다 특징과 장단점이 있고, 사용되는 분야도 달라. 파이썬은 배우기 쉬워서 처음 코딩을 배우려는 사람에게 추천하는 언어야. 데이터 분석, 인공지능, 웹 개발 등 다양한 분야에서 활용되고 있지. 자바는 안정성이 높고, 객체 지향 프로그래밍이라는 특징을 가지고 있어서 큰 프로젝트나 웹 애플리케이션 개발에 많이 사용돼. C++는 실행 속도가 빠르고 하드웨어를 제어하는 데 강점을 가지고 있어서 게임 개발이나 시스템 프로그래밍 등에 활용되지. 자바스크립트는 웹 페이지에 동적인 요소를 추가하거나 웹브라우저에서 실행되는 프로그램을 만드는 데 사용된단다.

코딩의 세 가지 요소

코딩은 변수와 조건문, 반복문이라는 세 가지 요소로 이루어져 있어. 변수는 데이터를 저장하는 공간을 말해. 물건을 담는 상자처럼 숫자, 문자, 그림 같은 다양한 데이터를 변수에 담아서 사용할 수 있지. 변수는 프로그램이 실행되는 동안 데이터를 저장하고 관리하는 데 사용돼.

조건문은 특정한 조건에 따라 다른 명령을 실행하도록 하는 거야. "만약 비가 오면 우산을 챙겨."처럼 컴퓨터에게 어떤 조건이 되면 이렇게 하라고 명령할 수 있어. 조건문은 프로그램의 흐름을 제어하고 다양한 상황에 대처할 수 있도록 도와주는 일을 하지.

반복문은 같은 명령을 여러 번 반복하게 하는 거야. "1부터 10까지 숫자를 세어 봐."라고 명령하면 컴퓨터는 1부터 10까지 숫자를 차례대로 출력할 수 있어. 반복문은 반복적인 작업을 자동화해서 효율적으로 처리할 수 있도록 도와주지. 이 세 가지 구성 요소를 조합하면 다양한 프로그램을 만들 수 있어. 마치 레고 블록을 조립해서 다양한 모양을 만드는 것처럼 말이야.

코딩을 배우면 어떤 점이 좋을까?

코딩을 익히면 문제 해결 능력, 논리적 사고력, 창의력 등 다양한 능력을 키울 수 있어. 게임을 만들면서 문제 상황을 분석하고 해결하는 과정에서 문제 해결 능력을 기를 수 있지. 복잡한 프로그램을 짧고 효율적인 코드로 작성하면 논리적 사고력을 향상시킬 수 있고 말이야.

디지털 시대가 되면서 코딩 능력이 점점 더 중요해지고 있어. 4차 산업혁명 시대를 이끌어 갈 핵심 기술 중 하나로 코딩이 꼽혔을 정도야. 미래 사회를 살아가려면 누구나 코딩 능력을 갖춰야 할 거야.

요즘은 코딩이 훨씬 쉬워졌어. '바이브 코딩'이라고 들어 봤니? 인공지능이 코드를 만들어 주는 도구야. 만들고 싶은 아이디어만 있으면 AI가 코드를 자동으로 작성해 줘서 코딩 경험이 없어도 프로그램을 만들 수 있게 됐지. AI 시대에는 코딩의 의미가 바뀌고 있어. 복잡한 문법을 외우는 것보다 '무엇을 만들까?'라는 창의적인 생각이 더 중요해진 거야.

코딩은 온라인 강의나 학원, 책 같은 다양한 방법을 통해 배울 수 있어. 어린이들을 위한 교육용 코딩 프로그램도 많이 나와 있으니까 코딩을 배우고 싶다면 지금 바로 시작해 보는 건 어떨까? 코딩은 컴퓨터와 대화하는 마법 같은 언어야. 코딩을 통해 세상을 바꿀 수 있는 멋진 아이디어를 현실로 만들어 보자.

1. 다음 중 코딩 언어로 옳지 않은 것은 무엇일까?

① 파이썬　　　② 자바　　　③ C++　　　④ 자바스크립트　　　⑤ HTML

2. 코딩에서 데이터를 저장하고 관리하는 공간을 무엇이라고 할까?

----

3. 코딩을 배우는 것이 왜 중요할까?

힌트 본문에서 "코딩을 익히면 문제 해결 능력, 논리적 사고력, 창의력 등 다양한 능력을 키울 수 있어."와 "4차 산업혁명 시대를 이끌어 갈 핵심 기술 중 하나로 코딩이 꼽혔을 정도야." 부분을 참고해 봐.

----

4. 다음 문장의 빈칸을 채워 보자.

> 코딩은 컴퓨터에게 ＿＿＿＿＿＿(을)를 내리는 방법이며 컴퓨터는 우리가 코딩 언어로 작성한 명령을 읽고 그 명령에 따라 정확하게 ＿＿＿＿＿＿하는 기기입니다.

더 알고 싶어 119

📖 도서　▶ 영상　🔍 사이트

📖 **『엔트리로 시작하는 코딩 첫걸음』** (홍유미 외, 코딩이지, 2023)
엔트리로 직접 따라 해 볼 수 있는 단계별 예제와 그림을 풍부하게 담아서 처음 코딩을 배우는 친구가 천천히 실습하며 개념을 익히기에 좋아.

▶ **[월간 융합교육-초등융합] STEAM 속 AI 기후환경 바이브코딩** (미과원TV 경기도 교육청미래과학교육원) AI로 지구를 지키는 히어로가 되어 볼래? Canva와 코딩으로 환경을 배우는 재미있는 실습을 배울 수 있어

🔍 **엔트리** 블록 코딩 방식으로 작품을 만들고 공유할 수 있는 교육 플랫폼이야. 설치 없이 바로 실습해 보고 친구 작품을 보면서 아이디어를 얻기에 아주 편해.

악성코드로부터 컴퓨터를 지키는 방법은?

컴퓨터 백신 소프트웨어의 역할과 보호 방법

백신 소프트웨어는 스마트폰과 컴퓨터를 멀웨어와 해킹으로부터 보호하는 중요한 역할을 해.
백신 소프트웨어는 어떻게 작동하고, 어떻게 기기를 보호하는지 알아볼까?

학습 키워드 #백신소프트웨어 #윈도우디펜더 #바이러스보호 #보안, #안전한인터넷
교과 연계 중1 〉 정보 〉 디지털 사회의 구성원으로서 편리하고 안전한 생활을 위한 규칙에 대해 민주적으로 논의하고 실천 방안을 수립한다.

컴퓨터와 스마트폰은 우리 생활에 없어서는 안 될 중요한 도구지만 악성코드나 해킹 같은 다양한 위협에 노출될 수 있어. 컴퓨터와 스마트폰을 안전하게 보호하려면 백신 프로그램을 꼭 사용하는 게 좋아. 예방주사를 맞으면 질병을 예방할 수 있는 것처럼 백신은 컴퓨터와 스마트폰에 침입할 수 있는 악성코드를 예방하고 치료해 주지.

다양한 백신 프로그램

윈도우를 쓰는 컴퓨터에는 '윈도우 디펜더Windows Defender'라는 백신 프로그램이 기본적으로 설치되어 있어. 윈도우 디펜더는 실시간으로 컴퓨터를 감시하면서 악성코드가 탐지되면 즉시 차단하거나 제거해 줘. 클라우드 기반 보호 기능으로 최신 위협 정보를 실시간으로 업데이트해서

새로운 악성코드에도 대응할 수 있지.

또한 노턴^{Norton}, 맥아피^{McAfee}, 카스퍼스키^{Kaspersky} 같은 전문 백신 회사들도 더욱 강력한 보안 기능을 제공하고 있어. 이런 백신들은 더 세밀한 악성코드 탐지 기능과 함께 피싱 사이트 차단, 안전한 온라인 뱅킹 환경 제공, 자녀 보호 기능 등 다양한 추가 서비스를 제공해 줘. 무료 백신도 있고 유료 백신도 있는데, 사용자의 필요에 따라 선택할 수 있어.

스마트폰에서도 백신 앱을 사용해야 해. 백신 앱은 악성 앱 탐지 및 제거, 스미싱 차단, 개인 정보 보호, 분실폰 찾기 등으로 스마트폰을 안전하게 지켜 줄 수 있어. 앱 사용 권한을 분석해서 불필요한 권한을 요청하는 앱을 차단하고 와이파이에 연결할 때도 해킹 위협을 줄여 줄 수 있지.

특히 안드로이드 스마트폰은 다양한 곳에서 앱을 다운로드할 수 있기 때문에 iPhone보다 악성 앱에 노출될 위험이 높아. 그래서 안드로이드 사용자는 반드시 신뢰할 수 있는 백신 앱을 설치하는 것이 좋아.

백신 프로그램이 사용하는 첨단 보안 기술

백신 프로그램은 다양한 기술을 활용해서 악성코드 감염이나 개인 정보 유출 같은 위협으로부터 컴퓨터와 스마트폰을 보호해 줘. 방화벽은 외부에서 들어오는 네트워크 트래픽을 감시하고 허용되지 않은 접근을 차단시켜서 해킹 시도를 막아 주는 기술이야. 웹 필터링은 방문하는 웹사이트를 검사해서 악성코드를 유포하는 사이트나 피싱 사이트 접속을 차단해 주는 기술이고, 웹 필터링은 안전하지 않은 웹사이트에 접속하는 것을 막아 주는 기술이야.

최신 백신 프로그램들은 인공지능과 머신러닝 기술을 활용해서 더욱 정교한 보안 기능을 제공하고 있어. 기존에는 미리 알려진 바이러스의 특징을 데이터베이스에 저장해서 비교하는 방식이었다면 지금은 프로그램의 행동 패턴을 분석해서 의심스러운 활동을 탐지할 수 있게 되었어. 또한 샌드박스^{Sandbox} 기술도 많이 사용되고 있어. 이는 의심스러운 파일을 가상의 격리된 환경에서 실행시켜서 안전한지 확인하는 기술이야. 마치 위험한 실험을 실험실에서 하는 것처럼 컴퓨터 안에 가상의 공간을 만들어서 그곳에서 파일을 테스트해 보는 거야.

일상생활에서 실천할 수 있는 보안 수칙

컴퓨터나 스마트폰을 악성코드나 해킹으로부터 보호하는 습관에는 어떤 것들이 있을까? 온라인 계정과 컴퓨터에서는 강력한 비밀번호를 사용하고 주기적으로 변경하는 것이 좋아. 의심스러운 링크나 파일은 클릭하지 않도록 조심해야 해. 인터넷을 사용할 때는 안전한 웹사이트를 이용하고 중요한 파일과 데이터는 정기적으로 백업해 둬야 해. 운영체제와 소프트웨어는 항상 최신 상태로 업데이트해야 하지. 공용 와이파이는 보안에 취약할 수 있으니까 중요한 작업은 피하는 것이 좋아.

특히 학교나 도서관 같은 공공장소에서 컴퓨터를 사용할 때는 더욱 조심해야 해. 사용이 끝나면 반드시 모든 계정에서 로그아웃하고 브라우저의 방문 기록과 쿠키를 삭제하는 습관을 기르자. 또한 USB나 외장 하드 같은 저장 장치를 사용할 때도 주의가 필요해. 다른 컴퓨터에서 사용했던 USB를 내 컴퓨터에 연결하기 전에는 반드시 백신으로 검사를 해 보는 게 좋아. 이메일도 모르는 사람이 보낸 첨부파일은 절대 열어 보면 안 돼. 급하게 개인 정보를 요구하는 이메일은 대부분 피싱 메일일 가능성이 높아. 메신저나 SNS에서 친구가 보낸 것 같은 이상한 링크도 클릭하지 말아야 해. 친구의 계정이 해킹당해서 악성 링크를 퍼뜨리는 경우도 있거든.

1. 다음 중 컴퓨터 바이러스 백신 소프트웨어의 기능으로 틀린 것은 무엇일까?

　① 실시간 모니터링을 통해 바이러스를 감지하고 사용자에게 알림

　② 주기적인 스캔을 통해 숨어 있는 바이러스를 찾아 제거

　③ 자동 업데이트 기능을 통해 새로운 바이러스 정보를 얻음

　④ 컴퓨터 속도를 느리게 하여 바이러스의 활동을 억제

2. Windows 운영 체제에 기본적으로 설치되어 있는 바이러스 백신 프로그램의 이름은?

3. 컴퓨터에 백신 소프트웨어가 없다면 어떤 문제가 발생할 수 있을까?

　힌트 백신이 탐지하고 제거하는 악성 소프트웨어들(바이러스, 웜, 트로이 목마, 랜섬웨어)이 컴퓨터에 어떤 피해를 줄 수 있는지 생각해 봐.

4. 공공장소에서 컴퓨터 사용 후 안전하게 마무리하는 순서를 올바르게 배열해 보자.

> ㄱ. 브라우저 방문 기록과 쿠키 삭제
>
> ㄴ. 모든 계정에서 로그아웃
>
> ㄷ. 작업 완료
>
> ㄹ. 컴퓨터 사용 종료

더 알고 싶어 119

📖 도서　▷ 영상　🔍 사이트

📖 **『야무진 아이의 안전한 스마트폰 생활』 (스즈키 토모코, 길벗, 2023)**
스마트폰에서 일어날 수 있는 위험(피싱·과도한 권한·중독 등)과 구체적인 예방 행동을 쉬운 예시와 함께 정리해 줘서, 스마트폰을 더 안전하게 쓰고 싶은 친구에게 도움이 될 거야.

▷ **보안 전문가는 무슨 일을 하죠? (feat. 악성코드 분석가, 미래 유망 직업)**
악성코드 분석가가 실제로 어떤 방식으로 악성코드를 분석·격리·해결하는지 사례와 업무 과정을 보여 주니 보안 분야에 대해 구체적으로 궁금할 때 보기 좋아

🔍 **안전한 디지털 세상** 피싱·악성코드·개인 정보 보호 관련 최신 가이드와 신고 방법을 제공하니 위험을 실제로 막는 방법을 찾을 때 신뢰할 만해.

클라우드는
왜 편리하고 중요한 걸까?

데이터를 원격 서버에 저장하는 클라우드 스토리지는
언제 어디서나 데이터를 사용할 수 있게 도와주는 기술이야.
클라우드 스토리지의 좋은 점과 발전 가능성에 대해 알아보자.

학습 키워드   #클라우드스토리지 #데이터백업 #협업 #인공지능 #엣지컴퓨팅
교과 연계   중1 › 정보 › 사례를 중심으로 디지털 공간에서 함께 살아가기 위해 개인 정보 및 권리와
저작권을 보호하는 실천 방법을 탐구한다.

클라우드 스토리지로 해결하는 일상의 문제들

클라우드 스토리지는 인터넷이 연결된 곳이라면 언제 어디서든 데이터에 접근해서 사용할 수 있게 도와주는 서비스야. 컴퓨터나 스마트폰의 저장 공간이 부족하거나 중요한 파일을 잃어버릴까 봐 걱정될 때는 클라우드 스토리지를 이용하는 게 좋아.

실제로 많은 학생들이 겪는 상황을 생각해 봐. 숙제를 하다가 컴퓨터가 갑자기 꺼져서 작업한 내용이 모두 사라진 경험이나, 스마트폰 저장 공간이 가득 차서 수학여행 사진을 더 찍을 수 없었던 경험 말이야. 이런 문제들을 클라우드 스토리지가 깔끔하게 해결해 줄 수 있어. 학교에서 시작한 프로젝트를 집에서 이어서 작업하거나, 친구들과 함께 만든 발표 자료를 모든 팀원이 언제든 수정할 수 있게 도와주는 거지.

클라우드 스토리지는 데이터를 안전하게 관리해 주는 다양한 기능도 갖고 있어. 데이터 백업은 데이터를 주기적으로 복사해서 저장하는 기능이야. 이는 마치 중요한 서류를 복사본으로 여러 곳에 보관하는 것과 같아. 랜섬웨어나 해킹 같은 외부 공격으로부터 데이터를 보호해 주는 역할도 하고 있어. 그리고 여러 사람이 동시에 같은 파일에 접근해서 함께 작업할 수도 있지. 예를 들어 체육 대회 준비를 할 때 각 반 대표들이 동시에 하나의 문서에서 역할 분담표를 작성하고 수정할 수 있지. 클라우드 스토리지를 이용하면 서버를 구축하고 유지하는 비용을 아낄 수 있다는 것도 좋은 점이야.

내게 맞는 클라우드 스토리지 서비스 찾기

클라우드 스토리지는 구글 드라이브, 네이버 MYBOX, 드롭박스, 아이클라우드 등 다양한 회사에서 서비스하고 있어. 서비스마다 제공하는 기능이나 용량, 사용료가 다르니까 너희가 필요한 기준에 맞게 선택해서 사용하면 돼. 사진 보관이나 공유가 필요하면 구글 드라이브를, 대용량의 파일을 저장하거나 협업 기능이 필요하다면 드롭박스를 선택하면 돼.

구체적으로 살펴보면, 구글 드라이브는 15GB의 무료 저장 공간을 제공하고 구글 문서, 스프레드시트와의 연동이 뛰어나. 특히 학교 과제나 조별 활동에서 실시간으로 여러 명이 함께 편집할 수 있어서 매우 유용해. 네이버 MYBOX는 30GB의 넉넉한 무료 용량을 제공하고, 한국어 지원이 우수해서 사용하기 편리하지. 아이클라우드는 아이폰이나 맥북 사용자에게 최적화되어 있어서 애플 기기 간 데이터 동기화가 자동으로 이루어져. 드롭박스는 파일 공유와 협업 기능이 특히 강력해서 대용량 동영상이나 디자인 파일을 다룰 때 좋아.

클라우드 스토리지는 앞으로도 더욱 발전할 거야. 인공지능[AI] 기술을 활용하면서 데이터를 자동으로 분류하고 관리하는 기능이 더 강화되고 있거든. 사진을 인물, 장소, 시간별로 분류하거나 중요한 문서를 자동으로 추천해 주는 기능이 이미 사용되고 있지. 예를 들어 '엄마'라고 검색하면 엄마가 나온 모든 사진을 자동으로 찾아 주거나 '수학 숙제'라고 검색하면 관련된 모든 파일을 한 번에 보여 주는 식이야.

더욱 강력해진 보안 기술로 해킹이나 데이터가 유출될 위험도 훨씬 더 줄일 수 있어. 블록체인 기술을 활용하면 데이터의 위·변조를 방지할 수 있고, 생체 인증 기술로 사용자 인증도 강화할 수 있지. 엣지 컴퓨팅 기술을 활용하면 클라우드 스토리지의 속도와 성능을 더 높일 수 있을 거야. 클라우드 스토리지는 우리의 디지털 생활을 더 편리하고 안전하게 만들어 줄 수 있는 중요한 서비스야. 클라우드 스토리지 사용법을 잘 익혀서 소중한 데이터를 오래 보존하길 바랄게.

1. 여러 사람이 동시에 동일한 파일에 접근해서 작업할 수 있는 클라우드 스토리지의 기능은 무엇일까?

2. 다음 상황에서 각각 어떤 클라우드 스토리지 서비스가 가장 적합한지 분류하고 그 이유를 설명해 보자.

ㄱ. 아이폰으로 찍은 사진들을 자동으로 백업하고 싶음

ㄴ. 대용량 동영상 파일을 친구들과 공유해야 함

ㄷ. 한국어 지원이 잘 되는 서비스를 원함

ㄹ. 학교 과제를 여러 명이 함께 실시간으로 편집해야 함

3. 클라우드 스토리지 선택 시 고려해야 할 요소들을 중요도 순으로 배열하고, 그 이유를 설명해 보자.

제시 요소　ㄱ. 제공하는 기능　ㄴ. 저장 용량　ㄷ. 사용료　ㄹ. 협업 기능

👍 더 알고 싶어 119　　📖 도서　▷ 영상　🔍 사이트

▷ **누구나 쉽게 이해할 수 있는 IT인프라 정복하기! #3편 (네이버클라우드)**
스토리지(클라우드 저장소)의 역할과 백업·복원·성능 개선 같은 실제 운영 개념을 사례와 도식으로 쉽게 설명하니 클라우드가 내부에서 어떻게 동작하는지 알고 싶을 때 보기 좋아.

🔍 **원드라이브** 마이크로소프트가 제공하는 개인·비즈니스용 클라우드 저장소로서 사진·문서 자동 백업과 여러 기기 동기화, 파일 공유·실시간 공동 편집 기능을 통합 제공해 일상적 파일 관리와 협업에 특히 편리해.

소셜 미디어, 안전하게 쓰려면 어떻게 해야 할까?

세상과 연결하는 도구를 안전하게 사용하는 법

우리는 매일 친구들과 소통하고 다양한 정보를 얻을 수 있는 소셜 미디어를 사용하고 있어.
소셜 미디어는 편리한 만큼 안전하게 사용하도록 주의해야 해.

학습 키워드   #개인 정보보호 #사이버폭력예방 #유해콘텐츠차단 #과도한사용자제 #디지털발자국관리
교과 연계   중1 > 국어 > 매체 소통에서의 권리와 책임을 이해하고, 수용자의 반응을 고려하며 매체 자료의 제작 과정을 성찰한다.

소셜 미디어 사용할 때 여섯 가지 위험 요소

페이스북, 인스타그램, 트위터, 틱톡 같은 소셜 미디어는 친구들과 소통하고, 정보를 공유하며 세상과 연결할 수 있는 도구야. 하지만 소셜 미디어를 안전하게 사용하려면 꼭 지켜야 할 것들이 있어.

첫째, 개인 정보가 유출되지 않게 조심해야 해. 소셜 미디어에 너희의 이름이나 생년월일, 연락처, 주소 같은 정보가 알려진다면 나쁜 사람들이 이를 이용해 못된 짓을 할 수도 있으니까 말이야. 사진이나 동영상을 통해서도 개인 정보가 유출될 수 있으니까 소셜 미디어에 글이나 사진을 올릴 때는 개인 정보가 들어 있지 않나 잘 살펴보고 올리는 습관을 들여야 해. 소셜 미디어 계정의 비밀번호를 주기적으로 변경하는 것도 잊지 말고, 되도록 비밀번호는 어렵게 만드는 게 좋아.

둘째, 사이버 폭력을 당하지 않도록 조심해야 해. 소셜 미디어에서는 다른 사람을 몰래 괴롭히거나 왕따시키는 일이 자주 벌어지기도 해. 이러한 사이버 폭력은 당하는 사람에게 정신적으로 큰 상처를 줄 수 있어. 그러니 이런 일을 당했을 때는 부모님이나 선생님께 빨리 도움을 청하는 게 좋아. 주변 사람이 사이버 폭력을 당하는 걸 봤을 때도 모른 척하지 말고, 대신 신고해 준다거나 하는 식으로 적극적으로 도와야 해.

셋째, 유해 콘텐츠에 노출될 수 있으니 조심해야 해. 소셜 미디어에는 폭력적이거나 선정적인 사진, 혹은 가짜 뉴스 같은 너희에게 좋지 않은 콘텐츠도 많아. 이러한 콘텐츠를 계속 보다 보면 정서적으로 나쁜 영향을 끼칠 수 있으니까 유해 콘텐츠를 접했을 때는 즉시 차단하거나 신고해야 해. 또한 좋은 콘텐츠를 적극적으로 찾아보려고 노력하는 것도 좋은 방법이야.

넷째, 너무 많이 이용하다가 중독되지 않게 조심해야 해. 소셜 미디어에는 재미있고 유용한 정보가 많아. 그래서 한번 빠지면 헤어 나오기 어려울 때가 많지. 하지만 소셜 미디어를 너무 많이 사용하면 공부나 일상생활에 지장을 줄 수 있어. 따라서 사용할 시간을 미리 정해 놓고, 다른 활동과 균형을 맞추려고 노력해야 해. 혼자 해결하기 어렵다면 전문가에게 도움을 청하는 것도 좋은 방법이야.

다섯째, 현실과의 괴리감을 느낄 수 있으니 조심해야 해. 소셜 미디어에서는 다른 사람들이 행복한 모습만 보여 주는 경우가 많아. 소셜 미디어 속에 보이는 화려한 삶과 너희의 평범한 일상을 비교하다 보면 우울해질 수 있어. 소셜 미디어에서 보이는 것이 전부는 아니니까 너희의 실제 삶에 집중하는 게 좋아.

여섯째, 디지털 발자국이 문제를 일으킬 수 있으니 조심해야 해. 소

	강력한 비밀번호	사이버 폭력 신고	유해 콘텐츠 차단	사용 시간 조절	현실 인식 강화	디지털 발자국 관리
개인 정보 유출	☺					
사이버 폭력			☺	☺		
유해 콘텐츠 노출	☺					
과도한 사용						
현실과의 괴리	☺					
디지털 발자국		☺				

셜 미디어에 올린 글이나 사진, 댓글 등이 나중에 취업이나 사회생활에 영향을 미칠 수 있어. 그러니 글이나 사진을 소셜 미디어에 올릴 때는 신중하게 생각하고, 부적절한 내용은 올리지 않도록 주의하는 게 좋아.

안전한 소셜 미디어 사용을 위한 실천 방법

소셜 미디어는 우리와 세상을 연결하는 중요한 도구야. 소셜 미디어를 안전하게 사용하려면 개인 정보 보호, 사이버 폭력 예방, 유해 콘텐츠 차단, 과도한 사용 자제, 현실과의 균형 유지, 디지털 발자국 관리 같은 노력이 필요해. 소셜 미디어를 안전하게 사용해야 그 혜택을 온전히 누릴 수 있어. 소셜 미디어를 사용하기 위해 주의해야 할 점들을 잊지 말고 안전하게 사용하도록 하자.

1. 다음 중 소셜 미디어 사용의 단점으로 옳지 않은 것은 무엇일까?

   ① 개인 정보 유출의 위험
   ② 학업 성취도 향상의 위험
   ③ 유해 콘텐츠 노출의 위험
   ④ 사이버 괴롭힘의 위험
   ⑤ 과도한 사용으로 인한 중독의 위험

2. 소셜 미디어에서 유해 콘텐츠를 발견했을 때는 어떻게 해야 할까?

   ----

3. 소셜 미디어를 안전하게 사용하기 위해 너희가 할 수 있는 방법에는 어떤 것들이 있을까?

   힌트 본문에서 소개한 6가지 위험 요소(개인 정보 유출, 사이버 폭력, 유해 콘텐츠, 과도한 사용, 현실과의 괴리, 디지털 발자국)에 대한 대응 방법을 생각해 봐.

   ----

4. 다음 소셜 미디어 위험 요소와 올바른 대응 방법을 선으로 연결해 보자.

   위험 요소

   A. 개인 정보 유출 •
   B. 유해 콘텐츠 노출 •
   C. 과도한 사용 •

   대응 방법

   • ㄱ. 즉시 차단하거나 신고하기
   • ㄴ. 사용 시간을 미리 정해 놓기
   • ㄷ. 비밀번호를 주기적으로 변경하기

더 알고 싶어 119

📖 도서　▷ 영상　🔍 사이트

📖 **『디지털 세상에서 나를 지키기 위한 개인 정보와 안전 이야기』** (박선희, 팜파스, 2024)
아이들이 디지털 환경에서 마주치는 개인 정보 유출·피싱·사기 등 위험 사례와 예방 행동을 연령에 맞는 사례와 그림으로 설명하고 있어. 실제 상황에서 어떻게 대처해야 할지 감을 잡는 데 도움이 될 거야.

▷ **안전한 SNS 사용을 위한 Tip!** (OfficialAhnLab)
계정 공개 범위·지오태깅·비밀번호 설정·출처 확인 같은 구체적 안전수칙을 정리해 놓아 바로 따라해 보면 계정과 개인 정보를 더 안전하게 지킬 수 있어.

사물 인터넷 전문가

스마트폰으로 집 안의 조명을 켜고 냉장고 안의 음식 상태를 확인할 수 있다면 얼마나 편리할까? 이런 미래를 만들기 위해 일하는 사람들이 바로 사물 인터넷 전문가야. 이들이 어떤 일을 하고, 어떻게 하면 이 직업을 가질 수 있는지 알아볼까?

'사물 인터넷 Internet of Things, IoT'은 인터넷을 통해 다양한 사물들을 서로 연결해서 데이터를 주고받는 기술을 말해. 사물 인터넷 전문가들은 이런 기술을 이용해 더 편리하고 안전한 세상을 만들기 위해 노력하는 사람들이야. 우리가 매일 사용하는 스마트폰, 스마트 스피커, 스마트 냉장고들은 사물 인터넷 기술을 활용해 서로 연결되어 우리의 생활을 더 편리하게 해 주고 있어. 예를 들어 스마트폰으로 냉장고 안에 있는 음식을 확인하거나, 스마트 스피커를 이용해 집 안의 조명을 켜고 끌 수 있지. 사물 인터넷 전문가는 이런 기기들이 제대로 작동하도록 설계하고 관리하는 역할을 해.

사물 인터넷 전문가가 하는 일

사물 인터넷 전문가들이 하는 주요 업무 중 하나는 새로운 IoT 기기를 설계하고 개발하는 일이야. 이들은 기기가 서로 어떻게 연결되고 데이터를 주고받을지 계획하지. 스마트 홈 시스템을 설계할 때도 각 기기가 서로 연결되면 어떻게 소통해야 할지, 스마트폰으로 집 안의 모든 기기를 쉽게 제어할 수 있는 방법이 무엇일지 고민하는 거야. 마치 레고 블록을 조립하듯이 다양한 기기를 하나의 시스템으로 묶어서 작동하도록 만드는 거지.

또한 사물 인터넷 전문가는 기기에서 발생하는 데이터를 분석하고 활용하는 방법을 연구하고 있어. 스마트 냉장고가 음식의 유통기한을 체크하고 사용자에게 알려 줄 수 있도록 데이터를 분석하는 거지. 이들은 데이터를 통해 사용자에게 유용한 정보를 제공하고, 더 나아가 에너지를 절약하거나, 생활에 도움을 줄 수 있는 방법을 찾기도 해.

사물 인터넷 기술이 발전할수록 보안 문제도 신경 써야 해. 많은 기기가 인터넷에 연결되면서 해킹될 위험도 커졌기 때문이야. 그래서 사물 인터넷 전문가들은 강력한 보안 시스템을 설계하는 일도 하고 있어. 집 안의 보안 카메라가 해킹당하지 않도록 암호화 기술을 적용하거나, 사용자 인증 절차를 강화하는 등의 방법을 사용하지.

사물 인터넷 전문가가 되기 위해 필요한 것

우선, 컴퓨터 과학과 네트워크 기술에 대한 기본적인 지식을 쌓는 게 중요해. 학교에서 컴퓨터와 관련된 과목을 열심히 공부하고, 프로그래밍 언어를 배우는 것도 큰 도움이 될 거야. 프로그래밍은 IoT 기기들이 어떻게 작동할지 설정하고, 문제를 해결하는 데 필요한 중요한 도구야. 전자공학에 대한 이해도 필요해. 사물 인터넷 기기는 하드웨어와 소프트웨어가 결합된 형태이기 때문에, 전자 부품과 회로에 대한 지식을 갖추는 것이 필요하지. 작은 센서를 어떻게 연결하고 제어할 수 있는지, 기기가 전력을 효율적으로 사용할 수 있는 방법을 배우는 거야. 이를 위해 전자공학 관련 수업을 듣거나 학교에서 제공하는 관련 동아리에 참여하는 것도 좋겠지. 사물 인터넷 기술은 빠르게 변화하고 발전하고 있어. 그래서 최신 기술과 트렌드를 항상 배우고 연구하려는 자세도 필요해.

온라인 강좌나 워크숍에 참여해 새로운 기술을 익히고, 관련된 책을 읽으면서 지식을 넓혀 가는 것도 중요하지. 마지막으로, 문제 해결 능력과 창의적인 사고는 기본이야. 사물 인터넷 전문가들은 새로운 문제를 마주할 때마다 창의적인 방법으로 해결책을 찾아야 해. 집 안의 모든 기기를 효율적으로 연결하고 사용자가 쉽게 제어할 수 있도록 하는 새로운 아이디어를 생각해 내야 하거든.

사물 인터넷 전문가는 우리 일상을 더 편리하고 안전하게 만드는 중요한 역할을 하고 있어. 미래의 스마트 도시, 스마트 홈, 스마트 학교 등 다양한 분야에서 활약할 수 있는 가능성이 큰 직업이야. 사물 인터넷 기술에 관심이 있다면, 지금부터 컴퓨터와 전자공학에 대한 공부를 시작하고 끊임없이 새로운 것을 배우는 자세를 기르며 꿈을 키우는 게 좋겠지. 미래의 사물 인터넷 전문가가 되어 멋진 활약을 펼치는 모습을 기대할게.

5부
디지털 세상에서
똑똑하게 살아가기
119

디지털 리터러시, 앞으로 어떻게 달라질까?

디지털 리터러시: 현재와 미래의 변화

디지털 리터러시는 다양한 디지털 기기와 인터넷을 활용해서 정보를 찾고, 평가하고, 이해하고, 소통할 수 있는 능력을 뜻해. 현재의 디지털 리터러시와 미래의 발전 방향에 대해 알아보고 앞으로의 변화에 대비해 보자.

학습 키워드 #인공지능 #증강현실 #데이터리터러시 #디지털윤리 #평생학습

교과 연계 중1 〉 국어 〉 복합 양식으로 구성된 글이나 자료의 내용 타당성과 신뢰성, 표현 방법의 적절성을 평가하며 읽는다.

디지털 리터러시에 필요한 능력

디지털 리터러시는 단순히 컴퓨터를 사용하는 능력을 넘어 다양한 디지털 기기와 인터넷을 효과적으로 활용해 정보를 찾고, 평가하고, 이해하고, 소통할 수 있는 능력을 말해. 현재의 디지털 리터러시는 다음 요소들로 구성되어 있어.

첫 번째는 인터넷을 통해 필요한 정보를 효율적으로 찾는 '정보 검색 능력'이야. 검색 엔진을 효과적으로 사용하고, 신뢰할 수 있는 출처를 판단하는 능력이지.

두 번째는 페이스북, 인스타그램, 트위터 등 다양한 소셜 미디어 플랫폼을 통해 정보를 공유하고 소통하는 '소셜 미디어 활용 능력'이야.

세 번째는 온라인에서 개인 정보를 안전하게 지키고, 사이버 범죄로

부터 자신을 보호하는 '데이터 보안과 프라이버시 보호' 능력이야.

네 번째는 동영상, 블로그, 그래픽 등 다양한 디지털 형식으로 콘텐츠를 제작하고 공유하는 '디지털 콘텐츠 제작 능력'이지.

디지털 리러러시의 미래

앞으로 디지털 리터러시는 더욱 확장되고 발전할 거야. 인공지능, 빅 데이터, 가상현실이 발전하면서 이러한 기술을 이해하고 활용하는 능력도 갖춰야 하기 때문이야. 디지털 윤리 의식, 개인 정보 보호, 사이버 보안 같은 디지털 시민으로서 갖춰야 할 윤리적인 측면도 더욱 중요해지겠지. 그렇다면 디지털 리터러시는 미래에 어떻게 발전하게 될까?

- **인공지능(AI)과의 통합:** AI는 우리가 정보를 찾고, 평가하고, 이해하는 방식을 혁신할 거야. AI 기반의 개인 맞춤형 학습 도구가 개발되면 필요한 것만 배울 수 있는 맞춤 교육이 가능해지겠지. AI는 검색 엔진을 더 똑똑하게 만들어서 검색하려는 사람의 의도를 파악한 뒤 더 정확한 결과를 제공할 수 있어.
- **증강현실(AR)과 가상현실(VR)의 활용:** AR과 VR 기술은 교육과 훈련에 혁신적인 변화를 가져올 거야. 다양한 환경을 갖추고 학습할 수 있는 가상 교실에서 현실과 가상 세계를 결합한 학습을 한다면 더 깊이 있는 교육을 받을 수 있겠지? 이러한 기술이 디지털 리터러시의 범위를 확장시켜서 새로운 학습 방식을 내놓게 만들지 않을까?
- **데이터 리터러시:** 빅 데이터가 점점 더 중요해지면서 데이터를 이해하고 분석하는 능력이 더 중요해질 거야. 데이터 리터러시는 데이터 시각화, 데이터 분석 도구 사용, 데이터 기반 의사결정 같은 다양한 능력

을 필요로 해. 이런 능력을 키운다면 데이터에 기반한 논리적인 사고
와 문제 해결 능력을 기르는 데 도움을 줄 거야.

- **디지털 윤리와 책임:** 디지털 세상에서의 윤리적 문제와 책임 의식이
더욱 강조될 거야. 사이버 괴롭힘, 개인 정보 보호, 저작권 문제 같은
디지털 윤리와 관련된 교육이 더 강화되면서 디지털 시민으로서의 책
임감을 기르는 데 중요한 역할을 하겠지.

- **평생 학습:** 디지털 기술이 빠르게 발전하면서 평생 학습의 중요성이
더욱 강조될 거야. 디지털 리터러시는 단순히 학교 교육에서 끝나는
것이 아니라 성인이 되어서도 꾸준히 발전시켜야 하는 능력으로 자리
잡겠지. 이를 익히려면 온라인 강좌, 웹 세미나, 디지털 학습 플랫폼 등
이 중요한 역할을 담당하게 될 거야.

- **글로벌 연결성:** 디지털 리터러시는 전 세계가 더욱 잘 연결되도록 만
들 거야. 전 세계 사람들과 소통하고 협력할 수 있는 능력이 미래에 더
욱 중요해질 거니까 다양한 문화와 관점을 이해하고, 글로벌 시민으로
서의 역할을 수행하기 위해 노력해야겠지.

디지털 리터러시는 기술 발전과 함께 미래에도 계속 변화하고 발전
할 거야. 그렇기 때문에 디지털 리터러시를 지속적으로 익히고 발전시키
는 것은 디지털 시대를 성공적으로 살아가기 위한 필수적인 능력이 되겠
지. 이제 너희도 디지털 리터러시가 미래에 어떻게 발전할지 잘 이해하
고, 앞으로의 변화에 대비해 보자.

1. 다음 중 현재 디지털 리터러시의 구성 요소로 옳지 않은 것은 무엇일까?

① 정보 검색 능력　　　② 소셜 미디어 활용 능력
③ 데이터 보안 및 개인 정보 보호　　④ 컴퓨터 하드웨어 수리 능력
⑤ 디지털 콘텐츠 제작 능력

2. 미래의 디지털 리터러시에서 데이터 분석과 관련된 새로운 중요한 능력은 무엇일까?

3. 미래의 디지털 리터러시는 현재와 어떻게 달라질까?

4. 미래 디지털 리터러시 발전 방향을 본문에 제시된 순서대로 배열해 보자.

> ㄱ. 데이터 리터러시　　ㄴ. 인공지능(AI)과의 통합　　ㄷ. 글로벌 연결성
> ㄹ. 증강현실(AR)과 가상현실(VR)의 활용　　ㅁ. 디지털 윤리와 책임

더 알고 싶어 119　　📖 도서　▷ 영상　🔍 사이트

📖 『**Z세대를 위한 디지털 리터러시 교육**』 (이재포 외, 민들레, 2020)
　Z세대(디지털 원주민)를 대상으로 디지털 미디어의 기회와 위험(중독·프라이버시·가짜 뉴스 등)을
　사례 중심으로 짚고 청소년 관점에서 필요한 리터러시 교육 방향을 제안하니 시대적 맥락을
　이해하는 데 유익해.

AI는 우리 삶을 어떻게 바꿀까?

인공지능의 현재와 미래

인공지능의 발전으로 우리 생활에 많은 변화가 벌어지고 있어.
다양한 분야에서 활용되고 있는 인공지능의 현재 모습과
미래에 발전될 모습까지 살펴보자.

학습 키워드　#인공지능활용서비스　#인공지능관련일자리　#인공지능학습
교과 연계　중1 > 정보 > 인공지능의 개념과 특성을 설명하고 인공지능 소프트웨어를 구별한다.

인공지능은 이미 우리 삶 깊숙이 들어와 있어. 스마트폰의 음성 인식 기능이나 자동 번역 서비스, 맞춤형 상품 추천 등 우리 주변에서 AI 기술을 활용한 다양한 서비스를 쉽게 접할 수 있지. 특히 교육 분야에서 AI는 학습 방식까지 변화시키고 있어. AI 튜터는 학생 개개인의 학습 수준과 속도에 맞춰 맞춤형 콘텐츠를 제공하고 학습 과정을 분석해서 학습 효과를 높이는 데 도움을 주고 있지. 또한 선생님들의 부담을 줄여 주기 위해 자동 채점, 학습 자료 검색, 질문 답변 같은 활동을 지원하고 학생들에게 더 많은 학습 기회를 제공하고 있어.

미래를 바꿀 AI, 학생들의 새로운 기회

미래에는 AI가 우리 삶을 더욱 크게 변화시킬 거야. 특히 학생들의

▲ AI 기술이 교실에서 학생들의 개별 맞춤 학습을 돕고 있는 모습

삶은 AI 기술의 발전으로 인해 정말 많이 변화할 거라 예상되고 있어.

첫째, 교육 분야에서 AI는 더욱 개인화된 맞춤형 학습을 제공할 거야. AI는 학생들이 학습한 데이터를 분석해서 강점과 약점을 파악하고 이에 맞는 학습 콘텐츠와 방법을 제공해 줄 거야.

둘째, AI는 진로나 직업을 선택하는 데에도 도움을 줄 거야. AI는 학생들의 적성과 흥미를 분석해서 미래에 유망한 직업을 추천하고 그에 필요한 역량을 키울 수 있도록 도와줄 수 있어. 또한 AI는 가상 직업 체험 프로그램을 통해 학생들이 다양한 직업을 간접적으로 경험하고 자신의 진로를 탐색하는 데도 도움을 줄 거야.

셋째, AI는 학생들이 창의성을 발휘할 수 있는 새로운 기회를 제공해 줄 거야. AI 도구를 활용하면 그림, 음악, 글쓰기 같은 다양한 창작 활동을 할 수 있고, AI와 협력하면서 새로운 아이디어를 떠올리거나 문제를 해결하는 능력을 키울 수 있어.

넷째, AI는 학생들의 일상생활에도 많은 변화를 가져올 거야. AI 비서, AI 번역기, AI 챗봇 등 다양한 AI 서비스는 학생들의 학습과 생활을 더욱 편리하게 만들어 줄 거야. 또한 AI는 학생들의 건강 관리나 안전 관리 등에도 활용되어 학생들의 삶의 질을 향상시켜 줄 수 있어.

AI와 함께 성장하기 위한 우리의 준비

AI은 특히 학생들의 학습 방식에 큰 영향을 미치게 될 거야. 이미 AI는 효율적인 정보 검색이나 개인화된 학습, 언어 번역, 가상 비서 같은 기술로 학생들의 학습을 돕고 있어. 미래에는 AI가 혁신적인 교육 도구를 제공하고, 맞춤형 학습 경로와 실시간 피드백을 제공해 데이터 분석가, AI 엔지니어, 로봇 공학자 같은 AI와 관련한 직업을 만들어 낼 거야. 또한 AI는 기술의 발전 속도를 더욱 가속화시킬 것이고 평생 학습의 중요성도 더 커지게 만들 거야. AI는 이를 돕기 위해 평생 학습을 지원하는 다양한 도구와 플랫폼을 제공하겠지.

학생들은 AI 기술의 발전에 대한 이해를 높이고 AI 기술을 활용해 사회에 기여하고, 더 나은 미래를 만들어 나가기 위해 힘써야 해.

1. 다음 중 AI가 교육 분야에서 학생들에게 제공하는 기능으로 거리가 먼 것은?

① 맞춤형 학습 콘텐츠 제공
② 자동 채점 기능
③ 가상 직업 체험 프로그램 제공
④ 자동 화재 경보 시스템 제공
⑤ 학습 자료 검색 지원

2. 다음 문장의 빈칸을 채워 보자.

> AI는 창작 활동에도 활용되고 있어. 그림, 음악, 글쓰기 등 다양한 분야에서 인간
> 의 ____________ (을)를 도우며 새로운 가능성을 열어 주고 있어.

3. 다음 AI의 미래 활용 분야와 그 설명을 올바르게 연결해 보자.

A. 교육 •　　　　　　　　• ㄱ. 개인 맞춤형 건강 관리 서비스 제공
B. 진로 선택 •　　　　　　• ㄴ. 학습 데이터 분석을 통한 강점과 약점 파악
C. 일상생활 •　　　　　　• ㄷ. 적성과 흥미 분석으로 직업 추천
D. 건강 관리 •　　　　　　• ㄹ. AI 비서, AI 번역기 등으로 편의 제공

4. 본문에서 언급된 AI의 현재 활용 사례 중 교육 분야의 예시 3가지를 써 보자.

힌트 본문 첫 번째 부분에서 '특히 교육 분야에서' 다음에 나오는 내용을 찾아봐.

👍 더 알고 싶어 119
📖 도서　▷ 영상　🔍 사이트

📖 『**초등학생을 위한 인공지능 지식 76**』(김영현 외, 길벗, 2022)
　초등 눈높이로 인공지능의 기본 개념과 생활 속 사례 76가지를 그림과 쉬운 문장으로 정리해
줘서 AI가 무엇인지 처음부터 차근차근 이해하고 싶은 친구에게 딱 좋아.

🔍 **Machine Learning for Kids**
　직접 데이터를 주고 컴퓨터에게 '학습'시키는 활동을 통해 머신러닝 원리를 체험
할 수 있게 해 줘. 코딩과 AI 개념을 놀이처럼 배우고 싶은 친구에게 추천할게.

빅 데이터는 우리에게 어떤 영향을 줄까?

빅 데이터와 함께하는 미래, 편리함을 누리고 개인 정보 보호도 잊지 마세요

우리는 지금 '빅 데이터'의 시대에 살고 있어. 빅 데이터는 이미 학교, 병원, 쇼핑몰 등 다양한 곳에서 사용되고 있지. 앞으로는 우리의 생활을 더 편리하게 만들어 줄 거야. 빅 데이터와 함께할 미래, 잘 파악하고 준비해 보자.

학습 키워드 #빅 데이터 #편리함 #개인 정보보호 #미래 #변화

교과 연계 중1 〉 사회 〉 오늘날 우리 사회가 겪는 사회 변동에 대해 조사하고 이러한 사회 변동이 우리 생활에 미치는 영향을 분석한다.

빅 데이터의 의미와 활용 사례

빅 데이터란 말 들어 봤지? 빅 데이터는 방대한 양의 데이터를 뜻하는 용어야. 너희가 하루 동안 사용하는 앱이나 검색하는 인터넷 페이지, 그리고 문자 메시지 같은 것들이 모두 빅 데이터에 포함된단다.

빅 데이터는 어떻게 사용되고 있을까? 먼저 학교에서는 학생들의 학습 패턴을 분석해서 맞춤형 교육 자료를 제공하는 데 사용되고 있어. 병원에서는 환자가 어떤 병을 앓았는지 분석해서 더욱 정확한 진단과 치료를 하는 데 도움을 주고 있지. 마트나 쇼핑몰에서는 이전에 구입했던 것들을 분석해서 이번에 살 상품을 미리 준비하거나, 맞춤형 쿠폰을 제공하기도 해. 빅 데이터는 이처럼 우리가 더 편리하고 효율적인 생활을 할 수 있게 돕고 있단다.

개인 맞춤형 서비스를 제공해 주는 빅 데이터

빅 데이터는 앞으로 우리 삶에 어떤 영향을 미칠까? 빅 데이터를 분석하면 개인의 취향이나 관심사, 행동 패턴 등을 파악해 개인에게 딱 맞는 맞춤형 서비스를 제공할 수 있어. 유튜브에서 너희가 좋아하는 동영상을 추천해 주는 것도 자주 본 동영상 습관이 기록된 빅 데이터를 분석했기 때문이야. 앞으로는 개인의 건강 상태, 운동량, 식습관 같은 빅 데이터를 분석해서 맞춤형 건강 관리 서비스를 제공해 줄 수 있을 거야. 마찬가지로 금융 정보를 분석해서 맞춤형 금융 상품도 추천해 주겠지. 이처럼 다양한 분야에서 개인 맞춤형 서비스가 확대될 거야.

↑ 다양한 정보들이 모인 빅 데이터가 활용되는 과정

사회 문제 해결과 환경 보호에 기여하는 빅 데이터

빅 데이터는 다양한 사회 문제를 해결하는 데 도움을 주기도 해. 범죄가 많이 발생하는 지역을 빅 데이터로 예측해서 그곳에 경찰들을 많이 배치하면 범죄를 예방할 수 있어. 교통 빅 데이터로 차들이 많이 다니는 시간대를 분석하면 교통 체증을 줄이거나, 최적의 경로를 찾는 방법도 쉽게 알려 줄 수 있을 거야. 질병 빅 데이터를 분석하면 질병이 발생하는 빈도나 패턴을 파악해서 예방이나 치료에 활용할 수도 있겠지. 또 빅 데이터를 활용하면 공기 질을 모니터링해서 대기 오염을 줄이기 위한 방법을 찾을 수도 있어. 기후 변화를 예측하거나, 에너지를 효율적으로 쓰는 방법을 찾거나, 멸종 위기 동물을 보호하는 등 다양한 환경 문제를 해결하는 데 기여할 수도 있겠지.

하지만 빅 데이터를 이용하는 게 항상 긍정적인 면만 있는 것은 아니야. 우리가 인터넷에서 하는 모든 행동이 기록되어 분석될 수 있다는 건 사실 무서운 일이잖아. 데이터가 많이 모일수록 갖가지 문제도 생길 테고 말이야. 그래서 우리는 개인 정보를 잘 보호하면서 빅 데이터를 잘 활용할 수 있는 방법을 찾아야 해. 미래에 빅 데이터는 직업을 선택하는 데에도 큰 영향을 미칠 거야. 기술의 발달로 많은 일자리가 사라지겠지만, 새로운 일자리도 많이 생기겠지. 그러면 빅 데이터를 활용할 수 있는 능력이 점점 더 중요해질 테니 너희도 지금부터 빅 데이터와 관련된 다양한 기술을 배우고 익혀 두는 게 좋을 거야.

빅 데이터는 앞으로 우리의 삶과 사회에 많은 변화를 가져올 거야. 빅 데이터의 힘을 잘 활용하면 우리 사회를 더욱 편리하고 풍요롭게 만들 수 있어. 너희도 빅 데이터 시대를 살아가기 위한 다양한 기술을 배우며 미래를 준비해 보기로 하자.

1. 다음 중 빅 데이터의 사용 사례로 옳지 않은 것은 무엇일까?

　① 법원에서 판사의 판결을 대신하여 사건을 심리한다.

　② 환자의 병력을 분석하여 정확한 진단과 치료를 제공한다.

　③ 고객의 구매 패턴을 분석하여 맞춤형 쿠폰을 제공한다.

　④ 인터넷 사용자의 활동을 분석하여 맞춤 광고를 제공한다.

　⑤ 학생들의 학습 패턴을 분석하여 맞춤형 교육 자료를 제공한다.

2. 빅 데이터는 어떻게 개인에게 딱 맞는 맞춤형 서비스를 제공할 수 있을까?

3. 빅 데이터가 환경 문제를 해결하는 데 어떤 기여를 할 수 있을까?

힌트 본문 후반부에 환경 관련 사례가 제시되어 있어. 기후 변화 예측, 에너지의 효율적 사용, 멸종 위기 동물 보호 같은 구체적인 활용 사례를 떠올리면 돼.

4. 빅 데이터 기술 발전이 직업 세계에 미치는 긍정적·부정적 영향을 각각 설명해 보자.

힌트 본문 후반부 미래 직업 변화와 관련된 내용을 참고해서 써 봐.

긍정적 영향

부정적 영향

더 알고 싶어 119

▤ 도서　▷ 영상　🔍 사이트

▷ **빅 데이터란? (What is Big Data?)(소프트웨어야 놀자)**
빅 데이터가 '엄청나게 많은 종류의 데이터'를 뜻해. 빅 데이터가 어떻게 수집·분석해 예측이나 맞춤형 서비스를 만드는지 그림과 예시로 쉽게 보여 주니 기본 개념을 한눈에 이해하고 싶을 때 보기 좋아.

🔍 **청소년 데이터 플랫폼**
청소년 관련 통계와 데이터 시각화, 실습용 자료를 모아 두어서 데이터 분석을 직접 해 보거나 청소년 관련 사실을 근거로 확인하고 싶을 때 유용해.

디지털 시대의 일자리는 어떤 모습일까?

미래 유망 직업을 향한 디지털 리터러시 역량 키우기

디지털 기술이 발전하면서 우리의 삶과 직업에도 큰 영향을 미치고 있어.
그렇다면 미래에 유망한 직업을 갖기 위해 우리는 어떤 준비를 해야 할까?
진화하는 디지털 직업 세계에서 성공하는 데 필요한 방법을 살펴보자.

학습 키워드 #디지털직업 #미래유망직업 #디지털기술 #핵심역량

교과 연계 중1 > 진로와 직업 > 진로와 직업의 의미를 이해하고 다양한 직업인의 진로 특성과 삶의 모습을 탐색한다.

디지털 일자리란 무엇일까?

디지털 기술의 발전은 우리 삶의 많은 부분을 변화시키면서 일자리에도 큰 영향을 미치고 있어. 특히 컴퓨터, 인터넷, 스마트폰 등 디지털 기술을 활용한 디지털 일자리가 많이 늘어나고 있고 이러한 추세는 앞으로 더욱 빨라질 거라 예상되고 있어.

디지털 일자리에는 소프트웨어 개발자, 데이터 분석가, 웹디자이너, 인공지능 전문가, 디지털 마케팅 전문가, 사이버 보안 전문가, UX/UI 디자이너, 클라우드 엔지니어 등이 있어. 디지털 일자리는 지금까지의 전통적인 일자리와는 다른 새로운 형태가 많아. 시간과 공간의 제약 없이 일할 수 있는 환경과 창의적인 아이디어를 발휘하면서 새로운 기술을 배워 성장할 수 있는 기회를 제공해 주고 있지. 또한 디지털 기술의 발전과

함께 끊임없이 새로운 일자리가 등장하고 있어서 미래 사회의 유망한 직업 분야로 주목받고 있어.

디지털 일자리를 준비하기 위해 필요한 것

디지털 일자리를 준비하기 위해서는 몇 가지 노력을 해야 해.

첫째, 디지털 기술에 대해 기본적으로 이해할 수 있어야 해. 코딩, 데이터 분석, 네트워킹 같은 다양한 기술과 파이썬이나 자바 같은 프로그래밍 언어를 배우고, 데이터를 분석하는 방법을 익히는 것이 좋아. 또한 사이버 보안에 대한 이해와 클라우드 컴퓨팅 기술을 배우는 것도 중요해.

둘째, 디지털 직업에 필요한 소프트 스킬을 갖추는 것이 필요해. 문제 해결 능력, 창의력, 비판적 사고, 협업 능력 등이 이에 해당하지. 디지털 직업은 복잡한 문제를 해결하고, 팀원들과 협력해 프로젝트를 진행하는 경우가 많아서 이러한 소프트 스킬이 매우 중요해. 복잡한 데이터 문

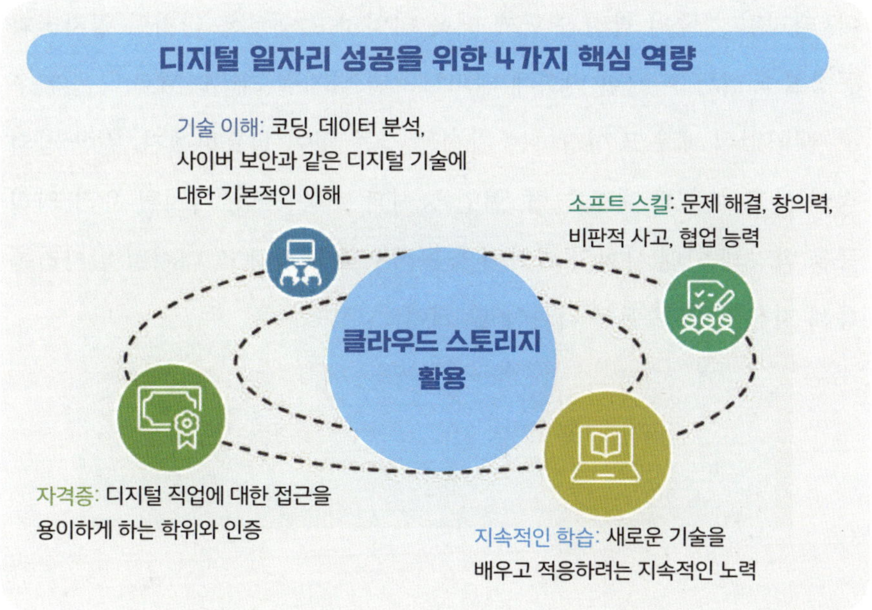

제를 해결하기 위해 창의적인 접근 방식을 찾고, 팀원들과 효과적으로 소통하며 협력하는 능력도 필요해.

셋째, 디지털 직업에 필요한 자격증과 학위 취득도 도움이 될 거야. 컴퓨터 과학, 정보 기술, 데이터 과학 등의 분야에서 학위를 받으면 이와 관련된 직업에 더 쉽게 접근할 수 있어. 또한 특정 기술이나 도구에 대한 자격증을 취득하면 전문성을 인정받을 수 있을 거야. AWS 자격증, 구글 애널리틱스 자격증, 사이버 보안 관련 자격증 같은 것들이야.

넷째, 지속적인 학습과 자기 개발이 중요해. 디지털 기술은 빠르게 변화하고 발전하기 때문에 새로운 기술을 배우고 습득하는 능력이 중요해. 온라인 강의, 학원, 독학 등 다양한 방법으로 꾸준히 학습하고, 새로운 기술에 대한 호기심과 열정을 가져야 해.

미래 디지털 사회의 주인공이 되는 방법

디지털 일자리는 미래 사회의 핵심적인 일자리 형태로 자리 잡을 거야. 디지털 기술의 발전과 함께 더욱 다양하고 새로운 디지털 일자리가 등장할 테니까, 이러한 변화에 대비하려면 디지털 리터러시 역량을 키우고, 끊임없이 배우고 성장하는 자세를 갖는 것이 필요하겠지. 또한 창의적인 사고와 문제 해결 능력, 협업 능력과 소통 능력, 디지털 윤리 의식 등을 함양해 미래 사회의 변화에 능동적으로 대처하고, 디지털 일자리를 통해 자신의 꿈을 펼쳐 나가야 할 거야.

1. 다음 중 디지털 직업의 예로 거리가 먼 것은 무엇일까?

   ① 소프트웨어 개발자　　② 데이터 분석가　　③ 웹 디자이너
   ④ 자동차 정비사　　　　⑤ 인공지능 전문가

2. 디지털 직업을 준비하기 위해 필요한 기본 기술은 무엇일까?

   ----

3. 디지털 직업에서 창의력과 문제 해결 능력이 중요한 이유는 무엇일까?

   힌트 본문의 둘째 부분에서 "디지털 직업은 복잡한 문제를 해결하고…"라는 설명을 찾아봐.

   ----

4. 디지털 일자리 준비를 위한 4가지 노력을 올바른 순서로 배열해 보자.

A. 지속적인 학습과 자기 개발	B. 디지털 기술에 대한 기본적 이해
C. 자격증과 학위 취득	D. 소프트 스킬 갖추기

더 알고 싶어 119　　　　　　　　　　📖 도서　▶ 영상　🔍 사이트

📖 『**10대를 위한 4차 산업혁명 시대 주인으로 살기**』 (김희용, 책연, 2022)
　　4차 산업혁명의 핵심 기술들과 그로 인해 생기는 직업 변화를 청소년 눈높이로 설명하고 어떤
　　역량을 준비해야 할지 실질적으로 알려 주는 책이야. 진로를 생각하는 친구에게 도움될 거야.

▶ **인공 지능(AI) 및 빅 데이터 시대, 직업 세계는 어떻게 변화할까?** (대한민국 통계청)
　　AI와 빅 데이터가 제조·의료·교통·서비스 등 분야에서 어떤 직업 변화를 촉발하는
　　지 사례와 연구 결과로 설명하고 있어. 미래 직업의 흐름을 숫자와 근거로 확인하
　　고 싶을 때 참고하면 좋아.

가상현실과 증강현실, 어떻게 다를까?

현실의 한계를 뛰어넘는 새로운 세상

영화 속 주인공처럼 가상현실 속에서 짜릿한 모험을 즐기고 싶지 않니?
가상현실은 더 이상 꿈이 아닌 현실이야.
가상현실 기술은 우리의 삶을 어떻게 바꾸고 있을까?

학습 키워드 #가상현실 #VR #혼합현실 #디지털기술

교과 연계 중1 〉과학 〉과학의 발전이 인류 문명에 미친 영향을 이해하고, 인공지능 등
첨단 과학기술이 가져올 미래 사회의 변화를 조사하여 발표할 수 있다.

비전 프로와 가상현실 경험

가상현실^{VR}은 컴퓨터 기술을 이용해 만들어진 가상의 환경을 말해. 헤드셋과 장갑 같은 특수 장비를 착용하면 시각, 청각, 촉각 등 다양한 감각을 통해 가상현실을 체험할 수 있지.

애플은 2023년 6월 WWDC에서 VR 헤드셋인 'Apple Vision Pro'를 공개했어. 비전 프로^{Vision Pro}는 AR(증강 현실)과 VR 기능을 결합한 혼합 현실 헤드셋으로 가상 세계와 현실 세계를 동시에 경험할 수 있게 해 주는 도구야. 비전 프로를 이용하면 게임이나 영화를 실제처럼 몰입해서 즐길 수 있고, 페이스타임^{FaceTime}을 통해 다른 사람과 3차원 공간에서 소통할 수 있어. 또한 비전 프로는 맥북이나 아이패드와 연결해서 더 큰 화면에서 작업하거나 3D 모델링 같은 다양한 작업을 수행할 수 있지.

이와 같이 가상현실은 현실과는 다른 새로운 경험을 제공하며, 엔터테인먼트, 교육, 의료, 건축 및 디자인, 부동산, 군사 훈련 등 다양한 분야에서 활용되고 있어. 엔터테인먼트 분야에서는 게임, 영화, 테마파크 등에서 가상현실 기술이 활발하게 사용되고 있지. 가상현실 게임을 통해 실제로 존재하지 않는 세계를 탐험하고, 영화 속 주인공이 되어 이야기를 체험할 수도 있어. 또한 테마파크에서는 가상현실 놀이기구를 이용해 실제로는 경험하기 어려운 짜릿한 경험을 할 수 있단다.

가상현실은 어떻게 활용되고 있을까?

교육 분야에서는 가상현실을 활용해 학습 효과를 높이고, 학생들의 흥미를 유발하는 다양한 콘텐츠가 만들어지고 있어. 역사 수업에서는 가상현실을 통해 과거 시대를 체험하거나 유적지를 방문할 수 있고, 과학 수업에서는 실험 과정을 가상으로 진행해 위험한 실험을 안전하게 경험할 수 있지. 의료 분야에서는 가상현실을 수술 시뮬레이션, 재활 치료, 공포증 치료 등에 활용하고 있어. 뇌졸중 환자는 가상현실 재활 훈련을 통해 운동 능력을 회복하고, 외상 후 스트레스 장애PTSD 환자는 가상현실 노출 치료를 통해 트라우마를 극복할 수 있어. 건축 및 디자인 분야에서는 가상현실을 활용해 건축물이나 제품의 디자인을 미리 확인하고, 수정할 수 있어. 건축가는 가상현실을 통해 건축물의 내·외부를 자유롭게 탐색하며 설계를 검토하고, 디자이너는 가상현실에서 제품의 외관과 기능을 테스트해 사용자 경험을 개선할 수 있지. 이를 통해 실제 제작 단계에서 발생할 수 있는 오류를 줄이고, 효율적인 디자인 프로세스를 구축할 수 있어. 부동산 분야에서는 가상현실을 활용해 모델하우스를 방문하지 않고도 집 내부를 둘러볼 수 있는 서비스를 제공하고 있어. 이는

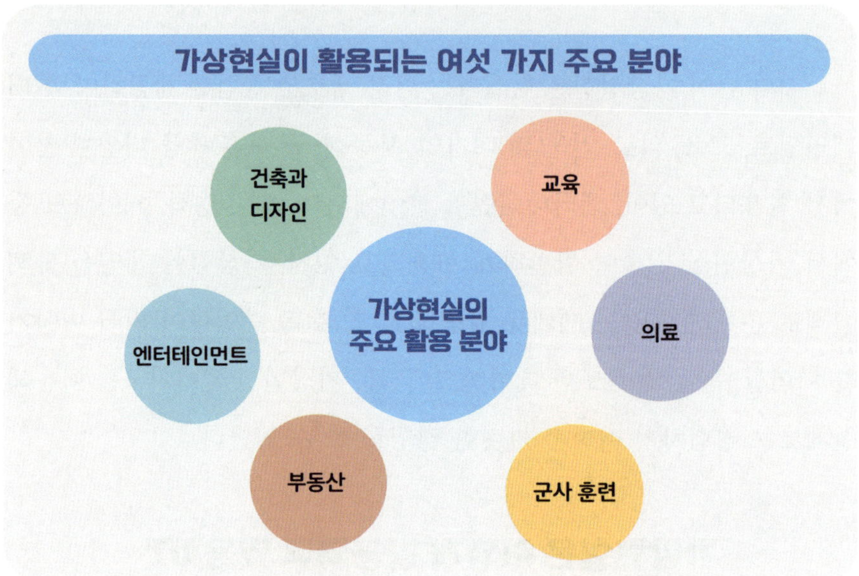

시간과 비용을 절약하고, 더 많은 매물을 편리하게 확인할 수 있도록 도와줘. 군사 훈련 분야에서는 가상현실을 활용해 실제 전투와 유사한 환경을 조성하고, 병사들의 전투 능력을 향상시키는 훈련을 하고 있어. 가상현실은 위험한 상황을 안전하게 체험하고 대처 능력을 키우는 데에도 활용하고 있지. 소방관들은 가상현실을 통해 화재 현장을 체험하고, 대피 요령을 익힐 수 있어.

가상현실 기술이 앞으로 더욱 발전하면 우리 삶의 다양한 영역에서 더 큰 영향력을 미칠 거야. 특히 몰입감을 높이는 기술이나 현실과 가상을 더욱 자연스럽게 연결하는 기술, 다양한 감각을 활용하는 기술 등이 발전하면 가상현실의 활용 범위가 더 넓어질 거야. 가상현실은 사회적 문제 해결에도 기여할 수 있어. 가상현실을 활용해 장애인이나 노인들에게 새로운 경험을 제공하거나, 사회적 약자들을 위한 교육 및 훈련 프로그램을 개발할 수 있지.

1. Apple Vision Pro는 어떤 기술을 결합한 헤드셋일까?

2. 가상 현실 기술은 교육 분야에서 어떻게 활용될 수 있을까?

힌트 본문에서는 역사 수업과 과학 수업에서 가상현실을 적용한 사례를 제시하고 있어. 과거 시대 체험, 유적지 방문, 가상 실험 등을 포함하여 학습 흥미와 효과를 높이는 방법을 찾아봐.

3. 다음 가상현실의 활용 분야와 예시를 알맞게 연결해 보자.

A. 교육   •
B. 의료   •
C. 부동산   •
D. 군사 훈련 •

• ㄱ. 수술 시뮬레이션, 재활 치료
• ㄴ. 가상 유적지 방문, 가상 실험
• ㄷ. 화재 현장 체험, 대피 훈련
• ㄹ. 모델하우스 내부 미리 보기

더 알고 싶어 119

📖 도서   ▷ 영상   🔍 사이트

📖 **『청소년이 꼭 알아야 할 메타버스 이야기』** (이종호 외, 북카라반, 2024)
메타버스의 개념·기술·사회적 영향과 문제점까지 질문 형식으로 쉽게 풀어 주어서 메타버스가 무엇인지 전체 그림을 빠르게 잡을 수 있어.

▷ **영화 〈레디 플레이어 원〉**
엄청난 가상공간 'OASIS' 속에서 현실과 가상, 기업 권력의 문제까지 그려 주어 가상세계가 어떤 기회와 위험을 안길지 상상해 보기에 딱 맞춤인 영화야.

🔍 **코스페이시스 에듀** 3D 모델링·가상 체험을 학생 작품 중심으로 보여 주어 직접 만들어 보며 가상·증강 환경을 이해하고 싶은 친구에게 도움이 돼.

교육도 기술 덕분에 변하고 있다고?

디지털 기술로 혁신되는 한국의 교육과 학습

에듀테크가 교육과 개인 학습에 큰 변화를 가져오고 있어. 스마트 교실, 맞춤형 학습, 협업 학습 등 다양한 측면에서 긍정적인 변화가 일어나고 있지만, 새로운 도전 과제도 생기고 있지. 이러한 변화에 잘 대응하기 위해서는 디지털 리터러시가 필수적이야.

학습 키워드 #에듀테크 #맞춤형학습 #협력학습 #디지털리터러시
교과 연계 중1 > 기술과 가정 > 정보통신과 인공지능 기술의 활용 사례를 탐구하고 정보통신과 인공지능 기술이 우리 삶에 미치는 영향을 다양한 관점에서 평가한다.

디지털 기술의 발전은 교육 분야에도 큰 영향을 미치고 있어. 특히 에듀테크EduTech는 우리나라의 교육 현장에 새로운 바람을 불어넣고 있지. 에듀테크는 교육Education과 기술Technology의 합성어로 디지털 기술을 활용해 교육 효과를 높이고 학습 경험을 향상시키는 다양한 서비스와 도구를 통틀어 말하는 거야.

에듀테크가 바꿔 놓은 학습 경험

에듀테크는 학생들의 학습 방식을 변화시키고 있어. 과거에는 교과서와 칠판을 중심으로 이루어지던 수업이 지금은 스마트 기기나 온라인 학습 플랫폼, 교육용 앱 등 다양한 에듀테크 도구를 활용해 더욱 풍부하고 효과적인 학습 경험을 제공하고 있지. 학생들은 태블릿 PC를 디지털

교과서처럼 활용해 온라인 학습 플랫폼에서 다양한 강의 영상을 시청하고 교육용 앱을 이용해 게임처럼 재미있게 학습하고 있어. 이러한 에듀테크 도구들은 학생들의 흥미와 참여를 유도해 주기 때문에 자기주도 학습 능력을 키우는 데 도움을 줄 수 있어.

에듀테크는 맞춤형 학습을 돕기도 해. 인공지능[AI] 기술을 활용한 맞춤형 학습 시스템은 학생 개개인의 학습 수준과 속도, 흥미, 학습 스타일 등을 분석해서 가장 적합한 학습 콘텐츠와 경로를 알려 주고 있어. 이러한 맞춤형 학습은 학생들의 학습 효율성을 높여서 학습 격차를 해소하는 데 기여할 거야.

에듀테크는 협력 학습도 촉진시킬 수 있어. 온라인 학습 플랫폼, 화상 회의 도구, 협업 도구 등을 활용하면 시간과 공간의 제약 없이 다른 학생들과 함께 학습하면서 프로젝트를 수행할 수 있지. 이는 학생들의 의사소통 능력과 협업 능력, 문제 해결 능력처럼 미래 사회를 살아가기 위해 필요한 핵심 역량을 키우는 데 도움을 줄 거야.

에듀테크가 변화시킨 교육 환경

에듀테크는 선생님의 역할도 변화시키고 있어. 예전에는 선생님이 학생들에게 지식을 전달하는 역할을 했다면, 지금은 학생들의 학습 활동을 안내하고 돕는 역할이 더욱 중요해지고 있어. 선생님은 에듀테크 도구를 활용해 다양한 학습 자료를 전달하고, 학생들의 학습 과정을 모니터링하면서 개인의 특성에 맞는 맞춤형 피드백을 제공해 줄 수 있지.

에듀테크는 학부모와 선생님에게도 많은 도움을 줄 수 있어. 학부모는 온라인 포털을 통해 자녀가 어디까지 공부하는지 학습 진도를 실시간으로 확인할 수 있고, 선생님과 직접 소통하면서 자녀가 열심히 공

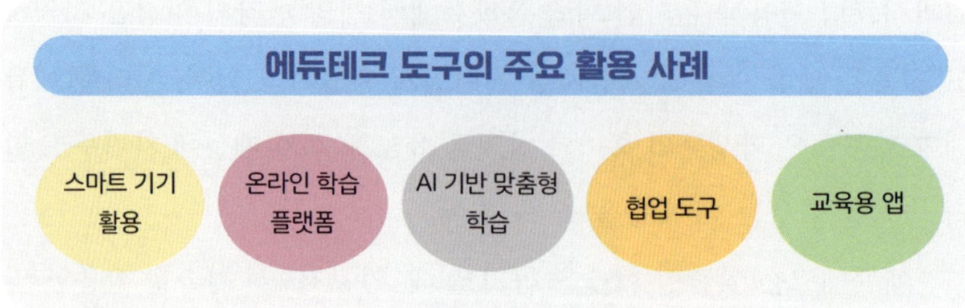

부하고 있는지 이야기를 나눌 수 있지. 선생님도 학생들의 학습 데이터를 분석해서 효과적인 학습 전략을 세운 다음, 학생에게 필요한 맞춤형 지도를 할 수 있어.

에듀테크의 그림자, 해결해야 할 과제들

에듀테크의 발전은 교육 분야에 긍정적인 영향만 끼치는 게 아니야. 디지털 기기를 너무 많이 사용하면 건강에 해로운 영향을 미칠 수 있거든. 또한 사이버 폭력이나 개인 정보 침해, 유해 콘텐츠 노출 같은 다양한 문제를 일으킬 수도 있지. 가장 큰 문제는 디지털 격차로 인해 모든 학생들이 에듀테크의 혜택을 누리지 못할 수도 있다는 점이야. 에듀테크를 교육에 활용할 때는 이러한 문제점을 미리 인지하고 저소득층 학생들을 위해 디지털 기기 사용과 인터넷 접근성을 개선하려는 노력이 필요해.

에듀테크가 가져온 변화에 잘 대응하기 위해서는 학생과 선생님 모두가 디지털 리터러시를 갖추는 것이 중요해. 디지털 시대의 주인공이 되기 위해 우리 모두 디지털 기술을 잘 이해하고 활용하는 능력을 기르기 위해 노력해 보자.

1. 다음 중 에듀테크의 특징으로 옳지 않은 것은 무엇일까?

    ① 스마트 기기와 온라인 학습 플랫폼을 활용하여 풍부한 학습 경험을 제공한다.

    ② 맞춤형 학습 시스템을 통해 개인별 최적화된 학습 콘텐츠를 제공한다.

    ③ 학생 간 협업 학습을 촉진한다.

    ④ 교사와 부모의 역할을 감소시킨다.

    ⑤ 학생들의 자기 주도 학습 능력을 향상시킨다.

2. 에듀테크는 어떤 기술로 학생들에게 맞춤형 학습을 제공해 주는 걸까?

    ----

3. 에듀테크를 통해 학생들이 얻을 수 있는 혜택에는 어떤 것들이 있을까?

    힌트 본문의 에듀테크 장점을 다룬 부분(2~6문단)을 참고해 봐.

    ----

4. 다음 문장의 빈칸에 알맞은 말을 넣어 보자.

> 에듀테크는 교육(Education)과 ______________의 합성어로 디지털 기술을
> 활용해 교육 효과를 높이고 학습 경험을 향상시키는 다양한 서비스와 도구를 통
> 틀어 말합니다.

더 알고 싶어 119

📖 도서 ▷ 영상 🔍 사이트

📖 **『에듀테크 수업 활용 가이드북』** (한국교육학술정보원, 2023)
에듀테크 제품 유형과 실제 수업 활용 사례, 다운로드 가능한 자료까지 담고 있어.
학교나 수업에서 어떤 도구를 어떻게 쓸지 빠르게 참고하기에 좋아.

▷ **미래교육 플러스-교육, 시공간을 초월하다** (EBS Culture)
실제 학교·기업 사례와 인터뷰로 기술이 교육 현장에 어떤 변화를 만드는지 보여
주니, 에듀테크의 실제 적용 모습을 영상으로 이해하고 싶을 때 보기 좋아.

디지털 윤리,
미래 사회에서 더 중요한 이유?

개인 정보 보호와 AI 윤리의 중요성

디지털 기술의 발전은 우리 생활을 편리하게 만들어 주었지만,
이에 따른 윤리적 문제도 발생시키고 있어.
디지털 시대에 꼭 지켜야 할 윤리적 가치에 대해 알아보자.

학습 키워드 #개인 정보보호 #저작권 #프라이버시 #AI윤리 #디지털윤리
교과 연계 중1 > 정보 > 인공지능 학습에 필요한 데이터의 수집과 활용에서 발생하는 윤리적인
문제의 해결 방안을 구상한다.

디지털 시대를 살아가는 학생들은 디지털 윤리를 필수적으로 이해하고 실천해야 해. 디지털 윤리란 디지털 기술을 사용하면서 지켜야 할 도덕적 기준과 행동을 뜻해. 단순히 법을 잘 지키는 것을 넘어, 디지털 세상에서 서로 존중하고 올바르게 행동하는 것까지 포함하고 있지.

디지털 윤리의 의미와 핵심 가치들

디지털 기술의 발전은 개인 정보 보호나 저작권 준수, 프라이버시 존중 같은 다양한 윤리적 문제를 일으킬 수 있어. 디지털 환경에서는 개인 정보가 쉽게 유출될 수 있어서 심각한 피해로도 이어질 수 있지. 따라서 개인 정보를 수집하고 활용하는 기업이나 기관은 개인 정보 보호 정책을 반드시 잘 지켜야 해. 개인 정보를 보호하기 위해서는 소셜 미디어

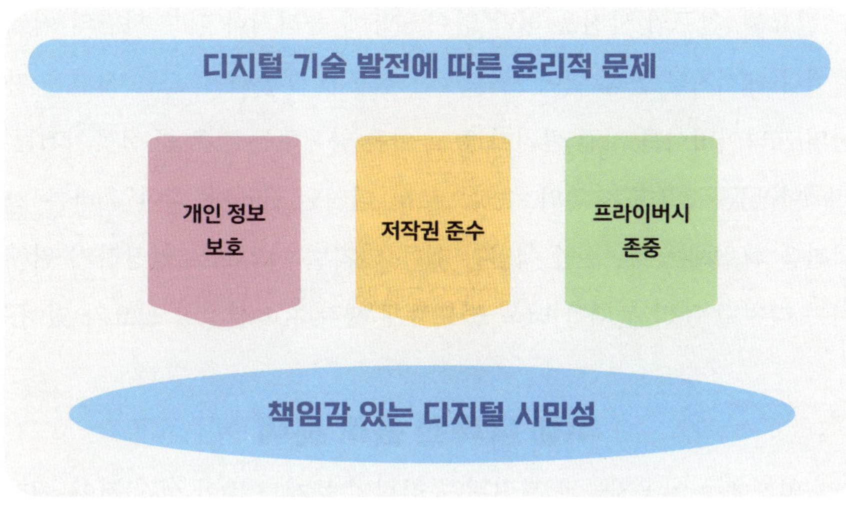

에 자신에 대한 정보를 너무 많이 올리지 않는 것이 좋아. 디지털 계정에는 강력한 비밀번호를 사용하고, 공공장소에서 와이파이를 사용할 때도 조심해야 해.

저작권을 준수하는 것도 꼭 지켜야 할 디지털 윤리 중 하나야. 인터넷에는 다양한 자료가 존재하지만, 모든 자료를 마음대로 사용할 수 있는 것은 아니야. 다른 사람이 만든 글이나 사진, 음악 등을 사용할 때는 저작권을 갖고 있는 사람의 허락을 받아야 해. 학교 과제를 할 때 인터넷에서 이미지를 가져와서 사용하고 싶다면 그 이미지에 저작권이 있는지부터 확인하고, 필요하다면 사용 허가를 받아야 하는 거야. 저작권을 무시하고 무단으로 사용하는 것은 도둑질이나 다름없어.

책임감 있는 디지털 시민으로 성장하기

디지털 기술을 사용할 때는 다른 사람의 프라이버시를 존중하는 것도 필요해. 친구의 사진을 허락 없이 SNS에 올리거나 다른 사람의 이메일이나 메시지를 몰래 열어 보는 것은 잘못된 행동이야. 모든 사람은 자신의 프라이버시를 지킬 권리가 있고 이를 침해하는 것은 큰 잘못이거든.

학생들은 미래 사회의 주역으로서 디지털 윤리에 대한 올바른 가치관을 확립해야 해. 특히 책임감 있는 디지털 시민으로 성장하기 위해서는 디지털 윤리 문제를 더욱 중요하게 생각하고 실천할 필요가 있어.

AI를 둘러싼 윤리 문제

미래에는 인공지능과 관련된 윤리적인 문제도 많이 생길 거야. AI가 사람의 일자리를 대신했을 때 우리는 어떻게 대응해야 할까? 또 AI가 잘못된 판단을 내렸을 때 그 책임은 누가 져야 할까? AI가 판단을 내리는 과정에서 차별이나 편향은 없을까? AI의 결정이 어떻게 이루어지는지 사람들에게 투명하게 공개하는 것도 중요해. AI 윤리를 지키는 중요한 원칙은 공정성과 투명성이기 때문이지. 이를 통해 AI 기술이 신뢰를 얻을 수 있을 것이고, 윤리적인 사용도 가능해질 거야.

디지털 기술은 앞으로도 계속 발전될 것이고, 이에 따라 새로운 윤리적 문제들도 꾸준히 생겨날 거야. 따라서 우리는 디지털 윤리에 대해 계속 고민하고, 이를 실천하기 위해 노력해야 해. 너희도 디지털 기술과 관련한 윤리적인 기준을 이해하고 실천하려는 자세가 필요해. 디지털 윤리를 지키는 것은 더 나은 디지털 사회를 만드는 데 중요한 역할을 하기 때문이지.

1. 다음 중 디지털 윤리에 포함되지 않는 것은 무엇일까?

① 개인 정보 보호　　　② 디지털 기기의 최신 모델 사용
③ 다른 사람의 사생활 존중　④ 저작권 준수
⑤ AI 윤리

2. 개인 정보 보호를 위해 실천해야 할 방법에는 어떤 것들이 있을까?

3. 다음 문장의 빈칸에 들어갈 알맞은 말을 써 보자.

> 디지털 윤리란 디지털 기술을 사용하면서 지켜야 할 (①)과 (②)을 뜻해. 단순히 법을 잘 지키는 것을 넘어, 디지털 세상에서 서로 (③)하고 올바르게 행동하는 것까지 포함하고 있지.

4. 다음 디지털 윤리 영역과 그에 해당하는 실천 방법을 올바르게 연결해 보자.

A. 개인 정보 보호　·　　· ㄱ. 친구의 사진을 허락 없이 SNS에 올리지 않기
B. 저작권 준수　·　　· ㄴ. 강력한 비밀번호 사용하기
C. 프라이버시 존중 ·　　· ㄷ. 인터넷 이미지 사용 전 저작권 확인하기

더 알고 싶어 119　　　　　📖 도서　▷ 영상　🔍 사이트

📖 『**초·중·고 디지털 새싹을 위한 인공지능윤리**』 (마대성 외, 연두에디션, 2023)
초·중·고 학생 눈높이로 AI 윤리의 기본 원칙과 실제 사례를 정리해 주어 인공지능 관련 문제를 처음 체계적으로 배우고 싶은 친구에게 추천할 만해.

▷ **[초등 중학년] 인공지능·메타버스·1인 미디어 윤리** (아름다운 디지털 세상)
영상·활동지·PPT 등 실습형 자료를 함께 제공해 상황별 윤리 판단을 직접 연습해 보고 싶은 친구에게 실용적이야.

빠르게 변하는 기술, 어떻게 따라갈까?

빠르게 변화하는 디지털 기술: 우리의 준비와 도전

디지털 기술의 발전 속도는 놀라울 정도로 빨라.
우리의 생활과 학습 방식을 근본적으로 변화시키고 있는 변화에 대비하기 위해
어떤 능력을 길러야 할지 생각해 보자.

학습 키워드　#디지털기술　#지속적학습　#디지털리터러시　#창의성　#문제해결능력
교과 연계　중1 〉 정보 〉 디지털 사회의 특성을 탐구하고 사회 변화에 따른 직업의 변화를 탐구한다.

디지털 혁신이 바꾸는 오늘과 내일

디지털 기술은 눈 깜짝할 사이에 발전하고 있어. 덕분에 우리는 더 빠르고 편리하게 생활할 수 있게 되었지. 하지만 일자리 감소, 개인 정보 침해, 디지털 격차 같은 문제도 함께 나타나고 있어.

예를 들어 무인 계산대의 도입으로 편리함은 늘었지만 기존에 계산 업무를 맡던 사람들의 일자리가 줄어드는 문제가 생겼어. 또 인터넷 사용에 익숙하지 않은 사람은 새로운 서비스를 이용하기 어려워서 불편을 겪기도 해. 우리는 이런 변화 속에서 문제를 해결하고 디지털 기술 변화에 능동적으로 대처하며 미래 사회에 필요한 역량을 키워야 해.

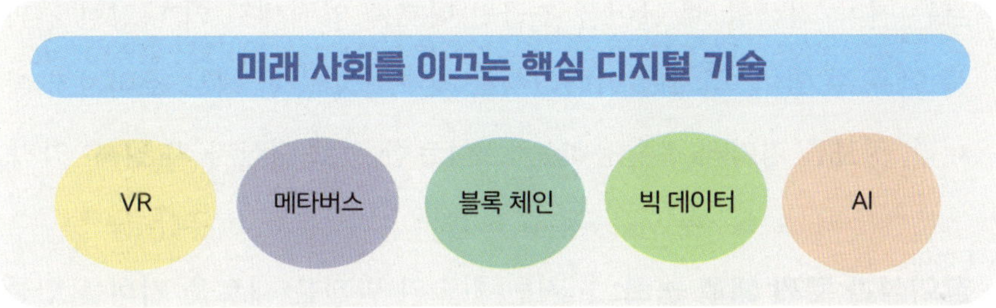

미래를 위한 세 가지 필수 역량

디지털 기술의 빠른 성장과 변화에 대비하기 위해서는 몇 가지 준비가 필요해.

· **지속적인 학습과 적응 능력**: 디지털 기술은 빠르게 변하기 때문에 새로운 기술을 배우고 변화에 적응하는 능력이 중요하지. 프로그래밍 언어를 배우거나 새로운 소프트웨어 사용법을 익히는 것도 좋은 방법이야. 가령 3D 프린터 프로그램을 다룰 수 있다면 학교 과학 전시회나 발명 대회에서 직접 만든 작품을 선보일 수 있겠지. 새로운 기술을 익히는 건 마치 새로운 언어를 배우는 것과 같아서 처음에는 어렵지만 익숙해지면 세상을 보는 시야가 넓어져. 학교에서 배우는 코딩 기초나 영상 편집 기술도 나중에 취미나 직업으로 발전시킬 수 있을 거야.

· **디지털 리터러시 향상**: 디지털 리터러시는 단순히 정보를 검색하는 것을 넘어 그 정보가 정확하고 신뢰할 수 있는지 판단하는 능력이야. 가짜 뉴스나 왜곡된 정보를 피하려면 출처를 확인하고, 여러 자료를 비교하는 습관이 필요해. 예를 들어 "지구 온난화가 멈췄다."는 글을 본다면 과학자들이 쓴 공식 보고서나 신뢰성 있는 뉴스 매체를 함께 찾아

보는 거야. 검색할 때 단어를 조금만 다르게 입력해도 더 다양한 결과를 얻을 수 있어. 디지털 리터러시를 갖추면 단순한 정보 소비자가 아니라, 정보를 평가하고 활용하는 '스마트한 정보 생산자'가 될 수 있지.

• **창의성과 문제 해결 능력:** 디지털 기술의 발전은 새로운 기회를 만들지만, 동시에 새로운 문제도 가져와. 예를 들어 기후 변화 문제를 해결하기 위해 빅 데이터를 분석해 에너지 사용 패턴을 개선하는 아이디어를 낼 수도 있어. 또는 가상현실을 이용해 장애가 있는 사람이 이동 연습을 할 수 있게 돕는 프로그램을 만들 수도 있지. 친구들과 팀을 이루어 서로 다른 관점과 아이디어를 모으면 훨씬 창의적인 해결책을 만들 수 있어. 게임 개발, 로봇 제작, 영상 콘텐츠 제작 등 다양한 분야에서 기술과 창의성이 만나면 상상 속에서만 존재하던 것이 현실로 바뀌기도 해.

함께 만드는 더 나은 디지털 사회

디지털 기술의 빠른 성장과 변화는 우리에게 많은 기회를 주지만 준비되지 않으면 어려움도 커질 수 있어. 그렇기 때문에 지속적으로 학습하고, 디지털 리터러시와 창의성, 문제 해결 능력을 키우는 것이 필수야. 디지털 시대의 주인공이 되려면 기술을 단순히 소비하는 수준을 넘어, 이해하고 적극적으로 활용하는 힘을 갖춰야 해. 이를 준비한다면 미래 사회에서 더 주도적인 역할을 하며, 모두가 더 나은 디지털 세상을 만드는 데 기여할 수 있을 거야. 그리고 이런 노력은 단지 나 혼자만의 성장을 넘어 친구와 가족, 지역 사회, 더 나아가 전 세계와 연결되는 길을 열어 줄 거야.

1. 다음 중 메타버스의 활용 분야로 옳지 않은 것은 무엇일까?

① 소셜 네트워킹　　② 게임　　③ 금융 거래　　④ 교육　　⑤ 엔터테인먼트

2. 디지털 리터러시를 향상시키려면 어떤 능력이 필요할까?

3. 디지털 기술의 급속한 발전이 우리 사회에 미치는 긍정적, 부정적 영향에는 어떤 것들이 있을까?

힌트 본문에서는 디지털 기술이 주는 편리함과 기회, 그리고 일자리 감소·개인 정보 침해 등 부정적 영향이 모두 언급되고 있어.

긍정적 영향:

부정적 영향:

4. 아래 기술과 그 활용 예시를 연결해 보자.

A. 인공지능(AI)　•　　　•ㄱ. 기후 변화 예측을 위해 기상 정보를 분석

B. 빅 데이터　•　　　•ㄴ. 온라인 투표의 신뢰성과 보안 강화

C. 가상현실(VR)　•　　　•ㄷ. 원격 진료 시 AI를 활용한 질병 진단

D. 블록체인　•　　　•ㄹ. 가상 공간에서 실험 수업 진행

더 알고 싶어 119　　📖 도서　▷ 영상　🔍 사이트

📖 **『디지털 리터러시 교실』**(박일준, 김묘은, 북스토리, 2020)
디지털 도구와 미디어가 실제 수업과 생활에서 어떻게 쓰이는지 사례와 도구별 팁을 곁들여 설명하니, 빠르게 바뀌는 기술 속에서 '무엇을 배워야 할지' 전체 그림을 보고 싶을 때 읽어 보길 추천해.

▷ **미래교육 플러스-디지털 리터러시 교육 2부:디지털 시민, 역량을 길러라!** (EBS Culture) 교사·전문가 인터뷰와 학교 사례를 통해 디지털 시민성과 실무 역량을 어떻게 기르는지 보여 주는 영상이야. 교육 현장에서 기술이 실제로 어떻게 적용되는지 영상으로 확인하고 싶을 때 보면 좋겠어.

책임감 있는
디지털 창작자가 되려면?

책임감 있는 디지털 창작자 되기

디지털 리터러시의 미래는 다양한 디지털 창작자들의 활동에 의해 만들어지고 있어.
현재 디지털 창작자들이 어떻게 활동하고 있는지 한번 알아볼까?

학습 키워드 #디지털창작자 #인플루언서 #디지털아티스트 #책임감 #창의성 #신뢰성
교과 연계 중1 〉국어 〉매체 소통에서의 권리와 책임을 이해하고 수용자의 반응을 고려하며 매체 자료의 제작 과정을 성찰한다.

누구나 될 수 있는 디지털 창작자

디지털 기술의 발전은 창작 활동의 새로운 길을 열었어. 예전에는 그림, 음악, 글 같은 창작 활동을 재능 있는 일부 사람만 할 수 있었지만, 이제는 누구나 디지털 도구를 활용해 창작자가 될 수 있어. 디지털 창작자는 영상, 글, 그림 등 다양한 콘텐츠를 만들어 공유하는 사람들을 말해.

유튜버와 스트리머는 게임, 일상, 교육, 리뷰 등 여러 주제로 영상을 제작해 시청자와 소통하고 있어. 인플루언서는 인스타그램, 틱톡 등에서 패션, 뷰티, 여행 같은 주제로 팔로워와 소통하지. 블로거와 작가는 블로그, 전자책 등으로 여행기, 요리, 기술 리뷰, 에세이를 쓰고, 팟캐스터는 인터뷰나 이야기 등 오디오 콘텐츠를 제작하고 있어. 디지털 아티스트는 디지털 드로잉, 애니메이션, 그래픽 디자인 등을 창작해 작품을 공유한단다.

이들은 광고, 후원, 협찬, 출판, 캐릭터 상품 판매 등으로 수익을 얻을 수 있어. 웹툰 작가, 게임 개발자, 3D 모델러, VR·AR 콘텐츠 제작자처럼 다양한 분야에서 활동하며, 창의성과 기술로 세상에 긍정적인 영향을 줄 수 있지.

창작의 자유와 책임

하지만 창작의 자유와 함께 책임도 따르는 법이야. 콘텐츠는 사실에 기반하고 편향 없이 공정하게 만들어야 해. 리뷰나 추천을 할 땐 장단점을 모두 소개하고 협찬 여부를 밝혀야 해. 또 댓글·메시지로 피드백을 듣고 성실히 반응하는 태도가 필요하지.

다른 사람의 개인 정보를 무단 공개하거나 부적절한 콘텐츠를 올리면 안 돼. 의견이 달라도 사이버 괴롭힘 없이 책임감 있게 대화해야 하지. 또한 다른 사람의 콘텐츠를 단순 모방하지 말고 자신만의 아이디어를 담아야 창작자로서 신뢰와 인기를 유지할 수 있어.

디지털 창작자는 새로운 문화를 만들어 가는 주역이야. 창의적인 아이디어를 디지털 기술로 표현하면 세상을 더 즐겁고 풍요롭게 만들 수 있어. 저작권 존중, 윤리적 책임, 정보의 신뢰성을 지키며 건강한 디지털 문화를 만드는 데 힘써야 해.

1. 다음 중 디지털 창작자의 유형에 해당하지 않는 것은 무엇일까?

① 유튜버   ② 스트리머   ③ 인플루언서   ④ 파일럿   ⑤ 팟캐스터

2. 디지털 창작자는 어떻게 경제적 수익을 얻을까?

----

3. 제품 리뷰나 추천 콘텐츠를 제작할 때 디지털 창작자가 지켜야 할 중요한 태도 두 가지는 무엇일까?

----

4. 디지털 창작자가 창의성을 유지하고 독창적인 콘텐츠를 만들기 위해 지켜야 할 원칙에는 어떤 것들이 있을까?

힌트 독창적인 아이디어, 저작권 존중, 청중과의 신뢰 형성 등에 대해 본문에서 찾아봐.

더 알고 싶어 119

📖 도서   ▷ 영상   🔍 사이트

📖 **『유튜브 탐구 생활』**(연유진 외, 풀빛, 2020)
유튜브를 보는 방법·콘텐츠를 만드는 과정·창작자가 지켜야 할 윤리(광고 표기 등)를 어린이 눈높이로 친절히 정리하고 있어. 유튜브에 관심 많은 친구가 기본을 빨리 배우는 데 도움이 될 거야.

▷ **미래학교 1부-디지털 네이티브의 학교를 열다**(EBS Documentary)
여러 나라의 사례와 학생들의 실제 수업 모습을 통해 디지털 기기와 교육 방식이 어떻게 결합되는지 보여 주는 다큐야. 디지털 창작자가 학교에서 어떤 경험을 쌓을 수 있는지 보고 싶을 때 추천해.

🔍 **커리어넷 주니어 직업정보** 직업별 설명·필요 역량·관련 동영상 등을 초등·중학생 눈높이로 제공하니, '디지털 창작자' 같은 직업을 구체적으로 알아보고 싶을 때 믿고 찾아볼 수 있어.

디지털 네이티브, 나는 어떤 모습일까?

디지털 리터러시의 미래를 이끌어 가는 세대

디지털 네이티브는 디지털 기술이 일상화된 환경에서 자라난 세대를 뜻해.
그렇다면 디지털 네이티브가 현재 어떤 역할을 하고 있는지 알아볼까?

학습 키워드　#디지털네이티브 #디지털리터러시 #정보접근성 #협업 #윤리적행동

교과 연계　중1 〉 정보 〉 디지털 사회의 구성원으로서 편리하고 안전한 생활을 위한 규칙에 대해 민주적으로 논의하고 실천 방안을 수립한다.

디지털 네이티브의 정의와 세대 구분

디지털 네이티브는 어릴 때부터 컴퓨터, 스마트폰, 인터넷 등 디지털 기기를 자연스럽게 사용했기 때문에 디지털 기술을 활용해 정보를 습득하고 소통하고 문제를 해결하는 데 능숙한 세대를 뜻해. 단순히 디지털 기기를 잘 다루는 것을 넘어 디지털 기술을 활용해서 창의적인 아이디어를 발휘하고 새로운 가치를 창출하는 능력을 갖추고 있지. 디지털 도구를 이용해 그림, 음악, 영상 등 다양한 콘텐츠를 제작하면서 자신의 창의성을 표현하기도 해.

디지털 네이티브는 나이와 관계없이 디지털 기술에 대한 이해도와 활용 능력에 따라 정의돼. 나이가 많더라도 디지털 기술에 대한 이해도가 높고 적극적으로 활용하는 사람이라면 디지털 네이티브라고 할 수 있어.

창의적 표현과 학습 방식의 변화

디지털 네이티브는 다양한 애플리케이션과 플랫폼을 통해 자신의 생각을 표현하고 공유하고 있어. 유튜브나 틱톡과 같은 플랫폼에서 자신만의 콘텐츠를 제작하고 이를 통해 다른 사람들과 자연스럽게 소통하고 있지.

디지털 네이티브는 정보 접근성과 학습 측면에서도 큰 장점을 가지고 있어. 이들은 언제 어디서나 필요한 정보를 검색할 수 있고 온라인 강의나 튜토리얼을 통해 새로운 기술을 빠르게 배울 수 있어. 이는 전통적인 학습 방식과는 다른 접근법으로, 자율적인 학습과 문제 해결 능력이 필요하지. 코딩을 배우고 싶을 때는 인터넷에서 무료로 제공되는 강의를 보면서 자율적으로 학습할 수 있어.

글로벌 협업과 핵심 역량

디지털 네이티브는 협업과 소통의 방식을 혁신적으로 변화시켰어. 이들은 다양한 디지털 도구를 활용해 전 세계 사람들과 실시간으로 협력하고, 프로젝트를 수행할 수 있지. 이는 물리적인 제약을 넘어서는 협업을 가능하게 해서 글로벌한 시각을 갖추는 데도 큰 도움이 될 거야.

디지털 네이티브가 된다는 것은 단순히 디지털 기술을 잘 다루는 것을 넘어, 디지털 시대에 필요한 역량을 갖춘다는 것을 뜻해. 디지털 네이티브가 되려면 정보를 비판적으로 수용하고, 가짜 뉴스나 유해 콘텐츠에 현혹되지 않도록 주의해야 해. 또한 디지털 도구를 활용해 효과적으로 의사소통하고 협력하면서 새로운 지식과 정보를 창출하는 능력도 중요하단다. 디지털 네이티브는 디지털 시민으로서 책임감을 가지고, 디지털 기술을 윤리적으로 사용해야 해. 개인 정보 보호, 저작권 존중, 사이버 폭력 예방 등 디지털 윤리를 제대로 이해하면서 올바른 디지털 시민 의식을 갖추는 것이 중요하지.

미래 사회의 주역으로서의 성장

디지털 네이티브는 앞으로 미래 사회의 주역이 될 거야. 따라서 디지털 네이티브로서 역량을 갖추는 것은 미래 사회에서 성공하기 위한 필수 조건이 되겠지. 디지털 네이티브는 끊임없이 배우고 성장할 필요가 있어. 디지털 기술이 빠르게 변화하고 발전하기 때문에, 새로운 기술에 대한 호기심과 열정을 품고 끊임없이 학습하고 탐구해야 하는 거야. 다양한 분야의 사람들과 교류하고 협력하면서 새로운 아이디어를 창출하고 문제 해결 능력을 키워야 해.

너희는 디지털 리터러시의 미래를 이끌어 갈 중요한 세대야. 앞으로 너희가 디지털 기술을 자연스럽게 사용하면서 정보 접근성과 학습, 협업과 소통의 방식을 혁신적으로 변화시킬 거니까 말이야. 디지털 네이티브의 역할과 능력은 앞으로의 사회 변화에 큰 영향을 미칠 것이고 이들이 만들어 갈 미래는 더욱 풍부하고 다채로워질 거야.

1. 다음 중 디지털 네이티브의 특징으로 옳지 않은 것은 무엇일까?

   ① 인터넷과 소셜 미디어를 통해 전 세계와 연결되어 있다.
   ② 디지털 장치를 능숙하게 사용하고 다양한 애플리케이션과 플랫폼을 통해 아이디어
      를 표현하고 공유한다.
   ③ 전통적인 학습 방법을 선호하며 독립적인 학습보다는 교실 수업에 의존한다.
   ④ 온라인 수업이나 튜토리얼을 통해 빠르게 새로운 기술을 배운다.
   ⑤ 글로벌 관점을 가지고 디지털 도구를 활용하여 실시간으로 협업한다.

2. 디지털 네이티브가 갖추어야 할 중요한 능력 두 가지는 무엇일까?

3. 디지털 네이티브가 윤리적이고 책임감 있게 행동하는 것이 왜 중요할까?

   힌트 개인 정보 보호, 저작권 존중, 사이버 폭력 예방 등 디지털 윤리에 관한 문단을 참고해 봐.

4. 디지털 네이티브는 나이와 관계없이 어떤 기준으로 정의될까?

더 알고 싶어 119

📖 도서　▶ 영상　🔍 사이트

📖 『**GEN Z(Z세대): 디지털 네이티브의 등장**』(로버타 카츠 외, 문학동네, 2023)
Z세대의 특징·디지털 사용 습관·사회적 영향 등을 사례와 연구 결과로 정리해 주어 디지털 네
이티브가 어떤 가치관과 행동 양식을 갖는지 이해하고 싶을 때 참고할 수 있어.

▶ **1분 만에 알아보는 디지털 네이티브(Digital Native)** (BTF 푸른나무재단)
디지털 네이티브의 정의와 장단점을 빠르게 정리해 주니 수업 전 1분 이내에 개념
을 잡고 싶을 때 딱이야.

가상·증강현실 개발자

가상현실(VR)과 증강현실(AR)은 우리에게 새로운 경험을 선사하는 놀라운 기술이야. 이 기술을 이끌어 가는 전문가는 어떤 일을 할까? 그들이 만들어 가는 미래에 대해 알아보자.

가상현실(VR)과 증강현실(AR)은 디지털 세상에서 매우 중요한 역할을 하는 기술이야. 우리는 이 두 기술을 통해 새로운 세상에 발을 들일 수 있고, 일상적인 경험을 더 흥미롭게 만들 수 있어.

가상현실 전문가가 하는 일

가상현실은 컴퓨터 기술을 사용해 현실처럼 느낄 수 있는 가상의 환경을 만드는 기술이야. 가상현실 전문가들은 가상 세계를 설계하고 개발하는 일을 하는 사람들을 말하지. 그들은 컴퓨터 프로그램과 그래픽 디자인 기술을 사용해서 가상의 공간을 만들고, 그 안에 다양한 요소를 넣는 일을 해. 가상현실 전문가들은 주로 게임 개발 회사나 교육, 의료 분야에서 일하면서, 가상현실을 이용해 다양한 교육 콘텐츠나 시뮬레이션 프로그램을 개발하기도 해.

증강현실 전문가가 하는 일

한편 증강현실 전문가는 현실 세계에 디지털 정보를 추가해 새로운 경험을 제공하는 일을 하고 있어. 증강현실은 우리가 보는 주변 환경 위에 디지털 이미지를 겹쳐 보이게 하는 기술이야. 증강현실을 사용하면 역사적인 장소를 방문했을 때 스마트폰 화면을 통해 그 장소의 과거 모습을 볼 수 있어. 또한 제품을 구입하기 전에 증강현실로 제품을 미리 배치해 볼 수도 있지. 이처럼 증강현실 전문가는 현실과 가상의 경계를 허물면서 더욱 풍부한 정보를 제공하고, 일상생활을 더 재미있고 편리하게 만드는 일을 하고 있어.

가상&증강현실 개발자가 되기 위해 필요한 것

가상현실 전문가와 증강현실 전문가는 모두 높은 수준의 프로그래밍 능력과 그래픽 디자인 능력을 갖춰야 해. 이들은 컴퓨터 과학, 디자인, 심리학 등 다양한 분야의 지식을 활용해서 사람들이 몰입할 수 있는 유익한 경험을 제공하기 위해 노력하고 있어.

가상현실과 증강현실이 가져온 변화

이 두 분야의 전문가들이 만드는 가상현실과 증강현실은 우리 삶의 다양한 부분에서 큰 변화를 일으키고 있어. 가상현실은 교육 분야에서 실제로 경험하기 어려운 환경을 시뮬레이션할 수 있게 도와주고 증강현실은 쇼핑이나 관광, 심지어 의학적인 치료에도 큰 도움이 되고 있지.

가상현실과 증강현실 전문가들은 기술을 개발하는 데 그치지 않고, 우리 사회의 다양한 문제를 해결하는 데도 큰 기여를 하고 있어. 가상현실을 이용한 심리 치료는 불안증이나 공포증을 치료하는 데 효과적으로 사용되고 있고, 증강현실은 물리적으로 이동하기 힘든 사람들에게 새로운 경험을 제공하는 도구로 활용되고 있어. 이처럼 이 두 기술은 우리가 상상하지 못했던 새로운 가능성을 열어 주고 있지.

가상현실과 증강현실의 세계는 이제 막 시작되었어. 앞으로 이 기술이 얼마나 더 발전할지, 또 우리의 삶을 어떻게 변화시킬지 기대되지 않니? 너희도 가상현실과 증강현실에 더 관심을 가지면서, 이 분야에 대해 더 공부해 보는 건 어떨까? 어쩌면 너희들 중 누군가가 미래의 가상현실 전문가나 증강현실 전문가가 되어, 새로운 세상을 만들지도 모르잖아?

1일차

1. ③

2. O, X, O

3. **답안 예시** 디지털 리터러시는 학교에서 배우는 소프트웨어 교육이나 컴퓨터 프로그램 수업에 참여하면서 기를 수 있고, 인터넷 검색을 할 때 다양한 검색 엔진과 AI를 활용해 정보의 신뢰성을 평가하는 과정에서도 자라납니다. 또한 SNS나 블로그에서 친구들과 소통하며 프로젝트를 함께하는 경험이나, 올바른 인터넷 행동 습관을 실천하는 과정에서도 자연스럽게 키워질 수 있습니다.

2일차

1. ① 블로그, ② 동영상, ③ 포스터, ④ 구글, ⑤ 슬랙

2. A-ㄴ, B-ㄱ, C-ㄹ, D-ㄷ

3. **답안 예시** 디지털 리터러시는 블로그 글쓰기나 동영상 제작, 포스터 만들기 같은 다양한 활동에서 활용할 수 있으며, 이를 통해 자신의 생각과 관심사를 창의적으로 표현할 수 있습니다. 직접 콘텐츠를 만들어 공유하는 과정에서는 표현력과 편집 기술이 자라나고, 친구들과 나누며 성취감을 느낄 수 있습니다. 만약 아직 경험이 없다면 좋아하는 취미나 학교 활동을 소재로 콘텐츠를 제작해 보고, 이를 통해 나와 잘 맞는 활동을 발견하며 미래 진로를 탐색할 기회로 삼을 수 있습니다.

3일차

1. ④

2. 창의적 표현, 저작권 존중

3. **답안 예시** 온라인 커뮤니티에서 의견이 다를 때는 상대방의 생각을 존중하면서 차분하게 자신의 의견을 설명하는 태도가 필요합니다. 감정적으로 반응하거나 상대방을 공격하는 방식은 갈등을 키울 수 있기 때문에 피해야 하며, 논리적으로 근거를 들어 대화하면 서로의 관점을 더 깊이 이해할 수 있습니다. 이렇게 다양한 의견을 존중하며 토론하는 과정은 건전한 소통 문화를 만들고, 문제를 함께 해결할 수 있는 기회로 이어질 수 있습니다.

4일차

1. ①

2. **답안 예시** 지은이는 여름방학 과제를 통해 단순히 정

보를 찾는 것만으로는 충분하지 않으며, 여러 출처를 비교해 비판적으로 평가하는 능력이 필요하다는 사실을 깨달았습니다. 또 저작권과 초상권을 존중하는 태도가 중요하다는 것을 알게 되었고, 온라인 협업 과정에서 팀워크와 소통이 디지털 사회에서 꼭 필요한 소양임을 느꼈습니다. 이런 경험을 통해 디지털 리터러시는 올바르게 정보를 활용하고, 다른 사람을 배려하며, 협력적으로 문제를 해결할 수 있는 힘을 길러 주는 중요한 역량임을 알 수 있었습니다.

3. **답안 예시** 디지털 리터러시가 부족한 사람들은 잘못된 정보를 사실처럼 믿거나 신뢰할 수 없는 자료를 활용할 위험이 있습니다. 또 저작권이나 초상권을 지키지 못해 법적 문제를 겪을 수도 있고, 사이버 공간에서 협업과 소통을 원활히 하지 못해 오해와 갈등이 생길 수 있습니다. 이러한 문제들은 단순한 불편을 넘어 사회적 신뢰를 잃게 하거나 미래의 기회를 제한할 수 있기 때문에, 디지털 리터러시 교육은 누구에게나 꼭 필요합니다.

5일차

1. ①

2. 출처를 확인하고 사실 여부를 검증합니다.
상대를 존중하며 예절을 지킵니다.
부적절한 게시물은 신고하거나 차단합니다.
개인 정보를 보호하고 보안을 강화합니다.
화면 사용 시간을 조절하고 오프라인 활동을 합니다.

3. **답안 예시** 균형 잡힌 생활 유지: 온라인과 오프라인 활동을 적절히 분배해 신체 활동과 직접 소통의 기회를 놓치지 않아야 합니다. / 신뢰할 수 있는 정보 활용 : 출처가 명확하고 검증된 정보를 선택해 학습·취미·소통 등에 활용하면 지식과 경험이 풍부해집니다. / 디지털 리터러시 역량 강화 : 평소 정보 수업에 적극 참여하고 검색 엔진·검색 AI 활용법, 비판적 사고 습관을 통해 온라인 자원을 효율적·안전하게 활용해야 합니다.

4. **답안 예시** 인터넷 예절 준수 및 타인 존중: 온라인에서도 현실과 마찬가지로 상대방의 감정을 배려하고 예의 바르게 소통해야 합니다. / 괴롭힘 인지 시 도움 요청: 혼자 해결하려 하지 말고 부모님, 교사 등 신뢰할 수 있는 어른에게 상황을 알리고 지원을 받아야 합니다. / 디지털 리터러시 적용: 불필요한 개인 정보 공유를 자제하고, 문제가 발생하면 스크린샷 등 증거

를 확보한 후 신고 절차를 활용해 대응해야 합니다.

6일차

1. 웹 크롤링
2. ①
3. **답안 예시** 저는 스마트폰으로 유튜브 영상을 볼 때 광고가 제 취향에 맞게 나오는 것을 보고 '내가 좋아하는 영상이나 검색 기록을 앱이 기억하고 있구나' 하고 데이터 수집을 실감했습니다. 예를 들어 친구랑 같이 본 과학 실험 영상 다음에는 관련 실험 영상 추천이 떴거든요. 제가 생각하기에 디지털 데이터 수집은 편리한 점이 많습니다. 내가 좋아하는 콘텐츠를 더 쉽게 찾을 수 있고, 게임을 할 때도 내 실력에 맞는 난이도를 자동으로 조절해 주니까요. 하지만 내가 모르는 사이에 내 정보가 너무 많이 저장되면 개인 정보가 유출될지 걱정도 됩니다. 그래서 '수집된 데이터가 어떻게 사용되는지, 누가 볼 수 있는지' 알려 주는 약속(개인 정보 보호 정책)을 앱과 웹사이트가 꼭 지켜야 한다고 생각합니다.

7일차

1. ⑤
2. **답안 예시** 정보를 판단할 때는 본문에서 배운 일곱 가지 기준을 순서대로 적용해 보세요. 첫 번째로 '어디서 나온 정보인지' 출처를 확인하고, 두 번째로 '개인적 감정이 들어가지 않은' 객관적 내용인지 살펴보세요. 세 번째는 '여러 곳에서 비슷하게 말하는지' 일관성을 확인하고, 네 번째는 '언제 만들어진 정보인지' 최신성을 점검하세요. 다섯 번째로 '전문 기관에서 승인한 정보인지', 여섯 번째로 '그 분야 전문가가 작성했는지', 일곱 번째로 '특별한 목적이나 이익을 위해 만든 정보는 아닌지' 편견 여부를 차례대로 확인하는 과정을 설명하면 됩니다.
3. **답안 예시** 먼저 글의 출처와 작성자가 누구인지, 공신력 있는 기관이나 전문가가 쓴 글인지 확인합니다. 이어서 주장에 객관적 근거가 제시되어 있는지 살펴보며, 감상이나 광고 문구가 아닌 연구·통계 등 사실 기반 자료인지 따져봅니다. 같은 내용을 여러 신뢰 가능한 출처와 교차 검증해 일관되게 확인되는지 확인하고, 정보의 최신성을 점검해 오래된 정보가 아닌지 봅니다. 더불어 의사·의료기관 등 전문가 검토나 검증을 거친 자료인지 확인하고, 글이 제품 판매나 협찬을 목적으로 한 편향·이해상충이 없는지도 살펴봅니다. 이러한 과정을 거치면 과장된 건강 정보를 비판적으로 판단할 수 있습니다

8일차

1. ③

2. 믿을 수 있는 사이트에서만 파일을 다운로드하기, 백신 프로그램을 설치해 정기적으로 검사하기
3. **답안 예시** 인터넷에서 만나는 사람이 신뢰할 수 있는지 확인하기 위해서는 먼저 그 사람과 개인 정보를 공유하지 않고 안전한 거리에서 대화하는 것이 좋습니다. 만약 그 사람이 나에게 개인 정보를 요청하거나 이상한 행동을 한다면 바로 대화를 중단하고 부모님이나 선생님께 알려야 합니다. 또한 그 사람의 행동이 수상하다면 그 사람을 차단하고 해당 사이트에 신고하는 것도 좋은 방법입니다. 이러한 조치를 통해 인터넷에서 나쁜 의도를 가진 사람들로부터 자신을 보호할 수 있습니다.
4. **답안 예시** 핵심 키워드: 강력한 비밀번호(문자, 숫자, 특수문자 조합), 두 단계 인증, 개인 정보 공유 주의, 스팸메일 대처

9일차

1. ④
2. 소셜 미디어나 온라인 서비스 (해설: 소셜 미디어나 온라인 서비스에서는 개인 정보 보호 설정을 통해 프로필, 게시물 등을 누가 볼 수 있는지 설정할 수 있습니다.)
3. **답안 예시** 강력한 비밀번호를 사용하고 같은 비밀번호를 반복하지 않으며 개인 정보 설정을 자주 확인하고 의심스러운 링크는 클릭하지 않으며 온라인 활동을 정기적으로 점검합니다. (* 답안 구조 가이드: 인터넷에서 개인 정보를 보호하기 위해서는 첫째, 강력한 비밀번호를 사용하고 자주 변경해야 합니다. 둘째, 두 단계 인증을 사용하여 보안을 강화해야 합니다. 셋째, 개인 정보를 낯선 사람과 공유하지 않고 소셜미디어 설정을 관리해야 합니다. 넷째, 스팸메일이나 피싱 메시지를 주의하고 의심스러운 링크를 클릭하지 않아야 합니다.

필수 포함 요소: 본문에서 제시한 네 가지 개인 정보 보호 방법을 순서대로 설명하되 각 방법의 구체적인 실천 방안과 그 이유를 함께 서술하세요.)
4. **답안 예시** 온라인 광고는 우리가 인터넷에서 검색하거나 방문한 기록 같은 개인 정보를 활용해 만들어집니다. 광고 회사들은 이런 정보를 바탕으로 우리가 관심 가질 만한 상품이나 서비스를 예측하고, 그에 맞춘 맞춤형 광고를 보여 줍니다. 이는 편리하게 필요한 물건을 찾는 데 도움이 되기도 하지만, 동시에 우리의 개인 정보가 기업들에 의해 수집·이용된다는 점에서 사생활 보호와 연결되는 중요한 문제입니다.

10일차

1. ③
2. **답안 예시** 디지털 세상을 탐험할 때 가장 주의해야

할 점은 개인 정보를 보호하는 것입니다. 왜냐하면, 인터넷에서는 누구나 쉽게 우리의 정보를 볼 수 있고, 악의적인 목적으로 이용할 수도 있기 때문입니다. 예를 들어 소셜 미디어에 자신의 집 주소나 전화번호를 공개하면, 나쁜 사람들이 이를 이용해 해를 끼칠 수 있습니다. 또한 해킹을 통해 은행 계좌 정보나 비밀번호가 유출되면 경제적인 피해를 입을 수도 있습니다. 따라서 비밀번호를 복잡하게 만들고, 개인 정보를 함부로 공유하지 않으며, 의심스러운 링크나 이메일을 조심해야 합니다. 이런 방법들을 통해 디지털 세상에서도 안전하게 활동할 수 있습니다.

3. **답안 예시** 디지털 세상에서 윤리적으로 행동해야 하는 이유는 우리가 하는 행동이 다른 사람에게 큰 영향을 미칠 수 있기 때문입니다. 예를 들어 다른 사람의 사진이나 글을 허락 없이 사용하는 것은 그 사람의 권리를 침해하는 행위이며, 사이버 폭력이나 괴롭힘은 상대방에게 심리적인 상처를 줄 수 있습니다. 윤리적인 행동을 위해 지켜야 할 점은 먼저, 다른 사람의 저작물을 사용할 때는 항상 출처를 밝히고 허락을 받는 것입니다. 또한 인터넷에서 나쁜 말을 하지 않고, 다른 사람의 의견을 존중하는 태도를 가지는 것이 중요합니다. 사이버 폭력이나 괴롭힘을 하지 않으며, 이를 목격했을 때는 적극적으로 알리고 도움을 청해야 합니다. 이러한 윤리적인 행동이 디지털 세상을 더 안전하고 즐거운 곳으로 만듭니다.

11일차

1. ①
2. (순서 무관) 영문 대문자, 영문 소문자, 숫자, 특수문자
3. **답안 예시** 디지털 시민으로서 온라인에서 책임감을 가지고 행동하는 것은 매우 중요합니다. 인터넷은 많은 사람들이 소통하는 공간이므로 한 사람의 행동이 많은 사람에게 영향을 미칠 수 있기 때문입니다. 가짜 뉴스를 퍼뜨리거나 개인 정보를 유출하면 다른 사람에게 피해를 주고, 무책임한 언행은 온라인 커뮤니티 분위기를 해칩니다. 따라서 우리는 다른 사람을 존중하고 자신의 행동이 디지털 세상에 미치는 영향을 고려하여 더 안전하고 건전한 디지털 환경을 만들어야 합니다.

12일차

1. A-ㄱ, B-ㄷ, C-ㄴ
2. 비판적으로 분석하고 판단하는 것
3. **답안 예시** 저는 유튜브에 요리 동영상을 올릴 수 있습니다. 이러한 동영상은 다른 사람들이 새로운 요리법을 배우고 시도해 볼 수 있게 도와줄 수 있습니다. 또한 사람들에게 요리의 즐거움을 전달하고 그들이 집에서 요리를 즐길 수 있게 할 수 있습니다.

13일차

1. ②
2. (다음 중 하나만 써도 정답으로 인정) 저작권 침해, 혐오 표현, 개인 정보 침해, 폭력적 선정적 위험한 콘텐츠, 명예훼손, 가짜 뉴스, 초상권 침해, 콘텐츠 조작, 사이버 폭력
3. 온라인에서 타인을 존중하기, 부모님의 지도하에 개인 정보를 공유하기, 자신이 공유하거나 소비하는 정보의 출처를 알아보기

14일차

1. ②
2. 사생활 침해 (또는 초상권 침해, 개인 정보 침해)
3. **답안 예시** 온라인에서의 예의가 중요한 이유는 우리가 인터넷을 통해 많은 사람들과 소통하기 때문입니다. 오프라인에서 예의가 중요한 것처럼, 온라인에서도 다른 사람을 존중하고 배려하는 것이 필요합니다. 이는 우리가 서로를 이해하고 좋은 관계를 유지하는 데 도움을 줄 수 있습니다. 또한 온라인에서의 행동은 쉽게 기록되고 퍼질 수 있기 때문에, 항상 신중하게 행동해야 합니다.
4. 영원

15일차

1. ③
2. 예의(또는 존중)
3. 인터넷에 정보를 올리기 전에 그 정보가 진실인지 확인해야 하고, 다른 사람에게 해가 되지 않는지 생각해야 합니다. 이는 한번 올린 정보는 쉽게 삭제되지 않기 때문입니다. 특히 사진이나 글이 다른 사람에게 피해를 줄 수 있는지 신중히 고민해야 합니다. 이를 통해 사이버 폭력을 예방하고, 모두가 안전한 인터넷 환경을 만들 수 있습니다.
4. 개인 정보

16일차

1. 창작물
2. **답안 예시** 창작자의 권리를 존중하기 위해 출처를 명확히 밝히고, 불법 다운로드를 하지 않으며, 친구에게 자료를 공유할 때 출처를 알려 주고 SNS에 게시할 때 원작자를 태그하거나 출처를 밝히는 등의 방법을 실천할 수 있습니다.
3. **답안 예시** 지식재산권을 존중하는 작은 습관들은 창작자들이 자신의 작품을 보호받고 정당한 보상을 받을 수 있도록 도와줍니다. 이는 창작자들이 더 좋은 작품을 만들 수 있는 동기를 제공하고 우리 모두가 더 다양한 창작물을 즐길 수 있는 기회를 제공합니다. 또한 이러한 습관들은 디지털 문화 속에서 서로

의 노력을 인정하고 존중하는 문화를 형성하여 더 건강하고 윤리적인 디지털 환경을 만들 수 있습니다.

17일차
1. ④
2. 증거(스크린샷, 메시지, 이메일, 소셜 미디어 게시물 등)
3. **답안 예시** 사이버 괴롭힘을 예방하기 위해서는 인터넷 사용 시 다른 사람을 존중하고 예의를 지키는 것이 중요합니다. 또한 개인 정보를 함부로 공유하지 않고, 의심스러운 메시지를 받으면 즉시 부모님이나 선생님께 알리는 습관을 가져야 합니다. 친구들 사이에서도 서로를 배려하고 지지해 주는 문화를 형성하는 것도 도움이 됩니다.
4. 명예훼손, 모욕, 협박

18일차
1. ④
2. 개인 정보
3. **답안 예시** 디지털 커뮤니티에서 창의적으로 활동하기 위해 그림을 그리거나 음악을 만들어서 공유할 수 있습니다. 다른 사람들과 협력하여 온라인 프로젝트를 진행하거나 환경보호 캠페인에 참여할 수도 있습니다. 이러한 활동을 통해 자신의 재능을 보여 주고 다른 사람들과 함께 성장할 수 있습니다.
4. 커뮤니티 규칙 읽기 (또는 가이드 확인하기)

19일차
1. 비판적 관점
2. 여러 출처를 비교하고, 정보의 출처가 신뢰할 만한지 확인하며, 정보의 최신성을 점검해야 합니다.
3. **답안 예시** 인터넷에서 찾은 정보가 정확한지 확인하기 위해서는 여러 출처에서 같은 내용을 비교하고, 정보의 출처가 신뢰할 만한 기관인지 확인하며, 정보가 최신인지 점검하는 것이 중요합니다. 이러한 습관은 잘못된 정보에 속아 피해를 입지 않도록 예방하고, 더 나은 결정을 할 수 있게 해 줍니다. 특히 디지털 시대에는 많은 정보가 빠르게 업데이트되기 때문에 항상 최신 정보를 유지하는 것이 필요합니다. 이 습관은 또한 비판적 사고를 키워 주며 정보의 신뢰성을 판단하는 능력을 길러 줍니다.

20일차
1. ④
2. 인터넷 활동 기록
3. **답안 예시** 디지털 발자국을 잘 관리하지 않으면 개인 정보가 도용되거나 해킹당할 위험이 있습니다. 또한 나쁜 이미지나 부정적인 인상을 남길 수 있어 미래에 취업 등에서 불이익을 받을 수 있습니다.
4. **답안 예시** 디지털 발자국을 효과적으로 관리하기 위해서는 개인 정보를 안전하게 보호하고, 불필요한 정보를 제공하지 않으며, 소셜 미디어에 글이나 사진을 게시하기 전에 신중하게 생각해야 합니다. 또한 정기적으로 인터넷 활동을 점검하고 불필요한 계정이나 게시물을 삭제하며, 강력한 비밀번호를 사용하고 정기적으로 변경하는 것이 중요합니다. 이러한 관리를 통해 개인 정보 도용을 예방하고, 긍정적인 온라인 이미지를 유지하며 미래의 불이익을 방지할 수 있습니다. 또한 안전한 인터넷 사용 환경을 조성하여 자신과 타인의 디지털 안전을 지킬 수 있습니다.

21일차
1. 애드버토리얼 또는 기사형 광고
2. ③
3. 기사형 광고
4. **답안 예시** 뉴스와 광고, 기사형 광고의 차이점을 정확하게 이해하고, 정보의 출처를 확인해서 비판적인 관점에서 정보를 검토하며, 다양한 정보를 비교해서 상호 검증한 다음 객관적인 판단을 내려야 합니다.
5. 광고, 기획 광고, AD, 협찬 등의 표시

22일차
1. ②
2. ① 피드백, ② 기회
3. A-ㄴ, B-ㄷ, C-ㄱ

23일차
1. ②-④-③-⑤-①
2. 한국언론진흥재단
3. **답안 예시** 가짜 뉴스를 식별하는 능력은 올바른 정보를 바탕으로 한 의사결정과 사회적 신뢰를 유지하는 데 매우 중요합니다. 가짜 뉴스를 잘못 믿게 되면 잘못된 정보를 기반으로 행동하거나 결정을 내릴 수 있으며, 이는 개인뿐만 아니라 사회 전체에 부정적인 영향을 미칠 수 있습니다. 예를 들어 잘못된 건강 정보를 믿고 잘못된 치료를 시도할 경우 건강에 큰 위험을 초래할 수 있습니다. 또한 정치적인 가짜 뉴스는 사회적 분열과 갈등을 일으킬 수 있습니다.

24일차
1. 정치적 편향, 상업적 편향, 문화적 편향
2. 비판적
3. A-ㄴ, B-ㄱ, C-ㄷ

25일차
1. ③
2. 맞춤형 광고

3. **답안 예시** 광고는 우리의 소비 습관과 가치를 크게 변화시킬 수 있습니다. 예를 들어 특정 패션 브랜드의 광고는 우리가 그 브랜드의 옷을 입으면 더 멋져 보인다는 메시지를 전달하여 소비를 촉진시킵니다. 건강 식품 광고는 그 제품을 먹으면 건강해질 것이라는 인식을 심어 주어 해당 제품을 구매하게 만듭니다. 이처럼 광고는 특정 제품을 구매하도록 유도할 뿐만 아니라, 특정한 라이프스타일이나 가치를 우리에게 전달하여 우리의 생활 방식을 변화시킬 수 있습니다.

4. **답안 예시** 광고주의 영향을 비판적으로 이해하고 자율적인 결정을 내리기 위해서는 몇 가지 방법이 필요합니다. 첫째, 광고와 콘텐츠를 명확히 구분하는 것이 중요합니다. TV 프로그램이나 인터넷 콘텐츠를 볼 때 광고인지 아닌지를 분명히 인식하고 비판적으로 접근해야 합니다. 둘째, 광고주의 의도를 파악하는 것이 필요합니다. 광고주는 제품이나 서비스를 판매하기 위해 광고를 합니다. 따라서 광고가 전달하려는 메시지와 그 의도를 정확히 이해하고 평가해야 합니다. 셋째, 다양한 정보를 비교하고 검토하는 습관을 길러야 합니다. 하나의 광고나 정보에만 의존하지 않고 여러 출처의 리뷰와 평가를 비교하여 객관적으로 판단해야 합니다. 마지막으로, 자신의 소비 습관과 가치를 인식하고 자율적인 결정을 내리는 것이 중요합니다. 광고의 영향력을 인지하고 자신의 판단에 따라 소비하는 습관을 기르면 광고에 덜 휘둘리고 현명한 소비를 할 수 있습니다. 이러한 방법들을 통해 우리는 광고주의 영향을 비판적으로 이해하고 자율적인 결정을 내릴 수 있습니다.

26일차

1. ⑤

2. **답안 예시** 비판적 사고 능력을 기르는 것은 우리가 매일 접하는 수많은 정보 속에서 무엇이 신뢰할 만한지 구별할 수 있게 해 주기 때문입니다. 미디어 메시지를 비판적으로 분석하고 출처와 의도를 살펴보는 과정은 단순히 정보를 소비하는 데 그치지 않고, 정보를 평가하고 선택하는 힘을 키워 줍니다. 이렇게 길러진 능력은 진실과 거짓을 가려 내고, 더 나은 결정을 내리며, 책임 있는 시민으로 살아가는 데 꼭 필요한 바탕이 됩니다.

3. 진실과 거짓을 구분하기 위해서, 비판적 사고 능력을 기르기 위해서, 정보의 편향성을 인식하기 위해서, 책임 있는 시민이 되기 위해서, 개인의 성장과 연결되기 때문에

27일차

1. ②

2. 콘텐츠의 목적을 이해하기

3. **답안 예시** 미디어 메시지에서 감정적 요소를 분석하는 것이 중요한 이유는 이러한 요소가 사람들의 주의를 끌고 특정한 행동을 유도하기 때문입니다. 예를 들어 광고에서는 과장된 표현이나 감정적인 이미지를 사용하여 제품을 구매하도록 유도합니다. 감정적 요소를 이해하면 메시지가 우리에게 어떤 반응을 기대하고 있는지 파악할 수 있으며, 이를 통해 메시지를 더 객관적으로 평가할 수 있습니다.

4. 목적 / 의도 / 이유

28일차

1. ⑤

2. 저작권

3. ① 무엇을 위해 ② 누구를 대상으로

4. A-ㄴ, B-ㄹ, C-ㄱ, D-ㄷ

29일차

1. ①

2. 자신의 의견과 감정을 다른 사람들과 공유하고 공감을 얻을 수 있기 때문입니다.

3. **답안 예시** 미디어를 통해 새로운 기회를 창출할 수 있는 방법 중 하나는 자신의 능력과 재능을 보여 주는 것입니다. 예를 들어 유튜브에 자신의 노래를 올려 음악 기획사에 발탁되거나, 블로그에 글을 써서 글쓰기 실력을 인정받아 작가로 데뷔할 수 있습니다. 또한 소셜 미디어를 통해 비슷한 관심사를 가진 사람들과 네트워킹하여 공동 프로젝트를 진행하거나 더 큰 목표를 달성할 수 있는 기회를 얻을 수 있습니다.

4. 공유

30일차

1. ⑤

2. 뉴스

3. **답안 예시** 소셜 미디어는 지리적으로 멀리 떨어진 친구나 가족과 쉽게 연결될 수 있게 해 줍니다. 또한 같은 취미나 관심사를 가진 사람들과 그룹을 형성하여 정보를 교환하고 활동을 함께할 수 있습니다. 예를 들어 특정 취미를 가진 사람들이 소셜 미디어를 통해 만나 오프라인에서도 모임을 가지며, 새로운 친구를 사귀고 다양한 경험을 공유할 수 있습니다.

4. 최신 뉴스, 트렌드 (또는 뉴스, 정보)

31일차

1. ③

2. 사용 편의성(사용 용이성), 기능 다양성, 안정성, 접근성

3. **답안 예시** 온라인 학습 도구의 안정성이 중요한 이유는 도구가 자주 오류가 발생하거나 서버가 다운되면

학습에 방해가 되기 때문입니다. 특히 시험 기간이나 중요한 과제를 제출할 때 도구가 제대로 작동하지 않으면 큰 문제가 발생할 수 있습니다. 따라서 안정성이 높은 도구를 선택하는 것이 중요합니다.

4. O, X, O

32일차

1. ③

2. 더 정확한 검색 결과를 얻기 위해서

3. **답안 예시** 여러 출처에서 정보를 확인하는 것은 정보의 신뢰성을 높이기 위해 중요합니다. 한 출처에만 의존하면 그 출처가 편향된 정보를 제공할 수 있기 때문에, 여러 출처를 비교하여 일관된 정보를 얻는 것이 더 정확하고 신뢰할 수 있는 결정을 내리는 데 도움이 됩니다. 예를 들어 건강 정보를 찾을 때는 여러 의료 기관의 의견을 확인하는 것이 중요합니다.

4. A-ㄴ, B-ㄱ, C-ㄷ

33일차

1. ①

2. 불필요한 파일을 삭제하고 중요한 파일은 클라우드 서비스에 저장하기

3. 폴더

4. **답안 예시** 스마트폰과 태블릿 PC의 데이터를 체계적으로 관리하기 위해서는 몇 가지 중요한 방법을 따를 수 있습니다. 첫째, 사용하지 않는 앱을 삭제하고 자주 사용하는 앱만 남겨 둡니다. 이렇게 하면 기기가 더 빠르게 작동하고 저장 공간을 확보할 수 있습니다. 둘째, 파일을 정기적으로 정리하고 중요한 파일은 클라우드 서비스에 저장합니다. 이렇게 하면 데이터를 안전하게 보관할 수 있고 필요할 때 쉽게 접근할 수 있습니다. 셋째, 폴더를 사용하여 앱과 파일을 카테고리별로 정리합니다.
이러한 방법들은 디지털 생활의 효율성을 높이는 데 중요합니다. 데이터를 체계적으로 관리하면 필요한 정보를 빠르게 찾을 수 있어 시간을 절약할 수 있습니다. 또한 기기의 성능을 최적화하여 더 원활하게 사용할 수 있습니다. 정리된 디지털 환경은 스트레스를 줄이고 더 생산적인 생활을 할 수 있게 도와줍니다.

34일차

1. ③

2. 저작권

3. 준비, 제작, 연습

4. **답안 예시** 디지털 프레젠테이션을 만들 때 정보의 신뢰성을 유지하는 것은 청중에게 정확하고 신뢰할 수 있는 정보를 전달하기 위해 중요합니다. 이를 위해 신뢰할 수 있는 출처에서 자료를 수집하고, 다양한 매체를 통해 검증하는 과정이 필요합니다. 예를 들어 학술 논문, 공신력 있는 뉴스 기사, 전문가의 의견 등을 참고할 수 있습니다. 또한 저작권을 준수하는 것도 매우 중요합니다. 다른 사람의 창작물을 사용할 때는 반드시 저작권을 확인하고, 필요한 경우 사용 허가를 받아야 합니다. 저작권 침해는 법적 문제를 초래할 수 있으며, 창작자의 권리를 침해하는 행위이기 때문입니다. 이를 위해 이미지, 음악, 동영상 등을 사용할 때는 저작권이 없는 자료를 사용하거나, 저작권이 있는 자료의 경우 사용 허가를 받는 것이 좋습니다. 이러한 과정을 통해 정보의 신뢰성과 저작권을 준수하며, 청중에게 신뢰할 수 있는 프레젠테이션을 제공할 수 있습니다.

35일차

1. ④

2. 인터넷과 다양한 디지털 도구를 사용하여 시간과 공간의 제약 없이 여러 사람이 함께 작업하는 것

3. **답안 예시** 디지털 협업을 통해 팀워크와 문제 해결 능력을 향상시킬 수 있는 방법은 여러 가지가 있습니다. 첫째, 다양한 의견을 수용하고 존중하는 태도를 가지는 것입니다. 팀원들의 다양한 관점을 통해 새로운 아이디어를 얻고, 이를 통해 문제를 더 효과적으로 해결할 수 있습니다. 둘째, 실시간으로 의사소통하고 정보를 공유하는 것입니다. 이를 통해 빠르게 문제를 파악하고 해결할 수 있습니다. 셋째, 프로젝트 관리 도구를 활용하여 업무를 체계적으로 관리하고 진행 상황을 공유하는 것입니다. 이를 통해 팀원들이 각자의 역할과 책임을 명확히 이해하고 효율적으로 협업할 수 있습니다.

4. 시간, 공간

36일차

1. Tinkercad, Blender

2. **답안 예시** 디지털 기술 활용의 중요성은 세 가지 측면에서 설명할 수 있습니다. 첫째, 창의성 향상 측면에서 AI, 3D 프린팅 등 다양한 도구가 새로운 아이디어 생성과 구현을 돕습니다. 둘째, 효율성 측면에서 시간과 비용을 절감하며 빠른 프로토타입 제작이 가능합니다. 셋째, 공유와 협업 측면에서 YouTube 등 플랫폼을 통해 전 세계와 소통할 수 있습니다.

3. A-ㄴ, B-ㄷ, C-ㄱ

37일차

1. ⑤

2. 변수

3. **답안 예시** 디지털 시대의 핵심 기술이며, 문제 해결 능력, 논리적 사고력, 창의력을 기를 수 있고, 4차 산

업혁명 시대를 이끌어 갈 핵심 기술 중 하나이기 때
문입니다.
4. 명령, 동작

38일차
1. ④
2. 윈도우 디펜더
3. **답안 예시** 컴퓨터 바이러스 백신 소프트웨어가 없으
면 컴퓨터가 바이러스에 감염될 위험이 높아집니다.
이는 개인 정보 유출, 파일 손상, 시스템 오류 등의 문
제를 일으킬 수 있습니다. 특히 중요한 데이터가 손
실되거나 해킹 당할 가능성이 커지기 때문에, 백신
소프트웨어를 설치하고 정기적으로 업데이트하는 것
이 중요합니다.
4. ㄷ-ㄴ-ㄱ-ㄹ

39일차
1. 협업 기능
2. ㄱ. 아이클라우드-아이폰과의 자동 동기화 기능이 뛰
어남, ㄴ. 드롭박스-대용량 파일 공유와 협업 기능이
강력함, ㄷ. 네이버 MYBOX-한국어 지원이 우수하고
30GB 무료 용량 제공, ㄹ. 구글 드라이브-구글 문서
와의 연동으로 실시간 공동 편집 가능
3. 개인의 필요에 따라 순서가 달라질 수 있지만 일반적
으로 ㄱ(기능) → ㄴ(용량) → ㄹ(협업) → ㄷ(사용료)
순으로 고려할 수 있습니다. 자신이 주로 어떤 용도
로 사용할지에 따라 필요한 기능을 먼저 확인하고 충
분한 저장 공간과 협업 필요성을 고려한 후 비용을
검토하는 것이 합리적입니다.

40일차
1. ②
2. 차단 또는 신고
3. 개인 정보 보호, 강력한 비밀번호 사용, 사이버 폭력
신고, 유해 콘텐츠 차단, 사용 시간 조절 등
4. A-ㄷ, B-ㄱ, C-ㄴ

41일차
1. ④
2. 데이터 리터러시
3. **답안 예시** 미래의 디지털 리터러시는 인공지능, 가상
현실, 빅 데이터 등 새로운 기술을 포함하여 확장될
것입니다. 현재는 주로 정보 검색, 소셜 미디어 사용,
데이터 보안에 중점을 두고 있지만, 미래에는 AI를 활
용한 개인화된 학습 도구, AR/VR을 통한 혁신적인
교육 방법, 데이터 분석 능력 등이 중요해질 것입니
다. 또한 디지털 윤리와 책임, 글로벌 연결성, 평생 학
습이 디지털 리터러시의 핵심 요소로 자리 잡을 것입

니다.
4. ㄴ → ㄹ → ㄱ → ㅁ → ㄷ

42일차
1. ②, ④
2. 창의성
3. A-ㄴ, B-ㄷ, C-ㄹ, D-ㄱ
4. AI 튜터, 자동 채점, 학습 자료 검색 (질문 답변 포함)

43일차
1. ①
2. 개인의 취향, 관심사, 행동 패턴을 분석하여 최적화된
제품, 서비스, 콘텐츠를 제공
3. 빅 데이터는 기후 변화 예측, 에너지 절약 방안 마련,
멸종 위기 동물 보호 등 다양한 환경 문제 해결에 기
여할 수 있습니다.
4. 긍정적 영향: 새로운 일자리 창출, 데이터 분석 관련
직종 확대 / 부정적 영향: 기술 발전으로 일부 기존
일자리 감소

44일차
1. ④
2. 코딩, 데이터 분석
3. **답안 예시** 디지털 직업은 복잡한 문제를 해결하고,
팀원들과 협력해 프로젝트를 진행하는 경우가 많아
서 이러한 소프트 스킬이 매우 중요합니다. 복잡한
데이터 문제를 해결하기 위해 창의적인 접근 방식을
찾고, 팀원들과 효과적으로 소통하며 협력하는 능력
이 필요합니다.
4. B → D → C → A

45일차
1. 증강 현실(AR)과 가상 현실(VR)
2. **답안 예시** 가상 현실 기술은 교육 분야에서 다양한
방식으로 활용될 수 있습니다. 예를 들어 역사 수업
에서 학생들은 가상 현실을 통해 과거의 시대를 경험
하고 역사적 장소를 방문할 수 있습니다. 과학 수업
에서는 가상 실험을 통해 위험한 실험을 안전하게 수
행할 수 있습니다. 이러한 가상 현실 기술은 학생들
의 흥미를 높이고 학습 효과를 향상시키는 데 큰 도
움이 됩니다.
3. A-ㄴ, B-ㄱ, C-ㄹ, D-ㄷ

46일차
1. ④
2. 인공지능(AI)
3. AI 맞춤형 학습 시스템을 통한 개인화된 학습, 온라인
학습 플랫폼과 협업 도구를 활용한 협업 학습 촉진,

자기주도 학습 능력 향상

4. 기술(Technology)

47일차

1. ②

2. 강력한 비밀번호 사용, 공공 장소에서 와이파이 사용 시 주의

3. ① 도덕적 기준, ② 행동, ③ 존중

4. A-ㄴ, B-ㄷ, C-ㄱ

48일차

1. ③

2. 지속적인 학습과 적응 능력, 디지털 리터러시, 창의성과 문제 해결 능력

3. 긍정적 영향: 인공지능을 통한 생활 편의 증대, 빅 데이터 활용한 사회 문제 해결, 가상현실·메타버스를 통한 교육·의료 혁신 / 부정적 영향: 일자리 감소, 개인 정보 침해, 디지털 격차

4. A-ㄷ, B-ㄱ, C-ㄹ, D-ㄴ

49일차

1. ④

2. 광고 수익, 후원

3. 장단점을 모두 공정하게 다루기, 협찬 여부 명확히 밝히기

4. 답안 예시 디지털 크리에이터가 창의성을 유지하고 독창적인 콘텐츠를 만들기 위해 지켜야 할 원칙에는 몇 가지가 있습니다. 첫째, 다른 사람의 콘텐츠를 단순히 모방하지 않고 자신의 독창적인 아이디어를 표현해야 합니다. 둘째, 창작 과정에서 저작권을 존중하고, 타인의 작품을 사용할 때는 적절한 허가를 받아야 합니다. 셋째, 청중과의 소통을 중요하게 생각하고, 청중의 피드백을 반영하여 콘텐츠를 개선해야 합니다.

50일차

1. ③

2. 비판적으로 정보를 수용하는 능력, 디지털 도구를 사용하여 효과적으로 소통하고 협력하는 능력

3. 답안 예시 디지털 네이티브로서 윤리적이고 책임감 있게 행동하는 것이 중요한 이유는 여러 가지가 있습니다. 첫째, 잘못된 정보나 가짜 뉴스를 비판적으로 수용하지 않으면 잘못된 결정을 내릴 수 있습니다. 둘째, 사이버 괴롭힘이나 개인 정보 침해는 다른 사람에게 큰 피해를 줄 수 있으며, 디지털 네이티브로서 이러한 행동을 방지하는 것이 중요합니다. 셋째, 디지털 도구를 책임감 있게 사용함으로써 온라인 환경을 더 안전하고 건강하게 만들 수 있습니다. 마지막으로, 저작권을 존중하고 다른 사람의 콘텐츠를 무단으로 사용하지 않음으로써 창작자들 간의 신뢰를 구축할 수 있습니다.

4. 디지털 기술에 대한 이해도와 활용 능력